U0613784

丁山 著

丁山日記

國家圖書館出版社

圖書在版編目(CIP)數據

丁山日記／丁山著.-- 北京:國家圖書館出版社,2018.4

(珍稀日記手札文獻叢刊)

ISBN 978 -7 -5013 -4430 -7

Ⅰ.①丁… Ⅱ.①丁… Ⅲ.①丁山(1901 ~1952)—日記 Ⅳ.①K825.81

中國版本圖書館 CIP 數據核字(2010)第 198574 號

書　　名	丁山日記
著　　者	丁　山　著
叢 書 名	珍稀日記手札文獻叢刊
責任編輯	宋志英　張慧霞
封面設計	敬人書籍設計工作室
出　　版	國家圖書館出版社(100034　北京市西城區文津街 7 號) (原書目文獻出版社　北京圖書館出版社)
發　　行	010—66114536　66126153　66151313　66175620 66121706(傳真)　66126156(門市部)
E - mail	nlcpress@ nlc. cn(郵購)
Website	www. nlcpress. com→投稿中心
經　　銷	新華書店
印　　裝	北京華藝齋古籍印務有限公司
版　　次	2018 年 4 月第 1 版　2018 年 4 月第 1 次印刷
開　　本	787 × 1092(毫米)　1/16
印　　張	46
書　　號	ISBN 978 -7 -5013 -4430 -7
定　　價	580.00 圓

工作中
一九三四年一月一日攝
于青島

一九三七年五月造像時寓杭州之柳浪新邨

出版説明

丁山（一九〇一—一九五二），安徽和縣人。一九二四年考取北京大學研究所國學門研究生，一九二六年經北京大學沈兼士、魯迅先生推薦，任厦門大學助教，次年任中山大學教授。一九二九年至一九三二年任中央研究院歷史語言研究所專職研究員，參與《安陽殷墟發掘報告》的編輯工作，與李濟、董作賓先生過從甚密，同時與蒙文通、梁思永、石璋如、徐中舒等先生也有學術交往。一九三二年受聘於中央大學，不久任山東大學、四川大學等校教授，其中在山東大學任職時間最長，前後近十年。

先生學識淵博，在甲骨學、金石學、歷史地理學、考古學、古代宗教學等領域皆有建樹，著述甚多。著有《説文缺義箋》《數名古誼》《釋夢》《吴雷考》《新殷本紀》《商周史料考證》《甲骨文所見氏族及其制度》等。其學術著作多在他辭世後出版，生前祇出版了《説文缺義箋》一部，印數不多，今已很難見到。其他專著《甲骨文所見氏族及其制度》《中國古代宗教與神話考》《商周史料考證》《古代神話與民族》等分别於一九五六年、一九六一年、一九八八年、二〇〇五年先後出版。其他未出版的著作現多存在山東大學，然多未整理。

《丁山日記》原稿存放於丁山子丁洹處。日記記録了一九三六年至一九五一年間丁山輾轉中央大學、中山大學、山東大學等地教學和日常起居等事，先生日記記録的生活細節較少，多記録其上課、會友、讀書心得等。該日記從未發表過，具有很高的學術價值。另外日記末附有丁山與郭沫若、劉敦願等人的往來書信及回憶文章。

本書從選題到出版，幾經波折，在出版過程中得到了王旭華先生和丁山子女的大力支持，在此一并致謝！

國家圖書館出版社

二〇一八年四月

目録

一九三九年

一九四〇年

自由

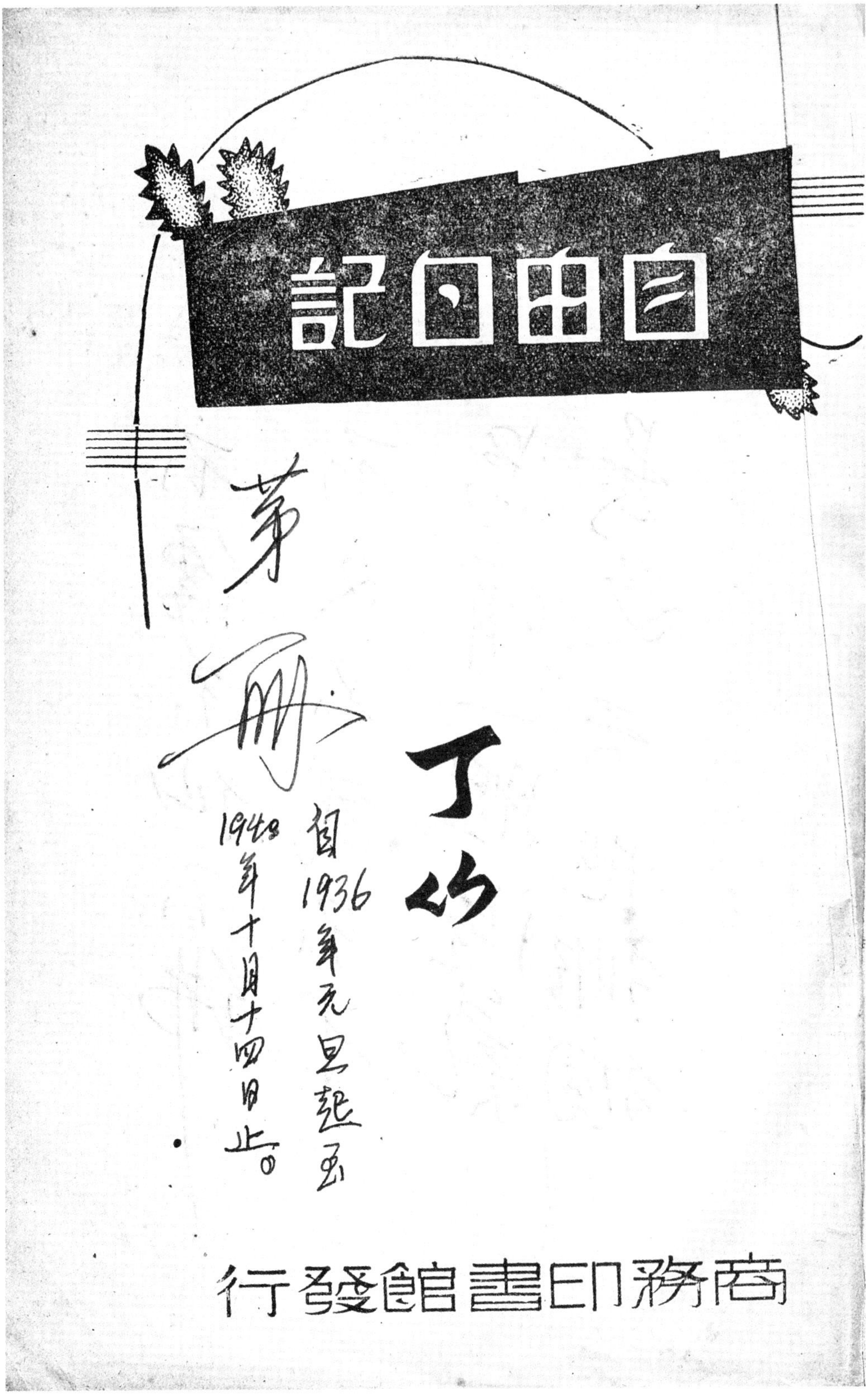
自由日記
第一冊
丁玲
自1936年元旦起至
1948年十月十四日止
商務印書館發行

自卅五年一月一日起

艱難隨老母 杜甫

領畧綠名書 李遺孫懷

把今古遺恨，向他誰說。辛

但優游卒歲，且鬥尊前。蘇州園書

不儒不仙不佛
不文不武不才
只有一腔浩氣
長使天地維綱！

卅三年元月

元旦，在京。午赴高堂壽宴，四時半出和平門，搭京滬車返滬。十一時抵。在京則積雪皚皚，在滬則細雨濛濛，數百里間天氣迥異，可異也。以是日奔波，患咳甚劇。

二日，方起身，萬壽棋先生來，談移子，傍晚林子硯先生來，與企僑偕。談至六時許，同赴小花園川菜館小酌，飯後與企僑沐浴天發池，觀舞新新舞場。

三日，午前，叔泉夫婦來，同赴致美樓午餐，餐後至商務印書館買書，又在中男書派克真空吸筆一支，晚，九時臥。

四日晨七時起身，匆匆早膳畢，即乘公共汽車至天通庵，轉淞滬小火車至吳淞，再乘人力車入同濟大學，恢數月來照例生活也。

自由日記

6

一

自由日記

今日過天通菴，值日本海軍陸戰隊大檢閱，步隊、砲隊、坦克隊、
自動車隊，完佈馬路，宛若長蛇，不能不令人回憶128之慘劇
也。某时畢回舍，過中國銀行，取川大匯來路費，以值停
止辦公时间，未能取出。路上閱馮承鈞譯帖木兒帝國
20葉。家中讀高楠順次郎印度哲學宗教史十餘葉。
五日，今日星期日，家清偕鄭君來午飯，三時去。六时，林子碩、姜壽椿
來，晚飯始去。七时許訪雷宮寶覺于古拔路古柏公寓，同
觀舞于國際舞場，十二时許始歸。今日閱印度哲學宗
教史，其論吠陀內容，頗類楚辭，因思讀九歌一遍。
六日，午前赴漢口路中國銀行取出路費，午後寫信對永

自由日記

一月

校長及驥塵剛伯、並在天發池沐浴，閱帖木兒帝國20葉、

七日 七時起身、赴校，細雨濛濛、天氣沈晦、抵校已九時、寫信與叔泉、午飯後、過中國書店買元史譯文補證一部。並付舊欠。閱帖木兒帝國70葉。

八日，晨六時半起身、七時半出發赴校、修改同濟大學沿革、飯後來、過遠寶書社，購書數種，以價昂、未買。閱印度哲學宗教史100葉。

九日，午前赴校結束各事，向叔泉辭職。午回舍、得二叔噩耗、當即擬整行裝作歸計。偕雲出外理髮、夜十一時乘京滬車回京。閱印度哲學宗教史80葉。

自由日記

十日晨七时車抵下關，乘人力車赴泰興碼頭，搭新寧安回輪，船十二时靠岸，换人力車入城，晤黃叔鑑、子瑾，遇胡若鄉，五时抵泰陽橋。家中已設靈堂矣。晚，親友來伴喪者七家，周旋至夜三时始寢。

十一日晨起，入城拜訪劉廣西沛縣長，請為二叔題主，並邀騰王宇，由汪煌廷、汪楚伯諸先生及谷沅如、陳秉識諸君來贊禮，傍晚歸，夜四时寢。

十二日，今日開弔，午後三时，劉、王、汪、谷、錢君到，五时題主，禮極隆重，禮畢，客去，惟若鄉留此伴喪，竟夜未寢。

十三日，天未明，封棺，七时家奠，九时餘發靷，路經沈家山、賈郎各村，路祭者絡繹，一时抵山，暫厝祖墓之西北脚下。三时歸，與家中人話別，五时許，由增炳二哥及增壽弟相伴，冒雪

自由日記

入城晤汪楚伯先生、讓鍾黃子九時至初中、訪東城、即宿校中。

十四日、晨七時起、八時乘人力車至金河口、候船、十一時許、懍字輪始到、與劉廣霈同船、聆譚啓國家政治問題、午後二時船抵下關、乘汽車入城、訪周伯、韓靈夐生談說、遇頡剛先生于研究所、已三四年不見矣、四時半至和平門車站、搭五時十七分車回滬、車中讀畢印度哲學宗教史。

十五日、昨夜咳甚劇、天明始安眠、八時量首、將起、覺頸甚重、復睡、至一時起、飲粥一碗餘、赴天發池沐浴、五時半歸家、[illegible]來、晚飯後、補綴本日日記。

十六日、寫信大哥、又寫信[illegible]兩校長、論邏輯書事、讀張蔭麟譯

自由日記

鳥居龍蔵氏化石人類学第一册、今日天氣寒冷

十七日。晨起將八时早餐畢，乘车赴吴淞，寒風凛冽，刺骨如刃，十时半到校，阅報數件，餘係跡。車上遇雷任伯陈锡襄，皆多年所未見朋友也。續阅化石人類学第二册畢。

十八日晨七时起身，七时四十分赴校，天氣稍和，完成同濟大学講章，即歸，得朱家骅先生電報，访刘大杰不晤，偕雲叢華赴大光明观煙波樂，阅畢化石人類学第二册。

十九日。星期日，昨晚大杰来，未見，今晨起往商功课事，餘係王耀宗及家沛来，谭至四时许，同出找房子，不成，便餘于大利春，

晚写信谋赝筆四、

廿日。今日橅點衣履、裝箱，閱畢化石人類学第四册，又閱唐立厂古文字学導論上編。

廿一日 晨起，讀化石人類学，未久，耕泉来，約同去喜飯店午飯，後至梅白格路祥康里89号，看房子，決定明日搬来，擬托耕泉租也。囑至大新公司買箱子，裝書，燈下讀畢化石人類学第五冊（全書畢）。寫信与企農，請匯300元来。

寫家信，報告遷居。

廿二日 自愚園路遷居梅白格路，晚赴耕泉、子碩、壽精、謝吳之宴，睡閱陳遵媯譯山本一清著宇宙壯觀。

自由日記 一月

自由日記

廿三、今日陰曆除夕，上午赴新華銀行取錢，買什物，下午買什物，夜十一時半臥。

廿四日，陰曆元旦也，讀畢宇宙壯觀第一冊，午飯後細雨濛濛中出門沐浴，歸，不多時則霰舞雪飛，屋瓦漸白矣。讀宇宙壯觀第二冊，夜九時半，畢。

廿五日，雪止，天陰晴，午後赴三馬路沐浴，甚快！讀畢宇宙壯觀第三冊

廿六日午前赴吳淞向壯泉、壽椿、子頎諸君辭行，午後偕壽椿至楊子飯店接洽買船票等，晤吉隆坡友同鄉

自由日记

一月

郑君等，谈至八时方归来，读毕宇宙壮观第四册，

廿七日，午后巡视各书店，晚偕费刍尧至大光明看电影，阅宇宙壮观全书毕。

廿八日，午前检点书籍，午后出外买书。

廿九日午前至静安寺与朋友饭，后检点行李，晚八时至南市码头登民贵轮，安置行李后，偕家侄表弟至扬子舞场观舞，又至法租界咖啡店茶话，十二时许回轮寝。

卅日曙色曦微中船解缆，傍晚过江阴，读钱穆先秦诸子系年，

一 自由日記

年考辨80葉，入晚時許沐浴睡。

廿八日、天未明，舟過和縣，睡夢中不能一望鄉里，悵然久之、

八時半過蕪湖，午後七時許過懷寧。讀濱田耕作君東亞文明之黎明。又讀先秦諸子繫年考辨百餘葉，完第二卷。寫信三實及潤之去年

二月

自由日記

三月

一日，船行，黎明過武穴，正午過黃石港，八時抵漢口，將至黃石港遇微雨，舟停時許，寫信與申甫，讀謝子豪年100葉，十時登岸訪趙壽人于武漢日報社，回船知剛伯已來寓，在交通旅館相候矣，乃訪剛伯，同赴京漢旅舍，與壽人閑至天明。

二日，九時許，至味腴進膳，膳畢，至浴華池沐浴，三時半回船，船四時解纜，各艙客滿，室中除李彥輔、周自遷來外，又增二客，一鄭姓，年七十八矣，鑽鑽如六十許人，一王君，以竟夜無眠，五時許即睡，未晚飯。

16

二月

自由日記

三日，昨夜迎雾，停舟八时，晨八时起行，午后城陵矶，欲望洞庭君山而不可得。晚六时以水浅，舟又停。停晚头君游之，八时即睡。阅先秦诸子系年考辨百叶。

四日，船晨六时起锚，晚六时半停，是日苦风雨寒，时望荒江，不知身在何处。读毕先秦诸子系年，夜十一时半睡。

今日精神仍未全复

五日，昨夜大雪，起视荒江，浅渚尽白。午过沙市，未停，晚六时半停于东市，读贝松氏国际主义毕，读李杜苏陆七言绝句。

自由日記 二月

六日 檢點行李，寫行李牌，船一時許抵宜昌，即出民生船買房艙票，不可得，登岸，乘素錢訪袁志明，買得三等票，晚經理劉登舟，以三無地，賴袁房讓出夫卷一條，始得安眠，離宜昌，山水漸秀，兩岸江村更覺如畫，風光令人愛賞不置云。

七日 晨發宜昌，晚十時半泊巫山縣。蜀中山水名天下，今日所過江峽千餘丈，急湍如箭，港港有聲，過新灘，流高湍險相差盈丈，澎湃幾始過。山則連峰際天，如削如斫如琢如鏤，變化萬千，惜陰雨沈霾，至四時方霽，未能飽覽耳。舟經日穿峽行，百里一轉，一里一廻，望若山窮水盡，無路可通，路轉峰迴，忽然又一新境，信乎天

一

下为奇观也。山巅人家，垒石成田，想见此间民生之苦。傍醉霞层碧叶，若梦里游一新生路，此亦前路之易也。夜月清圆，又是元宵矣。遊客贫宣，无以为欢。仰视巫山之巅，一轮明月，俯视浩浩江流，银光飞散，此景此情，如在画境，此亦人生奇遇也。

八日，晨六时解缆，九时许过夔门，两岸山峰壁立，江流其间，如狂蛮奥。~~入~~过夔门，即白帝城，下有乱石，舟人传言即武乡侯八阵图遗迹。所谓滟滪堆者不过巨石如楼，峙立中流而已。过夔门，山势平庸矣。晚五时许泊万县。

九日晨七时发万县，午后过酆都，薄暮泊涪县下数十里乡镇。今日江势宽，水势璐，山势秀，两岸人家渐見富庶氣象矣。談放翁絕句，並以昨夜寫去剔牛後小詩。

十日，船停酆都，推進機繳損，預計今日抵渝，不在燈火萬家時矣。乃午後六時即靠岸，是可喜也。乘民生汽划過江，坐轎至小樑子金台賓館下，王道盤、劉履康諸君先後來談，至夜深始去。沐浴睡。旁臨自來水櫃，竟夜不能成眠。

十一日，昨夜自來水箱自三時以後鳴不能成眠。雞聲明月，安人幽思。午平叔兄嫂來，飯後至華西公司交涉運書事，苦無頭緒。訪王道盤于青年會，不遇。歸。晚道盤來，平叔來。寫信夢雪、驥塵及劉大杰。

十二日、在重慶、訪賴以莊君、
十三日、在渝、游苣園
十四日 在渝、訪戴大遠、
十五日 在渝、交行李給華西公司運居平井家
十六日 訪向翹林先生
十七日、晨六時赴公路車站搭車赴蓉、夜宿內江前鋒旅館、蚤虱不能成眠、

十四日晨六时，乘原车来蓉，午后四时到。一路山石嶙峋，翠竹扶疏，处处皆堪入画，惟行者苦。曾口占一绝云：一车飞舞出重霄，千里成都两日程，不有钢筋铁骨在，也应颠扑作齑粉。飞舞二字可以形车行之苦矣。到校而行李未至，乃宿凌云饭店。

十九日，返校接洽功课后，写信梦云及华西公司。饭后，至卧龙街一带游书画店，无所得。晚范丙中君来谈。

廿日，读毕近百年来古墓古城发掘史后，睡，首已乡向午。饭毕，信步所之，周览古玩市，无所得，巡礼中山公园一周，归寓，阅困学纪闻二卷。

廿一日、在學校圖書館翻閱書籍、

廿二日、昨日行李已到，今日遷入校舍中、午後偕鄒錦葯先生訪東天民，晚飯後欲沐浴不得，乃同往對承先生處談天、

廿三日、未起，王光輝來，乘其車同游於北昭覺寺，寺頗大，而寺前有史文靈大師遺跡，開水利事，最足令人景仰，茶麵畢，同往南門外國際電台，過華西大學，未入門，即轉往東門外農學院，參觀之，游望江樓，故薛濤遺居地，樓臨錦江，翠竹繞圍，至為清幽，跡而嚴

柏齡君来，同出沐浴飯膳。

廿四日，天氣陰冷，午前開始上課，飯後訪友，晚，看和歌理而行考原。

廿五日，上課之外，閲藤之並校讎学史，其大綱則與余廿一年在中大时所講者全同，可怪也。

廿六日，因住房氣閉，遂去，乃于午前遷至文学院前。飯後至春熙路取相片，惟錦江春色一幀可一取耳。晚，买俗毛筆硯一具，寫信剛伯及林君、顧致覺表弟等。晚，飯後讀荷馬奧德賽第五第六卷，已十一時許矣。

自由日記 二月

廿七日、點讀淮南子天文篇。午後寫信

廿八日 七时起身，八时上课，课畢，赴中國銀行匯錢(150)替雯，並還平叔錢，午後上校勘學，讀隋書天文志，唐書天文志，燈下修改子行老稿，

廿九日 午前赴明星理髮，午飯後因黄任之講演，校勘學停课，赴德雲飯店沐浴，順道訪嚴翰林君于太平巷，手談夜午方歸，讀奥德賽至十一卷。

三月

一日，值日曜，晨起送洪竹坚于白云寺72号，午后读奥德赛，迄午毕。

二日，上课之余，预备古地理学，借历代地理沿革表等书，择录古地理材料。

三日，课余翻阅八史经籍志及文献通考、写信给二舅与罗庆平叔。

四日，翻阅诸史地理志、古地理学纲领粗粗告成。晚至任家讲功课了，夜半方归，归而校门下键，乃宿川南旅馆，时已一时许矣。

自由日記 三月

26

自由日記

五日，昨夜宿小南，被雞聲而亂成群，坐待天曙回校小憩上課，課畢，嚴格林果來。午後，古地理學畢，至滄浪歌沐浴。閱畢四庫總目地理類。

六日，上課，課餘閱求古錄禮說第十一卷。午後，偕張雲波先生游少城公園，園中佈置平常，但梅花怒放，紅綠相襯，加之柳絲搖風，絲絲作鵝黃色矣。夜讀書林清話。

七日，午前擬修行西行考，原擬行而止。午後上課，課畢至春熙路買藥，歸同楊佑之、鄭穎蓀二君同游少城公園，為時已晏，不能細賞，盡興。悵然！晚在任搏承先生飯，談笑甚歡，歸即睡，時未月猶雲，漸有晴象。

自由日記 二月

十一日、晨起稍晏，閱中國阿剌伯海上交通史（桑原隲藏著）數十葉，至樓竹史柏家午飯。下午與應務課劉主任游青年宮，看花會，土產蕃所見，憶是俗畫如林，游人若鯽耳。五時歸，以身疲故至大川飯店沐浴，浴為加波羅酸所灼傷，頗楚。晚史學系學生許宗熙、鄭嘉祜、蕭相敏來譚。

九日至十三日，上課、編講義外，無事可記。

十四日、晨起編地理講義，嚴楷林來，同往少城公園茶坐。午飯後，臨張猛龍碑百字，閱殷虛古器物圖錄，晚讀佳納曲譜。

廿

十五日、晨起，編地理講義完成導論。飯後至少城公園照劍，閱古寺聲畫，晚嚴楷林來談

自由日記

十六日、由南京遥来之書，昨晚始到。上課之課暇，整理書籍。下午二时半開國文系教授會，晚修訂校勘學講稿。

十七日 課畢，至春明路買書，購得嚴校本，併讀至夜方歸。

十八日 寒風苦雨，天又沈陰矣。飯後至澡堂沐浴，讀顧棟高春秋大事表，疆域篇，思以楊守敬地圖，僅有周魯衛晉楚等國。

十九日 上課外，點讀大事表疆域篇，四裔篇。

廿日、點讀大事表山川險要篇，得頡剛來并信，寫信中國旅行社，告其書籍運到。

廿一日。午後復平叔、頡剛及潤之哥信。午後出游。晚读廖季平公羊卅論，及國論雜志。

廿二日，今日星期日。读林惠祥人類文化學60葉。寫信孟士先生，请之做母親壽序。飯後，與劉孟元夫同游望江樓，竹下品茗，風中聽琴，心境為之一清。晚閱郭氏兩周金文辭大系圖錄序。

廿三日，課畢，沐浴于大川，晚，读禹貢爾雅周官職方，擬作九州表，未成。

廿四日課畢，閱小川琢治山海經考、穆天子傳考，鄭德坤層累的河流

自由日記

地名，及山海經神話，竟日苦雨。

廿六日至廿七日 上課之外，編古地理學講義。

廿八日 晨起，完成古地理學講義論九州說演變篇，而

王叙吾來談，約時許，去。嚴柏林君來，同往青年宮參

觀花會，買端硯一方，真三寶也，頗舊，回城至木廠，夢歸。

午飯之後，同至壽路路，買表練，燈下校閱陳造遺舟所抄

鄭樵校讎略。

廿九日，午前讀林惠祥人類文化學60葉，楊佑之君約至姑姑

筵午飯，飯後歸，續校陳造遺舟抄の庫提凡例

自由日记　三月

廿日，课罢，阅徐中舒古狩猎图考，文极精湛，皆发前未发。写信黄雯，汇150元去。复林子硕、刘在心、周文耀信。灯下阅商锡永十二家吉金图录。

廿一日，上课外，写字百，读人类文化学一章，晚史扬逊和及子慎信，夜雨萧萧，春愁如海，决将来春假作新都游矣。

32

自由日記　の月

三月

一日，天氣稍晴，午前作論象繫，不甚滿意。午後閱人類文化學
修改宗法考原一節。楊佑之先生約晚餞，同游少城公園，晚
歸，聽音樂會，畢，復叙倦倦。

二日，春假，天清暖，偕楊佑之君驅車北門，搭川陝公路車赴新都，
八時啓輪，八時半即到，下車入城，至文廟街訪王叔魯君，同游桂湖。
桂湖者，楊升庵先生讀書處也。湖水已涸，桂葉層層，一亭一閣，
皆饒畫意，嘗為詩云，

柳色花光無限嬌，輕風合泛桂湖梢，香來偏是水清
淺，不見春波過小橋。

新都城不古大，縱橫不及二里，垣不古峻，登臨其上，野菜花黃，[illegible]

花光柳色漪新都，憔悴春風上桂湖。

33

麦一觉，心境为之一清。桂湖临城东南隅，面积十数亩，中有泽
此间，升庵先生塑像在焉。因题二绝云：
想向皇城哭大典，何如著作留丹青。泽如湖水花如锦，
清福输君占诵经。
绿云冉冉霞城隈，闻道先生手自栽，四百年间秀陵
国，依然金粉照如来。

午饭王家，颇有气象。饭后游宝光寺，文庙。颇整洁，寺中惟楠木林多树，分界题额为奇特耳。今日车归。

三日 晨起，读书。东天民君来，同至张志超家，又往姑姑处。午饭，饭后逛夜会，买扇数柄归。

四日 与严炳林君同游，游毕沐浴，饭后整理书籍。

五日，为影写字，收后东天民来，同往张志超家竹戏，大败。

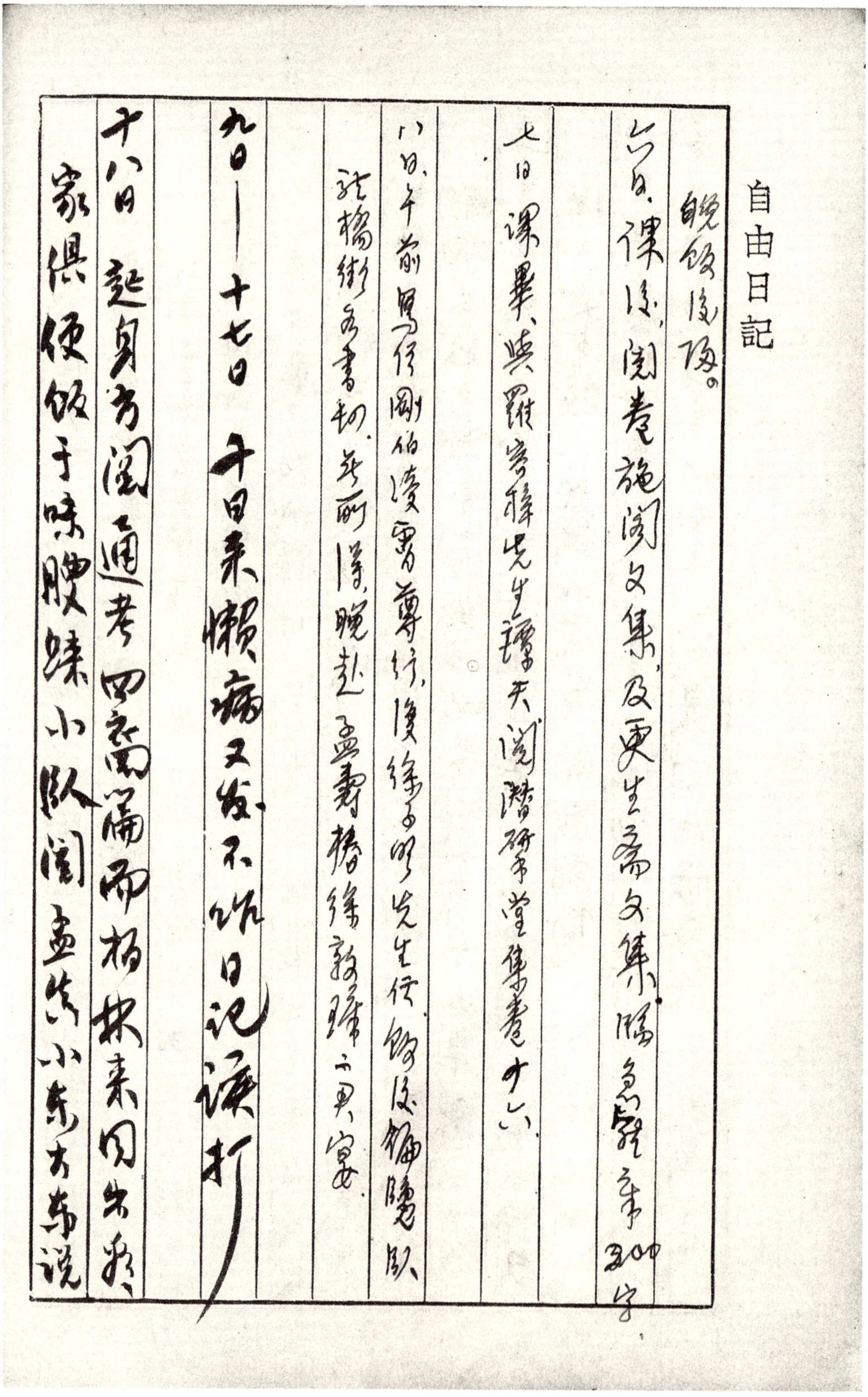

自由日記

晚飯後,預。

六日,課後,閱卷施閣文集,及更生齋文集,臨急就章300字

七日 課畢,與羅寄梅先生譚天,閱潛研堂集卷十六

八日,午前與傅剛伯凌霄尊行,後徐子明先生請飲,後偕隨隊

張橋街書肆,并購傢,晚赴孟壽椿徐彝瑞之宴

九日——十七日 千日來懶病又發,不能日記,該打

十八日 起身方閱通考四裔篇,而楊林來同出,取

家俱,便飯于味腴,睡小隊,閱盡後小東大事說

の时赴任家团会，有松茂冉魏苗歌舞，帮忙

会后，傍晚方散，晚饭后写信，读了三彦[illegible]

十九日。起身，阅晚读书斋随录，十时许驱车望江楼（新东），江水依然清浅也。之

时归，为学校运动会，晚修订子衍考原。

廿日 上课外，阅晚读书斋杂录

廿一日 上课外，整理子衍考原文，午后静修，柏林来谈

廿二日 整理子衍考原文

の川

36

自由日記の月

廿三日　课后访郑颖荪，同出寻房子未租成，写信与刚

廿四日。　晨课毕，赴严植林喜宴，傍晚归。读朱文鑫历法通志

廿五日。午前读大乘涅槃论、摩登伽经。午后叙五来约游草堂寺

出南门，至沣河中学访谭仲超未遇，遂东至草堂寺时已三时余

寺中满地伤兵，不忍卒睹，遨游一遍，步行至青年营，品茗，归。曾

纪以诗云　剑气横白草堂寺　古有

语不惊人死不休，又来整佇自千秋，羽飞??轻了??

满床书籍流　晓起??

英雄论落作诗魂，唐宋今安??篇。胡马纵横燃遍烟

方杜鹃底了唤春风

廿六日，昨晚饮咖啡，竟夜不能成眠，九时起，静修来，同出午饭，与谈沐浴青年会，傍晚分手，阅梅氏医学史问

廿七日，课外，读全祖望汉书地理志稽疑，试作汉书释例

廿八日，课毕，至中国银行取款，汇150元给雯。后过商务印书馆，晤杨介仁经理，观其古泉拓本。后续作汉书释例

廿九日 起始辑搜罗历代分域制名——氏方邦国州郡材料

卅日继续搜集制名材料，悟郡即国之音转，郡即里界之总名，晚颇冷，蒙被睡，夜大雨。

自由日記 4月

38

自由日記

五月

五月

一日、課畢，寫信與雲、詩評，午赴黃方剛先生園會，參觀華西協合大學博物館，見所藏石器及陶俑等，頗有價值。晚讀中國的器 40葉。

二日、午前寫字，午後訪藝書店，買洋蘇晴峯聯一副，字極豪放可愛。晚與羅容梓先生談，寫信剛伯姪。

三日、晨起，寫信尊行，叔先來為照相。讀畢中國的瓷器，書極太簡畧。午後訪靜修，同至商務印書館，遇謝奐玉，易州公司後歸。

四日、課畢，讀雷約渥灵西洋古代史150葉。

39

自由日記 五月

五日，课毕，周癸叔先生来谭，三时许至少城公园，瀹茗，买，参可谭，归，读西洋古代史50叶。

六日，晨起，率史地学生至华大博物馆参观，对于石器及汉唐古备讨论颇详。午赴朱竹坚君宴，设万里桥边枕江楼，江流浩々，不觉三时矣。晚赴罗仰秋宴，夜十时归，了即睡。

七日，午前整理地理讲义，课毕校阅校雠学参考材料。

八日，晨起已晏，第一时课缺。作校雠学序，午后上课，々后赴校长茶会。晚阅题书，乃[illegible]

自由日記

九日，修订西行纪原、午后，至望江楼听琴，得诗一章：

锦江如练绕诗楼，结得文缘几世修，门外枇杷槛外柳，思君年那楼深秋。

十日，今日星期，修订西行纪原，谨成四叶，午后沐浴，晚往大礼堂观剧，抗虏如来绝续也。

十一日 上课，精神颇倦、

十二日，课后偕薇柏林先生访静修，夜深方归，电灯不明，九时许即睡、

自由日記 五月

十三日午前，修訂平行考原，午後至商務買書，與楊經理譚至四時後，至康強沐浴，用加波爾酸過度，竟使下體紅腫，急購酒精擦之，腫愈甚，痛不可支，急請蔡叔楊楊君代請黃良山時醫生診視，敷以藥，痛稍止，夜不能寐，閱蘇廷瑞歷史抄畢。

十四日，下部仍腫痛，勉強上課。

十五日，勉強上課，課後偃臥閱畢西洋上古史上冊。

十六日，午後偕鄭穎孫兄至志范醫院治病，歸閱十七史商榷，華要學萬國續律畢，約午後同病辭

3月

自由日記

十七日 今日星期，以病未出，阅毕英宗墨庵与新意大利
晚与罗家梓先生谈至十八时半始散。

十八日 课后，到医院换药，夜，阅德国之社党。

十九日 课毕，阅萨克逊全书，不能入。阅多田骏对华策略。
深有所感！

廿日 晨起，收到商务寄来丛书文艺丛刊及欧阳予倩集
刊。午前阅丛书文序，午后阅商道之究，探加宗教，陈独
全氏发电，查真般未封南般贵逸民，

自由日記

廿六，课毕，阅梁思永《昂昂溪史前遗址》。续晚饭后来，同出至新街，新亚咖啡店夜餐，不佳，改过德了霖谭天。

廿八，午前古文字学，午后校勘学，今日结束。课毕，裘之来，同罗莘樟之八至彩里槁园枕江楼谭天，晚饭后阅周易参同契。

廿三日——卅一日，上课之外，修订五行考原，少出门。

六月

自由日記

一日至四日，予行考原備行一半，功課亦告結束矣。

五日，整理書籍，出試題。

六日，書籍交利昌公司運重慶，計800餘斤，晚至程仰秋先生家晚餐，九時後，大雨傾盆，衣履盡濕。

七日，剛起身而林蒼坳、繆靜脩諸君來，至午，往利昌算賬，共用去66元，轉往靜脩處午餐，餐後，買緣多新
齋本、並退還廿五史補編二本于開明書店，

45

六月

八日，午前至陝西街存仁醫院看眼，午後施手術，微痛

以！

九日，晨起訪徐文齋院長，又至存仁醫院看眼，午飯

後小睡，林名均、楊仲屏諸人來談，欲赴張校長約

未果，晚飯，寫信，再致劉伯倫，眼微腫。

十日，閱東維子文集，及西行大荒，

十一日，考試，閱試卷，多斛之中，以史學系二三年級之古地理學為

佳。

六月

自由日記

十二日，起身，靜修先婦来，同出買什物，午飯来，整理行裝。

十三，晨五时起身，乘校車至牛市口，搭成渝路局車往重慶，車過資陽，膠輪焚如，停二小时，晚七时，抵内江，宿相因旅館，吃苦蚊蟎，又患喧囂，不能成眠，

十四日，晨六时乘車過沱江，濃霧如雨，車行甚慢！午後二时過青木關，車輪又毁。換車至渝，已五时，赴季叔兄家，即出，至陵同坡集，春沐浴，晚飯于青年會。

十五日，至青年會，与羅崇釋、楊佑之二君盤桓，二君同自

成都來也。晚，送黃鑾民之輪東下。

十六日，天氣甚熱，在家閱興登堡自傳。

十七日，續讀興登堡自傳。

十八日，大雷風，天氣轉涼，閱羅塵黃頭禮。

十九日，閱胡適近著四篇文，晚宿西南飯店，沐浴睡。

廿日，無事。

廿一日，入市買什物，午後二時上民俗輪，行李未到，登岸購晚，

晚餃于永年春，回船，夜閣潮熱。

自由日記

廿二，晨六时许，船解缆，晚泊万县。

廿三，晨六时，船解缆，九时许过夔门，入三峡，以人众，不能流览风景。晚宜昌，转民风轮。

廿四，晨三时开船，夜未停。

廿五日，晨八时抵汉皋，访王元辉兄子林、楚樵、督慕、雯，同船姑嫂刚俗又同上岸，午饭于蜀珍，匆匆回船，一时解缆。

廿六日，舟中阅诗可喜，写信楚雯及严世士先生。午后五时抵京，谟馨及维汉夫在岸相接。行李交服务社运

自由日記

城。與羅摩、吳秀東去研究所。

十四

自由日記

七月

51

七月

自由日記

七月

自由日記

廿九日、晨起、撥給支那哲、至圖書館翻書、與中舒之譯至十二時許、盛瑜范瑄明來同往鼓樓黄山飯店午飯、飯後訪陳果、不遇返、晚自研究院移居至董家、

卅日 天陰雨、在所寫文章、午至舊書鋪、陪頡剛午飯于中央商場、學德輪、夜讀文學

卅一日、在所寫文章、晚飯後與盛瑜等看電影、為華世界第一流巨片、始讀歷史、十二時始還董宅、

七月

自由日記

八月

自由日記

八月

一日，晨起完成《關國前周人文化與西域之關係》，將以交禹貢發表也。午飯後，看陵霄，與聊談。寫信三封，要平及李峻等。

二日，晨起閱福爾摩斯偵探案。徐中舒來談至午半，同出至皇后飯店午飯，晤吳子馨、方欣庵等。三時回研究所，閱禹貢雜志。晚飯後回董宅，閱偵探案。

三日，陰。午後至文新沐浴，好，歸後家讀福爾摩斯偵探案。

四日，午前在家，偵探案上冊畢。飯後閱之。大哥及袁表弟伯和來，快甚之至。乃同出，至原湖划船。餘霞綺天，湖波如錦，賞心悅目。北高獨十里荷花甘，晚飯于西湖以茅館，漫天至十一時方返。時月上悠(?)在山上，[illegible]漸與手帶，而情。

五日，午前閱福爾摩斯偵探案，飯後借閱之至夭葉君影戲，夜深別去。

六日，午前續閱偵探案，飯後至廁，閱讀怡慶堂洛陽古城古墓考，晚歸，閱續偵探案，午時書訪白純先生于財部，談甚快！

自由日記

七日、午前大雨傾盆、未出、寫偵探文字、午後至研所寫偵探篇、晚閱偵探案

八日、午前閱偵探案、午十二時赴陳斠玄先生寓、四時偕剛伯游西湖、後湖、夜深、遇雨歸

九日、閱偵探案。

十日、晨起、剛伯來、同至教務部訪段叔歐及叔儻、午後于[illegible]西湖、飯後至大三元談天、夜深始歸

十一日、閱畢偵探案、至研究所還書

十二日，晨起訪陳斠玄于陰陽營五號，遇雨，午飯于燕風多嚶樓，飯後，訪潘尊行，晚飯于六華春，散後深歸。

十三日，午前訪剛伯于樂業村二號，乃約濟之、中舒、彦堂及萬年老等聚餐于中央商場厚德福，飯後，同剛伯至天新沐浴。

傍晚，訪白純先生于財部。

十四日，午前至研究所寫作云夢、沆如、論選子也，晚赴湘僕宴于清華園，夜大雨，未歸。

十五日，晨過商務買書，午飯後至研究所，復建齋作並寫作夏鼎資，晚閱殷契佚存。

自由日記

十六日，今日星期日，起身後，偕彥堂訪馬叔平先生于豬陵路。轉往將府西街雙槐巷7号，寶白純先生，留午飯，飯後去大華戲院看電戲婚姻，畢，回雞鳴寺與趙良翰君譚天，九時回寓閱蔣智由中國人種考。

廿七日，晨起至狀元境買書，買歐陽文忠公文集一部，爾雅翼，無音釋，午後歸，表忽停，及送表店檢查，則發條已斷矣。晚與中舒談天。

十八日，午前至研究所買書，決午後去蘇，四時五十分乘汽車至和平門，搭五時十七分車東行，車上閱顧頡剛三皇考100葉。下車，宿中央飯店，閱高本漢左傳真偽考40葉

八月

自由日記

十九日至廿一日，住蘇州，飽食終日，無所用心，精神之沉悶異常，惟閱黃儆居《周季編略》一部而已。

九月

此月，除收拾行李，東冊入蜀時間完全耗去。略紀其要，則一日至五日，在京。六日至九日在蘇。十日赴滬，寓新亞酒店。十一日夜搭民生公司民政輪入蜀。十四過漢，將建常、十七日過宜昌。十八日夜泊宜昌廿九日泊巫山。十九日泊萬縣。廿日泊豐都。廿一日夜小時始達重慶。宿新華飯店。廿三日還平井嘉家。廿六日乘長途車來蓉，夜宿內江，跳蚤蚊蟎如故也。廿七日抵蓉，即入新寓。去樣街六號。廿八日安置行李，僱工人，一切事皆動傳支婿及蕭敏梅林、吳代為籌劃也。廿九日至校，訪各系蔡商，並接洽功課事。卅日，訪家檢點書籍

自由日記

九月

九月
自由日記

自由日記

十月

一日，晨起，林冰骨校长、真如院长来谈功课事。十时许至校借书。至春明路商务印书馆买书，沐浴于青年会，返，晚阅东方杂志。

二日，以口唇皮破裂，至藤乡说话，午后至文学院上课，访徐子明先生，谈至六时，始归。写信姜寿椿、蓝建南，并写信闻亦、谭紫家等，九时半睡。

三日，午前至校上课，归午饭，后访蒋穆女，过春明路买书，晚写信刚伯、寿纡。

61

十月

自由日記

四日，在家休息，

五日，午前有課，午飯後，同朱竹墅、林山腴、游賞、陳資教子。晚寫信與師華田，

六日，午前有課，午後楊秋來談程房子。晚寫信三要

話劇

七日，午前有課，飯後閑姑整理花盆搬遷，晚周文煌來談，

八日，午後曾出街買什物，晚整理花盆搬遷。

自由日記

九日。晨起，到太平巷訪嚴仿秋，託其為予覓房子。午後上課，晚閱龔定盦集及劉申叔中古文說，整理葉氏書二葉。

十日。午前為羅序子進，未晤，繼訪徐子明先生，午後歸，同往春熙路，買什物，予得煙桿一支。歸，林山腴先生來，留其人詩集及華陽人物志。晚行李遂到。檢點一無損，可見三箱子保于公路局也。

十一日。晨起續林山腴先生清寂堂詩錄，傍晚偕子明登城墻遠望，綠野菜畦，林樹蔥蘢，時已深秋，未見荒氣。晚繼讀林先生吳游錄，此等詩境，[illegible]逸晚唐，今人多不能及也。

十月

自由日記

十一日 午前上課，午後休假，晚閱史記

十二日，天忽寒雨，晨起到校上課，午後，飯後與謝子明先生、釋天讀清宮畫進殿詩及駢文，極力志深才氣以來奔放，此亦老杜所稱讚之處也

十四日 午前上課，午後偕子明及萬騰紀二君，訪林山腴先生，晚頭，讀杜詩

十五日，以五帝德、帝繫、堯典，校讀史記五帝紀，午後偕蒙穆林君買像畢，晚赴劉修宴，

自由日記

十月

十六日，上課，外讀史記平準書及漢書食貨志上篇

十七日，閱食貨志下卷及晉書食貨志，午後至狀元街買修具，返

清早沐浴，晚在楊世家談天

十八日，午前上課，午後與楊佑之、羅容輝，啜茗于支機石公園，返

城西後，晚閱尚書、

十九日，午前上課，午後與吳村家、彭嘉榮至經梯來，晚續讀晉

書食貨志，

廿日，午前上課，後溫習左傳首卷

十月

自由日記

廿日，上課，午後子明来談，薄晚去，晚阅杜诗

廿一日，午前至校借錢，午後開会，晚阅海军杂志。

廿三日 午前阅鄭中侯羽，午後上課，晚赴林山腴先生宴。

廿四日 自去辞街处，另遷至挹翠，鎮日忙碌。

廿五日，午前整理書籍，而謝仲超王叙曾来，留午飯，下午子明来，同至鑼鍋巷買衣櫃，晚預備功課，月色清澈，從後庭中，獨憶去秋中天月色好種種，不知老母近况何若也，不覺情動也。

十月

自由日記

廿六日，以太陽曆計之，今日恰為卅六歲初度，午前上課，午後沐浴理髮，在家内自攝數影，晚佑之、子明來譚。

廿七日，上課，午後訪蔚林。

廿八日，上課，午後往羅容梓、楊佐之。

廿九，小女咳嗽，午前帶至醫院檢視，午後為子明覆閲實用航空學。

卅日，午前整理書籍，午後上課，晚成和林山腴前輩一律，云

傳有山谷極量盃，登高終愧大夫才，茱萸插帽風

十月

自由日記

能落鸿雁鸣秋，然易来。廿载江湖伦剑气，箫声剑胆漏溪望云开，可怜蜀国同憔悴，西北况更要士台。

廿日，在家整理卡片，準備將國語地名分國排次而已。

十月

自由日記

四

一日，星期日，改撰論文，佑之来，林名均来談，午飯去。飯後偕雨至望江樓遊覽，錦江半涸，人物喧鬧，不足惡也。晚，預備功課。

二日，上課，整理卡片。

三日，上課，午後，至春熙路買什物，晚，閱老子化胡經。

四日，上課，午後，丁賢書、楊佑之、鄭宗予来談，同至明湖春晚飯，游公園。

69

十一月

自由日記

五日，今日陰雨，午前整理石窟考材料，午後抄寫象說，晚閱大智經梵翻譯。

六日，午前至青蓮巷安寓定錢二元，午後上課，郭德坤來寄信，晚閱大智度論二卷，得家信。

七日，午前閱十月十日至十九日申報，讀大智度論一卷，午後訪郭寓，子設來，晚訪羅子通家，晚飯後，復讀論。

八日，今日星期，午前在家整理卡片材料，飯後為信之同游華西大學，晚偕子楨江樓，訪程伯君，不遇，隨閱智度論一卷。

十一月

自由日記

九日。未起，宾予来，九时同往泓利文饭店访马寿初先生，陪丁贤书夫妇来。程伯思来，饭后朱少滨先生来谈至三时许去。访林山腴先生，归过书坛路，买Vigantol一瓶。晚读月令。

十日。午前上课，午后沐浴，晚读大般涅槃经。

十一日。午前访龚向农先生，正午在明湖春请马寿初先生午饭，並约龚、林及子明、朱少滨、蒋寿彝、陆伯思、谢思作陪。晚又至子明宴，归读金七十论。

十二日。晨五时四十分起，搭佐之车赴凤凰山飞机场，送寿初先

十月

自由日記

生活北平，至则欧亚楼已然十分矣。怅之而归，时细雨斜飞，天气晚之。归途过北新书店买李季译高尔基波罗游记一本，前往读书，谭仲超君来谭，谈话，三时许去。阅上月廿至卅の日申报，晚阅高尔基游记。

十三日，午前预备功课，午后上课，晚读摩登伽经、舍头谏廿八宿经，即虎耳经，抄录长阿含の千世界一节。

十四日，午前阅天官书、淮南天文训、摩登伽经、舍头谏经等，作廿八宿方位异同表。午后访朱少滨、郑德坤、林名均诸君于华西协和大学。过济川中学，与谭仲超君谭至五时归。晚续作の经说异同表，仅成东方七宿。

自由日記

十一月 紀凌霄子

廿三日 午前上課，午後整理書籍，

廿四日 今日由吉祥衚衕遷居狀元衚衕青蓮巷五十四號，與子衡

同居，檢點書籍甚累矣。

廿五日 晨起，步行至校上課，忽得劉伯訓函云「凌霄死矣」！悅

如晴天霹靂，信疑不能卒讀。凌霄爲人忠厚，毫無客氣。

而所讀書，中西兼賅，早年留學紐約哥倫比亞學文藝美學，

即以短篇小說馳譽美洲文壇，民十七歸國，任中山大學教授，與

予始相識。十八年，凌霄長文學院，予因事北去，廿一年夏，經湘南

歸，任中央大學教授，與凌霄又同事。相見倍覺親切，凡我輩有

急，凌霄無不極力周之。朋輩學生，愛凌霄者多矣，而凌霄

十一月 紀凌霄

自由日記

絕無得色。廿二年秋，凌霄受命為考試院考選委員會委員，待遇較豐，待周朋友之意尤豪。去年，因受當局者排擠，左遷考試院參事。余在青島，曾約其往游。余因周宦小橫行，辭聘山大，在京與凌霄盤桓較久。今年暑假，兩遇凌霄于庠，凌嘗來見其有衰亡象。嗚乎！誰知凌霄竟壯年棄辭朋友而長逝也！傷哉！傷哉！剛伯來訪云，凌霄卒于本月廿一日，余等竟無聯絡。怪昨夜忽夢平中友人葉某來與余別，知非佳夢，嗚乎！誰知即凌霄也。平生知己，若鴻以毅力政治嫌，竟死于福建之難，凌霄以識毅好學，竟猶于學。嗚乎！天性謹諒者不必壽，而梟雄桀驁之士獨能長留于天地之間，中國不亡，豈可得哉！凌霄死矣！天下事尚可為耶。旋即電剛伯轉唁劉夫人。午後，寫信剛伯取

自由日記

十一月

儀，又寫何企深衣，讀漢の百元罷遇，讀雷傳。晚寫首之來設。

晚夜讀[illegible]田[illegible]之《中國神話考》及《中國石刻考》。

廿六日，晨起，入校，取叢刊本得璧書致路，[illegible]，取《東方雜誌》21期譯叢，嚴杓、杜鈞、熊飛先生來，去。房東毛君受威之租約，午後，余介石、素楊偕之來。晚讀《長阿含》《大本經》《游行經》，贊佛之本紀也。

廿七日，午前讀《呂氏春秋》，有始覽，閱一至六日申報，午後上課。晚讀《長阿含》《典尊經》《闍尼沙經》。晚夜女哭甚厲，晨興來此，乃東鄰婢彼仁濟醫院檢視，無大病，當晚即歸，笑如故云。

十一月

自由日記

廿八日，晨讀藤田豐八《崑崙山與西王母》、《天地開闢及洪水傳說》，
午後與子明出南門，弔蔡義里楊邦之墓，飯後步至武庚祠，
謁武庚遺像，暨明到帝惠陵而歸，晚與子明讀史學。

廿九日，午前閱長阿含《小緣經》、《轉輪聖王修行經》、《弊宿經》，丁思
國夫婦來，留午飯，同出散步武庚祠，傍晚歸，閱木村泰
賢《原始佛教思想史》，40葉。

卅日，午前上課，萬鴻紀、戴幼和來午飯，了後至漢陽浪頭沐浴，買論
語孟子兩三種歸，晚預備功課

自由日記

十二月

信

一日。得家書及剛伯、金霖回信。午後去訪朱騮，候裘千昌，晚閱

九歌天問

二日。午前上課，偕孔素年路，又與同往氣里橋邊品茗，傍晚歸

閱中印交通史料竟。

三日。午前閱申報，路過五馬路買書，並電賀蹈先主辦

晚赴友所傳夕矣。

四日。午前訪楊信之，同往三關書街，鬻畢，要譯稿。午後上

77

十二月

自由日記

課、課畢歸，鄭賓于、丁思聰來談，傍晚去，續讀《軍火戰爭與利潤》，頗覺有趣。

五日，陰雨，沉悶異常，讀書，未畢一卷。

六日，起身，而滕九弟、戴幼和、楊篤如來談，正午去，午後糊窗子，晚寫信附的。

七日，午前上課，午後沐浴，晚閱《天問箋》。

八日，午前上課，午後閱《中西交通史料匯編》第六冊，晚閱《史記》、《漢書》、《後漢書》西南夷傳及南粵傳。

自由日記

九日，午前上課，午後搜集吳回考材料，晚赴商務印書館續理張屏翰宴，歸買本地出土磚硯數件，賈人云同出十五有廢除年號磚，未見，憾之！

十日，午前閱古史研究所譯孔拉第、藤田豐八、小川琢治文五篇。午後理髮，晚寫吳回考首段，僅六百餘字。

十一日，午前讀李濟之殷虛銅器五種及其相關之問題，午後上課，晚閱海寧雜志、今日楚雲燈、珠煙雜志，未必能作文。

十二日，閱佛本行經。

十二月

自由日記

十三日 以昨晨任校長張院長來訪，未晤，晨起即往青齡巷四號之六，談前書研究事無結果而散，午後林昭騏先生劉美之羅宗粹諸人相繼來譚，傍晚七八、以昨夜失眠，早睡！

十四日 午前上課，午後至圖書館借書，飯後檢校共工材料、

十五日 午前上課，午後至黑遺家讀印度宗教哲學史

十六日 上課，午後偕剛伯中舒訪羅蘿及白經先生.

十七日 閱書本，晚飯後幼和偕允來談！

自由日記

[illegible]

81

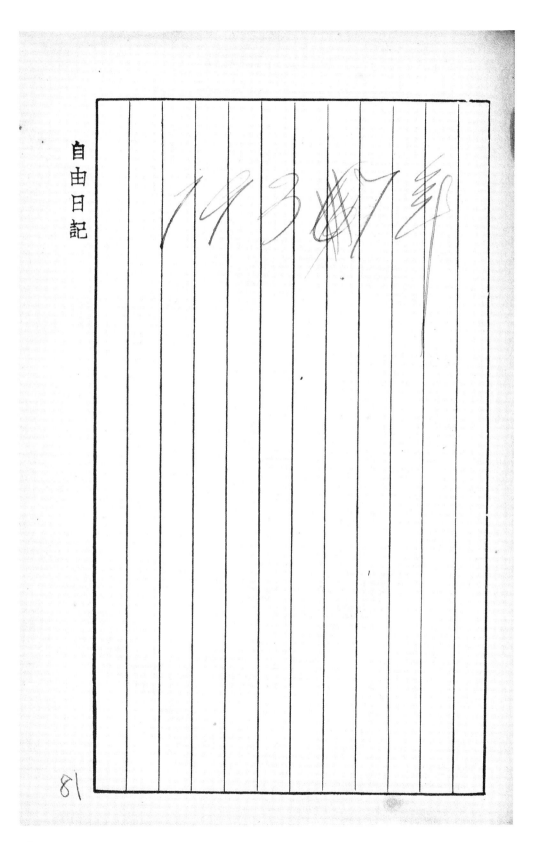

自由日記

一月

自由日記

元旦，以昨夜睡頗晏，晨起已十时许，欲作文无所得。饭后秀、任井永、瑾聪、文秀杨伯之、郑宾于，写字多张，同至少城公园品茗，傍晚归，晚作吴回考，仍不惬意，十二时睡。

二日，午前伯之、思园、可材君均来谈，晚滌与幼和、鹤如来谈，饭后写吴回考。夜十二时半睡。

三日，自晨至夕，客来不断，晚赴伯之家宴，九时归，作吴回考，成楚、印交通考一节，除结论外，全文已大致就，理至晨四时半始睡。

5月

自由日記

四日，未起，学生来，谭缘时去，范可出来，整收书籍，至午去，静侬来去，
并整书籍，将付邮也。介石，筱如，缘孔，幼和来谭。晚赴宇思
圃依之族家饯行，九时方去，十时睡。

五日，收拾行李，午后至惠园处辞行，晚赴筱如，幼和，缘孔，子明
及江超西诸君之宴，九毕，在宇谭矣。

六日，晨起，至华西大学向林先生辞，郑德坤及Graham诸君，午
饭于枕江楼，饭后至公路局包定小车一辆，晚至刘之之，杨佑
之罗宏经诸家辞行，晚二时睡。

七日，晨五时半起身，严敬柏林来，将行李交之，赴牛市口车站，包车

自由日記

至八时来二辆，与局为修配整车，至牛市口小停，移安行李车，即鼓轮东进。十时许过龙泉驿，十一时午饭于简阳，时天气阴霾，且飞微雪，午后三时抵内江，宿金台旅馆，晚餐后又有机声之扰，夜不得安眠。

八日：八时发内江，十时许抵荣昌，午饭，饭后二时许青木关，三时许安抵重庆，宿新川饭店，即来时所住新华也。夜眠甚适！

九日：在重庆，起身已十时，即赴丞叔家，谈至午饭后辞鹤庐，行李至午后四时始到，请张以梅先生领出，买票未得，又须留一日，心中殊焦灼！晚十时睡，写信骧尘、国川天倪。

自由日記

十日、在重慶，未出门，待此樓買票未成，晚在中央药房打牌，翌晨四时方罷。

十一日、在重慶，因待此樓購船票，買好，睡至午後五时起。晚十时又睡。

十二日、起身后，收拾行李。十二时许至嶺南酒家午飯，三时许由川江旅行社將笨重行李運至民享輪上。已五时，又往大陸藥房將標門裝完，趕十时半回船。船房已狭，身體以外，無回旋地。

十三日、晚色朦朧中，船解纜，时猶在夢中也。十时许起身，船已過涪陵矣。晚泊忠州。

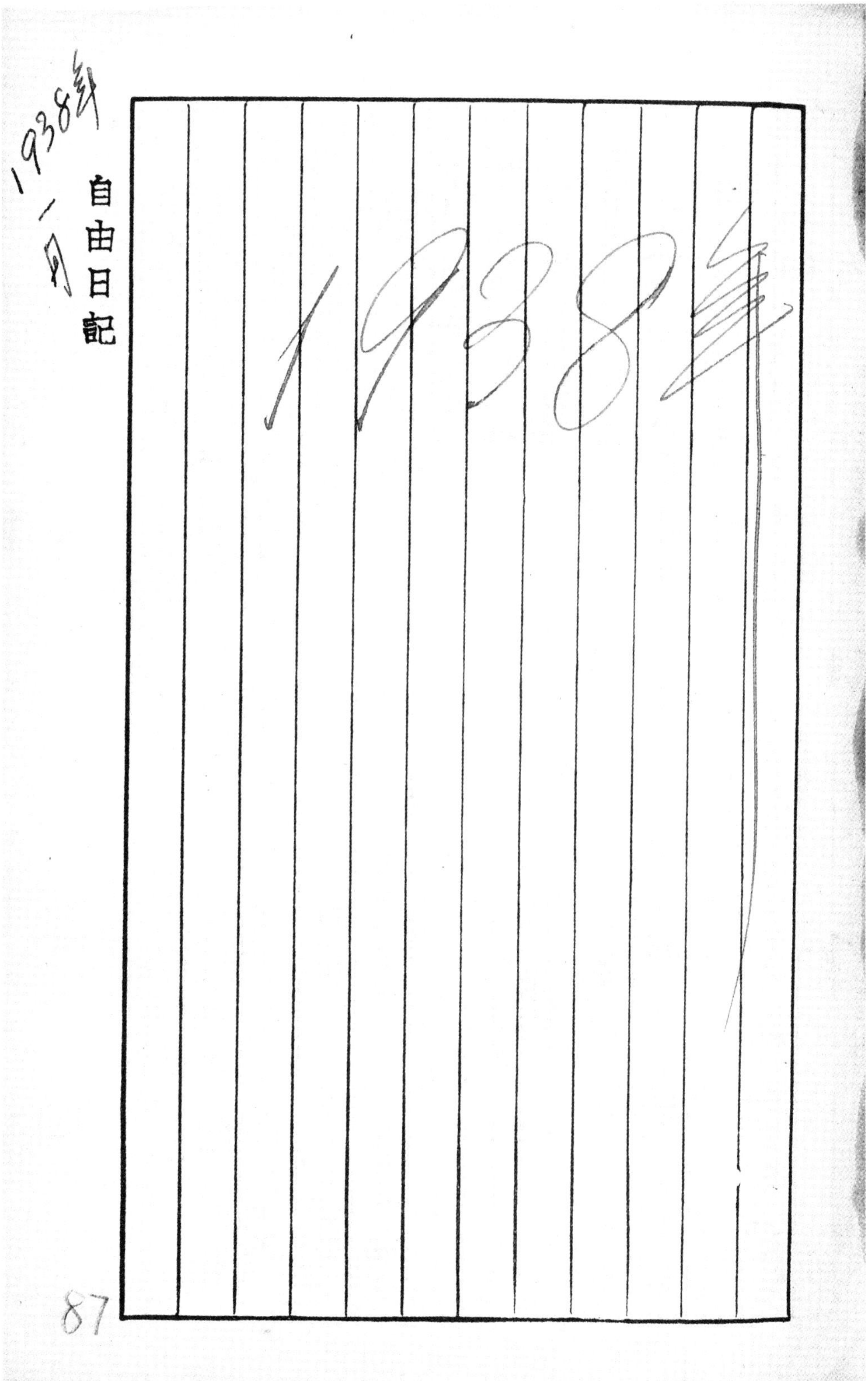
1938年一月

自由日記

1938年

87

自由日記

元旦，晨起忽見天氣晴朗，若預示國運已入光明途徑矣，為之一快！在家讀文獻通考郊社篇。午後，雲友程琴仙因見報訪雲消息來談。晚閱醒世姻緣傳。十二時沐浴睡。

二日 在家整理五行考原，在茶館遇洪傳炯兄，不勝他鄉故知之感！據云，雲確已于去年十三日飛離國，十六日安抵紐約矣。數月疑思，于焉頓失！

三日 午前在家整理五行考原，午後往三馬路書店看書，買元人雜劇一部。晚讀馬致遠漢宮秋。

四日 晨起，整理五行考原。正午企霞來，留飯，飯後同至溫泉沐浴，並至威海衛路中社將房子給高而織，仍搬往青年會住下去。晚閱關漢卿雜劇。

五日 午前在家作文，午後至中國書店看書，晚讀王實甫西

補記、

六日 午前作文，飯後沿霞飛路散步，折福開森路回家，已五時許矣。

閱高鈍盦《呂洞賓三醉岳陽樓及雷轟薦福碑》。

七日 午前在家作文，午後董光孚來，同出，便道訪企襄，鄉間馬路，寒風凜冽，未知七千家難民何以遣此也。晚讀王實甫《秋夜梧桐雨》

八日 起甚晏，盥洗畢，出午飯，回訪光孚，一時許歸。二時許企襄送錢毓元來。談至五時許同出，至四馬路聚昌館晚飯，飯後瀏覽小書店，買湖海戰平神筆通考歸。續作前文，完成祝鴨節、

九日 午前在家寫文章，午後至中國書店購書。晚，寫文章，時二時，沐浴睡。

十日 午前在家作文，飯後至北河南路，桃源坊訪雲友，不遇，

自由日記

一月

告其電已通知，晚閱命理探源。今日由宿舍705，遷至616號，取其靜也。

十一日，未出門，寫粵劇新風之續節，晚光宇來，稍後即去。

十二日，午前作文，飯後往四馬路看書，晚，閉門自遣。

十三日，未出門，以精神不振，休息一日。

十四日，午後，在房作文，飯後曾往四馬路開明書店看書。

十五日，午前在房作文，飯後至大光明看電影，係為D.H号潛水艇。紛累可見美國海軍之精神，浪漫與勇敢而已。晚整理平劇材料，復午睡。

十六日（戊申）午前作文，與侍桁先生約午飯，飯後至四馬路看書。

十七日，晨起，南風狂吼，天又將雨矣，在房作文，完成五行之首節。

十二時沐浴睡。

自由日記 一冊

91

十八日，未出，修訂五行之官節。

十九日，補作五勝變化表及五帝表、天陰沈、雷雨如夜人、沐浴睡。

廿日，天仍陰雨，作五行生剋節。晚讀鄭德輝倩女離魂、周公攝政之劇。

廿一日，未出，完成論五行名詞出于五刑節，後二時睡，此傳焖笑來，言桃的行李，已為寇軍搜劫淨盡矣！

廿二日（甲寅），午前，完成由宗教思想論五行與社禝五祀來源。此文着手于一九三年夏將離青島時，初名五原行考，原要論明堂五帝五神，初草稿殊草草，不過剪貼之，前年在蜀，抽此一段修訂，彙成半帙，即東來，去年九月回青島，適值山大停課，乃決將此完成出版，乃分為兩篇，前篇論五行五祀，即今所完成者也，下篇將專論明堂五帝，手中材料不具，當俟本年度研究中所預寫

論子祀中后土節，因論及鯀禹治水問題，且舉巴比倫恩利尔神話
絕相似，因將此節分出獨立另作鯀禹治水本事考，合
前年所作吳回考，中國宗教之來源，鉤略等一比較而作
之解釋矣。午後休息，晚閱關漢卿緋衣夢，十一時沐浴睡。
廿三日（乙卯），休息一日，閱神荼之由考。
廿四日，今日起來作鯀禹治水本事考。未出門，夜十時許沐浴睡。
廿五日，未出門，作文。
廿六日，午後至四馬路購書。買麻衣相法柳莊相法各一本歸。晚
讀柳莊相法。十一時沐浴睡。
廿七日，因回考已成之稿，不大滿意，決重作，而稿紙將罄矣，飯後至四馬
路生活書店買稿紙百葉，晚續閱麻衣相法
廿八日，天氣陰晴，有雪意，及晚，果霰霏紛亂矣。作文四葉。

筋骨甚痛，乃罢，闻爆竹夜相传。

廿九日，天阴雨，未出门，作文。

卅日，天气阴晴，未出门，今日为阴历除夕。去年除夕，栖身于武林青年会，今年除夕，流亡于上海青年会，不知明年又将流亡何处。迩来报章所载，和战不定，屡退屡进，不知 老母流亡何处，吾妻尚能随 吾母左右否？思之，不觉泪下。乃闭户作文，以遣一切。夜一时睡。

卅一日，天仍阴晴，无聊之极，仍闭户作文，完成大禹治水第五节，午后四时，出门，沿霞飞路转东新桥而至南京路，行步所之，随饮食。男女戏院游艺场所，一律关门大吉，晚饭于大三元，七时归。而闻爆竹夜相传。

自由日记 一月

93

自由日記

六月

94

一日（甲子）晨起至午後二時許完成鯀陻洪水節，飯後有疾，休息。少暇修訂之，今年為戊寅，月首甲寅，危里應在今甲子日，但一切曆書，皆已誤此，殊覺為糊塗，不知何故？

二日，未出門，完成四岳治水節。

三日，未出門，考崇伯鯀即嵩嶽之神。

四日，天陰雨，未出門，完成鯀為昆侖之合音節，報載寇軍陸戰隊由金河口登陸，想家中又不免流離載路矣！

五日，晨起閱報，知在金河口登陸之寇，為我軍擊潰于東門外旋口橋，已全退回艦矣，為之一快！天仍陰雨，午後大雪，傍晚晴，晚飯後，至大新公司買剃鬍刀片及肥皂等。今日完成社神又為圖騰節。

自由日记

95

六日，晨起，作夏后氏姓姒，即象蛇身首环，二时半始完成。午饭后，至古柏公寓访企羡、肆经、静安、李诠，已暮矣。晚饭后，休息。

七日，上午及下午二时许完成鲧堙洪水来了考，改名为论禹平水土及鲧堙洪水来了，凡万六千言，计自上月廿四日起草，至今日完成，凡十四日，此中涉及地理者多，故易写定也。饭后访龙榆生于极司非而路元善里37号，未遇归，在房休息。夜十时睡。

八日，晨至小沙渡路访周予同。饭后周来，谈，记其丧婿，并借缘附骚程云。午后榆生来，与谈移时去。

九日，未出门，开始搜集所需材料。

十日，未出门，阅读卜辞通纂及两周金文辞大系，搜集所需材料。

十一日，在房读左传，自襄十年至昭十二年。饭后午睡，午后至马浪路访周予同，不遇归。

自由日記

十二日（乙亥）未出门，读左传，始僖廿二年，尽襄九年。午后王铁疆兄自青岛来谈移时去。今日得一意外收获，即齐叔尸钟铭，可确定即晏婴父晏弱所作。

十三日，夜来风雨交作，略受感冒，竟日未出门。午后公辅及周予同、郑振铎诸君来谈。晚作叔尸钟跋，阅晏子春秋。又读左传自隐公至闵公。

十四日（丁丑）今日阴历元宵也。旅况多艰，乱离失所，逢此佳节，但不知老母何所耶。午前，读左传，尽僖公24年。饭后，回拜郑振铎于庙弄44号。灯下读左传，始昭公十三年，尽定十五年。十一时眠。

十五日，今日天阴雨，未出门。午前读毕左传。饭后写信与吴士选、林济青，请教数语也。晚读阅读吴越三卷。

十六日，天晴，西风尚寒。铁疆约往金陵酒家午饭。饭后写信企襄，读《代箸影》，余在房读《国语》毕。十时沐浴睡。

十七日。天晴，未出门，午后洪傅炯、曹企襄来，作叔弓钟跋。

十八日。午前读檀弓，晚读曲礼，眼镜架忽坏，出换一付，费去四元，又买《金文历朔疏證》一部，费去一元，腰中所余无几矣！

十九日。饭后曾偕秩瑾遊灵飞路、罗路踪，在雪窦堂观剧、读礼记，自王制至少仪。报载寇兵三百进扰白渡桥，家中父危矣，深以为虑。

廿日。饭后偕秩瑾至孙潜散步，余在房读礼记，自问令锦辖记。

廿一日未出门，读毕礼记，读毛诗

廿二日。午前读国语，饭后企襄送钱来，同出至大东书室，坐至六时归，遇开明书店，买书，晚读管子。

97.

自由日記 98

廿三日（戊丙）撰訂叔尸鐘銘跋、

廿四日 寫定叔尸鐘銘跋、午後至茂昌配眼鏡子、鈔録

周禮正義數則

廿五日，午前讀尚書，飯後至南京路取眼鏡、遇梁任公寫南

海詩集，購之歸，晚讀南海詩

廿六日，寫白心紙，忽思往四馬路海寧商登房子訪汝傳烟，午後讀

南海詩

廿七日，晨起至靜安寺訪友，不遇，歸，午後讀康詩

廿八日，午前讀周官，飯後同湯劉子植，便中訪周予同，均未遇，

歸。

三月

一日（壬辰）午前讀周禮正義。飯後，寫信與明昌衡，晚偕洪疆往大世界聽申曲，末路蕃南跳。

二日，天忽陰冷，飯後與洪疆奕棋，四時半至三馬路購書，晚讀呂氏春秋四卷，十一時，沐浴睡。

三日，今晚日氣溫下降，沐浴受涼，晨起頭痛了許。乃與洪疆出外散步。至大東書局買居刻課，閱茅盾神話雜論之一二三篇。

四日，天陰雨，讀畢神話雜論

五日，未出門，整理書籍，

六日，天陰雨，午，雷發聲，今日為驚蟄也。飯後觀奕。讀呂氏春秋二卷。

99

自由日記

100

七日，天氣轉寒，午後大雪，飯後訪常醒侯師，譚至晚歸，未讀書。

八日，晨起積雪皚皚，宇宙皓然一清，向午雪霽，天寒如故，未出门，飯後，常醒侯師派戴君來言房子事，未成，晚觀台球比賽。餘讀呂氏春秋七卷。

九日，晨起，又見大雪紛飛，庭院積雪數寸矣！終日未止，未出门。讀呂氏春秋二卷。又閱張肖梅日本作戰力一冊。

十日，雪霽，但天寒如舊，午後觀奕，散步于雪野路。餘在室讀書，讀呂覽三卷，閱命理探原二卷。

十一日壬寅，天又陰雨，未出门，寫家信，又寫信剛伯平叔，乞援，讀呂氏春秋三卷，由616号遷至503号。

十二日，天陰，午後至三馬路買書，讀呂氏春秋三卷。

十三日 农甲 密云不雨，夜见弦月穿云而行，晨起头晕，昨日失眠故也。终日未进饮食，傍晚始苏。睡在床上读毕吕氏春秋，晚写信三封。

十四日，天晴，读荀子五卷，午后至精益修理眼镜。

十五日，天晴，未出门，读荀子五卷，又读蒋百里先生国防论半本。

十六日，天晴，读薛莱尔神之由来八十叶，写信润之、平叔、刚伯、叔傥、白纯先生，及吴士选等，均由铁疆带去沪发，晚送铁疆登太原轮，十一时沐浴，睡。

十七日，读荀子六卷，午后至南京路修理相机。

十八日，天晴，未出门，读毕荀子，又读汪继培辑尸子，晚读神之由来30叶。

十九日，庚戌，午前陰，午後晴，未出門，讀韓非子七卷，又閱張菊生先生紀念集中之十二篇。

廿日，大雨，未出門，讀韓非子九卷，神之由來廿葉。

廿一日，晨間西北風甚厲，天轉晴矣。讀畢韓非子，飯後張雪賡來觀奕，出門，躑躅于福煦路上，晚讀管子二卷。

廿二日，天又陰雨，沉悶異常，讀管子數葉，不能入，乃罷。竟日觀奕，未出門。

廿三日，甲寅，天陰，北風，午前讀畢神之由來，此論耶穌由月神變來，頗足參考。晚讀管子三卷。

廿四日讀管子八卷，午後往馬路上亂走，晤甘君，譚未竟而歸

廿五日，天轉晴，未出門，讀管子八卷。

廿六日，陰，晚微雨，未出門，讀畢管子。

廿七日午后 晴、天渐暖、阅渊海子平、理发、

廿八日、晴、暖、未出门、读墨子六卷、

廿九日 晴、暖、未出门、读墨子三卷、又翻阅古史研究第三册一遍、

卅日、晴、未出门、读毕墨子、午后观弈矣、晚阅渊海子平、

卅一日、报载正阳关电、寇机连日轰炸城垣、以威胁合肥、则吾家情形、更不堪设想矣、未出门、读荀子毕、

四月

一日，癸亥。讀莊子五篇，午後傅炯宸來，晚觀擊彈賽，沛然睡。得剛伯復信，允為方元比電復。

二日，晚微雨，未出门，讀莊子續秋水篇。

三日，陰雨，未出门，讀莊子二卷，午後觀奕，晚觀擊彈決賽。

四日，天放晴，讀畢莊子，又讀山海經三篇。

五日，未出，讀山海經畢，午後觀奕。

六日，天將曉，忽□□晨起精神恍惚，不思飲食，讀淮南二卷。

至晚較適，絕食一日矣。

七日，晴暖，未出门，讀淮南二卷，午後觀奕。

八日，陰雨，未出门，讀淮南二卷。

自由日記

九日 晴 读淮南六卷，未出门，購得劉伯溫擬稿百元。

十日 未出门，读淮南三卷。

十一日 午前赴上海银行取款，便道访汪信炯，買蘭術書二種歸，读南洋群島航海记兩種等書。

十二日 读畢淮南子。午後企霞来。晚读航海记五本。

十三日 读畢航海记。午後企霞送錢來，晚至浦東路買什物。

十四日 收拾行李，將書籍二箱（衣一箱）寄存某家，並還梁林陸並買船票。

十五日，午前至紅葉劇院種牛痘，飯後觀奕。

十六日，午前至十六舖看船，了殊識，船票已購矣，奈何？午後買什物，並在雪園步觀奕。

十七日乙卯，九时登舟，以港币十五元买房舱铺一，居然独住一室，惟不净耳。船午解缆，睡觉以外，读孙子十家注三卷。

十八日，舟行碧海中，殊平稳，读孙子五卷，夜间醒了，颇有乡思。

十九日，晨起，心中作呕，始觉身体发烧，竟日不食，读毕孙子，阅命理探原二卷。

廿日，船七时泊汕头，病亦霍然，登岸，至永平酒家饮茶，至午，饮而出，过战时文书店，买战时的大学、列国的国防线及新战术、国防基本兵器讲话二种，归舟中浏览，遗漏未及，解缆已阅毕矣。船于酉时出口，往樟林、珠湖线。

五月

一日　癸巳。十时起身，至冠生园早餐，后至隐渔家，坐谈至午后二时，四马路至浴华池沐浴，七时回家。今日托隐渔写信安徽保安处张朴如先生访问家庭下落，并登大公报。

二日。午前至发部取张贵，午后过江谒果先生于乡村书店寻隐渔，啜茗于黄鹤楼，晚归，读鲁氏遗夫所著回忆录如叶，得傅孟博先来函，悉家人仍在私邸，甚慰焉！

三日。午梅萧毅卿来，饭后汪瑜来，知黄华等为安居苏州，又钟道铭来，一别多年矣，相与街上散步，留晚饭去。夜午睡。

107

四日丙申。晨起飲咽，又病矣，強起，出門，訪河子盈海先生于山川里。買到清畧昌年畧因為注釋，歸讀大戰回想錄百の十葉，拂鐘自鵝至山膝，讀至夜午睡。

五日午前在家讀大戰回想錄六十葉，飯後借鐵礦至浴華池沐浴，晚隨弟來同出散步，至神田書里，讀至夜午睡。

六日，起身至生成里的松樵下宿，家人去出，得旅費，擬云母有微恙，可知處，需等我の向洋口來，約廿日可抵滬，未知信否？午後天陰雨，在家讀畢大戰回想錄，晚赴鐵礦晏，[illegible]寫信征袁。

七日。天陰冷，未出門。

八日。午前，傅孟博來，適外出，未得晤。飯後，藍建齋來，談至晚飯去。讀軍隊刺傑法典。

九日辛丑 午前在家读法典，饭后过江访锺道铭及运斋，予运斋处晚饭归。

十日。读毕法典，写信若卿润之。来学所发家信竟还回，晚约吉达逸民在翕羽园晚饭，饭后午睡。

十一日、午前在家读西洋家思想，午后四时赴运斋约晚饭，饭后午睡。

十二日 读马林儒斯基 艺术学发由科学60叶。

十三日、读马林著60叶。午后精神不快！

十四日、阴雨，阅览中国的出路，及世界展望，又读马著40叶、晚阴雨来约往北街子，便饭，复深睡。

十五日、阴间，读毕西街科学宗教由神话。午后道铭运斋相继来，运斋谈至十时半去，沐浴睡，竟很未能合眼。

自由日記

十六日上午读、汪公译 Pin-Chen-Lha-Mo 西藏風俗志。午後隐弟来，寄印书。晚十二时睡。

十七日、早起後赴教育部取兄之款。计自去年十二月至今年三月份止，七折八扣，只实得千零四十六元三角三分。即由中国银行汇往重庆七百元，余作旅行资，至午後三时，始办清手续。归读黄石在寳书集60叶。

十八日，晨起過江訪高先木、李人杰未遇。午後六时归，至中国旅行社买船票，未得。山大同学多人来谈。晚隐弟来谈。十二时睡。

十九日读墨子全集180叶。午後沐浴于浴華池。

廿日、今夜失眠。

廿一日。夜十一时于微雨登江漢輪，过嘉又翻西至。

廿一日，寅申船于今晨一时解缆，九时许为兜鍪喧嚣所惊醒。天气亦转凉。读毕星座佳话。八时许，船泊城陵矶。

廿二日 黎明发城陵矶，晚八时泊口口。舟中无事，眠食如故。

读黄石神话研究。

廿四日，舟中读霍勒近东古代史業。晚八时泊沙市。

登岸游览，一无可观。

廿五日 泊沙市，读毕近东古代史。

廿六日，晚七时，抵宜昌。雨后江山，倍增妩媚。回首前年之冬，出峡赴杭，携云之梦，犹不怀往。晚十时换登民本轮，此去前年矣。十一时寓侣也。翌晨二时沐浴睡。

廿七日，晨四时许解缆，晚七时泊奉节城下。奉节古夔府也。街道崎岖，商业萧矣。電燈三五，荧乎如星，依然古城也。

廿八日 庚申 黎明發奉節、午後四時過萬縣、晚七時泊武林、讀上海曹聚仁之異國。

廿九日 黎明啟碇、晚七時泊石家碼、閱蔣百里作我的將兵、頗忽大憤、汗出如瀋。

卅日 船十一時半到渝、泊磨兒石、當即坐轎至青年會、遇譚延述、為所照顧、時天氣炎熱、病仍劣也。午飯時獲晤劉伯、飯後至其沐浴、晚飯于瓊樓。飯後飲二盃。又往某地吸鴉二口、病始減少云。

卅一日、陰雨、天轉涼。午提取匯款，買書等事。飯後與劉伯亂闖一陣，夜十時睡。

自由日記

七月

一日 ~~癸~~甲子，飯後至[illegible]編譯館，順道至教育部，

晚閱田野考古報告。

二日 訪友好，多所得之！

三日。午後至陳世英處談天，晚在趙士卿處談天。

~~四日~~（五日）雨，子明、琴友相繼來，至晚始散。

六日 雨。晨起，即赴編譯館，談至午蹀，決定為館編

中國圖書志。飯後與子明、劉伯品若中山公園。

晚飯後散。

七日至十日，除得一趟館外，大抵與劉伯聞、蔡[illegible]多所[illegible]

嘯傲山水之間，煙霧之外，無足記也。

113

十一日（戊申）在家读冯承钧译沙畹大孔雀经药叉名录舆
地考。晚楼石庵先生来谈。
十二日。今日星期日，午前与刚伯往其寓沐浴，晚约石庵子
明、刚伯小饮于九园，八时散。晓月当空，江流无影，此为
图不可多得之景也。明月如是，能不忆及老母、稚子乎？
十三日。晨六时为口琴唤醒，整理卧榻，八时许赴枣子岚
垭编译馆，书已到数种，但只片常未甲得，便道至罗
家湾，看贾先生，未遇，即归。青年会与刚伯午饭
于腾露。饭后小寐，阅周礼正义典瑞节。晚在黄家
便饭，味未见佳，归，九时即睡。
十四日 天雨，未出门。
十五日、今日开始在馆工作，晨八时到馆，晚五时归。遇部

四海相士嶽樓云，四十一岁，四十九岁均不利，五十八岁或有生命之虞，余則平平。

十六日，己卯，晨起偕赴編譯館，遇張裕知于途，相隨至長亭品茗。飯後偕赴館內閱報，來不果，小睡片刻，晚在青年會看電影，寫信與炳士還等信，寫信叔儀。

十七日，天雨，赴館辦公，錢、吳、郭、葉兩摟，殊不值！後遇萧

十八日，雨，午前赴館，飯後至機房街跑半天，晚睡。十時許沐浴睡。

十九日，午前子明來，同往大三元午飯，二時後品茗於園之萬歲，

廿日，午前赴館辦公，午後休息

廿日 甲申。病，午后至陈家湾，随意进粥二盂，夜十时睡。

廿一日。午前在家休息，饭后赴馆工作，子时睡。精神殊萎顿。

晚饭后八时半即睡。

廿二日。未出门，续作汉学与宋学论。晚与刚伯在国泰看电影。

晚睡，阅田野考古报告一节中。

廿四日。午前赴馆工作，午后睡，与子明、刚伯晚饭于心园，谈

以安。

廿五日。理发后至松鹤楼午饭，午后续睡，至五时方起。

晚往小广寒听戏。

廿六日。晴，热，午后黄良甫自南充来，相别整一年矣。

晚与衡知等便饭于大三元。

廿七日。阴，晚雨，午前至馆工作，晚睡，听谢师。

自由日記

廿八日 辛卯 飯前去中行取款百元、午後睡覺、晚在趙士卿家談天。

廿九日 六時半起、飯前讀書、午睡、飯後去巴黎圖書館看書、

卅日 病、

七月

一日甲午，病，睡至午后二时始渐可。至大昇饮咖啡一杯，晚进薄粥二盂，十时睡。

二日，雨，患腹泻，饭后至陈某家消遣，夜九时睡。士卿来谈天，至十一时许去。

三日至七日，多病，鲜出门，惟读雪月梅传寄傲及大红袍等小说以自遣。

八日，病仍未痊，竟日啜粥二盂，晚始就寝，转又病失眠，至四时始得小休。

九日，晨六时起身，七时半至紫家巷搭中大校车赴河坪填，访楼石庵、姚萼友、钱子明、张仲鲁、许公，四时回，七时

118

子明來同往大三元晚飯，夜十一時歸。

十日 癸卯 未出門，閱海上大紅袍、

十一日 逸來，天氣大熱，午後始赴館辦事，晚約吉卿、剛伯、孫大、三元便、納涼于青年會晒台，夜半睡。

十二日 天氣熱。午飯後逸民來，同剛伯等訪沈鎔經，夜深方歸寢。

十三日 天轉陰涼，至晚大雨，此換衣，猶不溫矣。午前赴館工作，飯後偕逸民剛伯百忠至小校場張家裱畫，逛。

十四日 天陰涼，間微雨，寫信士瑛、鐵瑾。閱兩般秋雨盦隨筆，晚赴百忠約，作葉子戲。

十五日 午前赴館辦事，午睡，在靜如明處占得兆安之[illegible]家口不安之卦，午後在家閱六合內外瑣言

十六日 晴 天晴而雨，在序閱文王課，晚與[illegible]及沈剛伯在實江第一樓午談、大通、

十七日、秀友自中大來、攀桓竟日。閱三命通會。

十八日、紹謙館還于西路口巴縣中學內，晨赴館，雨四

五月之終，午睡。

十九至廿日、除赴館辦公外、餘時閱三命通會。

廿一日、午前赴館辦公，餘皆在大中浴館沐浴，復睡、晚與沈剛伯談至夜深睡、

廿二日、昨夜遲眠，睡至午十時方醒，在序閱三命通會，飯後在新川看電影。晚呈如士卿來談，發鄭仲純自江津來談，相別已四年餘矣。回首青島之游，不禁黯然！！

廿四日 巳丁 晨起，與剛伯、星如至大昇喝咖啡，當即同尋仲純。午約仲純、士鄉、道鄰、星如、剛伯等往國泰飯店便飯，飯後，至昇平書社聽大鼓，花佩秋、鄭君萍均不惡，尤以董蓮枝之二一八空軍大戰為最精彩。惜不每每士鄉、剛伯在座作葉子戲。

廿五日 晨七時出門，搭車赴中央大學，與吳秀峰同往何培棋大中里四號周宅，慰唁李夫人，在靈前追悼。業師同毋先生為學長，每余在小學同級，幼而穎異，文彩斐然，繼入東南大學，教文數馳聲譽。自此常游趙，再金陵，蹤跡遂疏。天歷皖省中校國文教席，繼受湯生之聘載。今年任長淮安。隨大軍退出，猶遲未及上車，慘死於獸軍刺刀之下，嗚呼傷哉！

自由日記

122

夫人返氏，向來傅寅，彭對時甚遠跟，要致購信，而李
夫人已行矣，行踪飄忽，為之黯然！幽時睡。晚飯後，
逸民來談天。

廿六日　昨日受暑，遂受涼，晨起即感不適，至晚如處霧終
天，至晚稍好。晚餐于上海社。理髮于白玫瑰，九時睡。
聽甚適。
苦。午前王尭宗來，飯後黃友來，飯後同往白利平館聽
鼓書。與鄭君萍一劇，晚在星如霧聽天，故鄉勞緒
園某自漢來，高臥榻上，亟返溫枕，可恨！
廿八日。晨六時起身，為憲兵之憲兵所擾，即赴館工作。浮雲
自上海來信，知已千辛萬苦，逃出魔窟，前往至財政部，訪
魯先生，請[redacted]為介紹中央銀行匯款事，午後始去。

晚，又赴昇平書館聽大鼓，寫信秋子。

廿九日。壬戌 晨寄去函寄客密謝清，臥床閱張惠言詞選。晚又赴昇平書館聽董蓮枝長亭餞別。

卅日。起身後即赴編譯館工作，十一時課。午飯後赴大上海，座中有君葉雲裳，極一時之樂。飯後小睡，天氣熱不可當也。晚與劉伯作葉子戲。

卅一日。晨起出，繼昇平來後，君裘家元來約劉伯男女子等往大三元午飯。課閱張惠言詞選。晚作葉子戲。

捌月

一日乙丑 晨起、盥、饭后，乘十时纪念周了间，去大汉讲光
第教访醒农之老太爷，适遇警报，十二时同出，乘
车至大上海午饭，之后散归，略小眠，晚作叶子戏。
二日。继起，未出门，睡觉以好，阅法苑珠林的自叙。
三日。六时起，分外饭，僅七时，十一时睡，约刚伯可惠在国泰饭
店便饭，之后在大中宾馆沐浴，晚睡，阅吕览二卷。
四日 在家读花间集，翻阅陵际英文书，晚饭于大上海社，
晚与刚伯至牛皮过访友，十时睡
五日。晨起、盥、饭、写字，午睡，饭后小睡，醒，阅宇宙壮观，而
友人来，谈至电光始罢，燃灯阅宇宙壮观。

124

六日 午睡起，寫後西北作文，而賓夫來，飯後熱極，不能做了，只得午眠，晚閱宇宙壯觀。

七日 腹瀉，未出門（午睡），飯後至陳家竹戲。

八日 今日立秋，陰雲舒卷，西風颯颯，頗有秋意。靜閱以外，頗擬作文而友人聯袂至，晚星如子來談天。

九日 上午到銀行，午飯後小睡，方擬作文，而同鄉某君又來共談，談至六時許始去。晚在星如處談天。

十日 天熱，未出門，在家讀宇宙壯觀

十一日，午前，潘賓夫自沙坪垻送書來，陶果自衡山來，[illegible]午飯後始散。睡至四時起，整理明[illegible]子[illegible]論第一節。晚在剛伯處談天。

十二日，午前赴銀行，飯後睡，得雪[illegible]回信，[illegible]自湖南來，[illegible]

自由日記

将至晚四时，至其夫床浴。睡，在隐渔处谭天至夜三时始睡，天气大热，室中如炙。

十三日 丁丑 热极，在星如处谭天，晚觉以外，复楚云及易衡信。夜十二时睡。

十四日 天热，晚觉以外，在所写字。

十五日 早至北馆未成，晚后在国泰看苏联驼驼色侵踪记

晚同刘大卿至绿杨楼谈天

十六日 午前赴馆办公，午后睡，看新作文，而李氏来。晚与曹同往璇宫听清唱。

十七日 天阴雨，未出门，与隐渔等谈天，写成明堂石节论首节

十八日 日寒雾，夜降雨，天气转凉。在寓读神之由来，晚

约予金生逛，随象学往南京饭店便饭。

十九日 癸未 天阴雨，竟日在馆办公。晚阅《簠室殷契类纂》。

廿日 在家作文，饭后偕友至大中沐浴，晚君富自南京来下榻，谈至夜深始睡。

廿一日，竟日家居，勉强翻阅《龟甲兽骨文字》一函。

廿二日，以胃部消化不良，今日又病，晚觉稍瘥，与君富、刚伯至清音阁听大鼓，归已十时半矣。

廿三日，病仍未瘥，腰觉少好，翻阅《殷契徵文》、薛氏钟鼎一过，复至窦及汪瑜行。

廿四日，病仍未愈，彝友自中大来，留午饭去。写信向纯先生请借路费。

廿五日，病，不思饮食

廿六日 庚寅 病，不思飲食，晚又發燒，但天氣轉涼，衣被汗透。

廿七日 病，忽寒忽熱，晚思進稀飯。

廿八日 病漸痊，午後，才忠、士瑩、逸民、霄雯、淨卿諸君來晚飯于大三元，亦僅進稀飯二盅，伊甫獨進一碗而已。但睡即沐浴，睡之甚適。

廿九日 病漸痊，思進稀飯，未出門。

卅日 得會長先生通知，知滙在之款，完全退回，無奈竟由中行潘行長再電滬，請照付。

卅一日 晨赴南京飯店經理，邀楚峰約至該店早餐。午後至鼓面的嶼寓上課。歸，訪畏先生，不遇。仍回寓休息。黑停禁雨。

一日（丙申）晨起，赴饭局之午饭于上海寺都城饭店。归，小睡，晚饭后于忠泽伯等来谈。天气转佳。

二日，雨，饭后至国民戏院观剧。

三日，阴，饭后至大华观蝴蝶之戏，晚在赵士卿处谈天。

四日，阴，午，未出门，阅东方武侠大观。

五日，又病，饭后在方家听苏子戏，晚归，即睡。

六日，病痊，果进点心，赴编译馆看，晚七时归。

七日，午前实甫来，留饭去。午后小睡，张霭来，晚于忠来谈，课未了。

八日，午前写信陈昌卫，饭后，孙子元来谈至晚，往大华

129

觀鈺秀芝全本玉堂春，表情極佳！唱工亦不惡。談了謂國瑛妙於秀芝，信然。

九日 甲辰 往府審定丁紹桓編歷史課本，飯後赴館，晚約請之傑、衡及陳先生等在大漢清真園便飯，即往聚興村談了處談天，十時半睡。

十日 晨起閱 Ernst Grosse 藝術的起原の序，胡元琳來取建築所匯15元去。午後續閱藝術的起原第五章。

十一日 陰 上午傅県來，飯後郭子述來，張辛南來，談了來。同出便餐，予失二元。觀鈺秀芝演鴛鴦，未竟場即睡。士卿來，譯至十二時去。讀藝術的起原第六章。

十二日 為紛之剛的盤種竟日，飯後往演浪池沐浴，晚又聽鐵劉天笑峰，睡時大雨，衣衫濕透。

十三日　甲戌　午前在寓寫國史畧漫談，飯後訪鍾朱二，購，又往大華觀錢君芝、李惠遠、袁表精彩到好處。

十四日　九時由通衢搭汽車至編譯館，晤王雲五，要同訪談之。去郭處約至生生花園午飯，又訪程滄波之，要談至二時歸。約滄波、錢賓四三人晚飯于浣華，飯後又聽錢君芝瀟湘夜雨于大華，十時歸。王克宗田同來談房子問題，未成議。

十五日　日間在寓作文，晚至大華觀寶蓮山。

十六日　日間續作序文，晚在大華看翠屏山，連日聽錢君芝、劉筱衡其所演戲，遠勝其儕輩也。

十七日　午後至浴源池沐浴，較為舒適，至晚始完成論中國史學之現在與將來。

九一八 癸丑、在床读老舍著《生四一》，旧瓶装新酒，感人最深！于此国耻大节读之，尤感人深者。

十九日、在床写论东位文化篇，约三千言。晚在床写[illegible]傳天

廿日、阴雨，未出门，晚在大华听白金龙。

廿一日、雨，午后丙中忠来，谈至两时，至永年处晚饭，了后，至大华听白金龙之笔

廿二日、雨，读《艺术的起源》。饭后写信林文雯、吴明衡、宋庆，复华田信。晚丙中忠来谈。

廿三日、病，未出门，在床读史通削繁，晚，钟泽伯来谈。

廿四日、未出门，读史通削繁，晚，赵春云来谈。

廿五日 未起身，彭啸咸兄来，谈至午，至白玫瑰午饭，晚赖

頡剛兄偕季龍來談，餘讀水經注，

廿六日，辛酉。午前回看頡剛未遇，睡。晚赴丙思約，譯將高適釋

辛樹幟，談甚，皆廿年餘不見之友也。餘讀水經江水注。

廿七日，讀水經江水、沔水各注。傍晚鏞盛來，同訪頡剛未遇，去留玫瑰

晚飯，睡，沐浴，睡。

廿八日，午前回訪鍾道銘，飯後辛樹幟來，晚讀水經漸江水注，文

筆清麗，如睹浙東山水，如圖之。

廿九日，甲子。午前稍不適，飯後睡，季子魁君來談水經注事，晚去

雲來談家眷事。餘讀水經渭水注，寫信梓雯。

卅日，午前赴飯，飯後小睡，晚往頡剛處，要將西番相送，又與趙去

雲在剛伯處談天

一日 丙寅 午前有无聊人来谈，午后睡，晚往大华观西厢记。

二日 未起，炳麟来，至生之到早点，罢，与刚伯至大通浴室沐浴，午后三时归，晚读水经注渭水注。

三日 翻阅姜编历代名人年里碑传总表。于此编人中得百岁以上者不过十人，以明之姚江人孙见龙150岁寿为最高。晚往大华观狄仁傑，洋電書。

四日 方晨盟雨警报大作，时九时半多也。塵霧張天，百岁之後，不離斗焉。但闻飞机轰炸于数尺之上，移而遠闻爆炸之声，延长江南岸。擾晚报载，寇机西犯者廿七架，十八架飞梁山，九架于轰炸广阳坝，遂侵入渝市，于牛角沱之宅

園堤及南岸天后宮各投彈一兩枚，死傷數人而已。秋虎

讀水經注淇水、濁漳水注，晚落雷電陰天。

五日，午後陰雨，當午，又聞警報聲，敵機飛至石橋即折回。

飯後方壯猷來談，晚可忠來談。餘讀新海軍知識及

喬治赫德著遠東大戰

六日，起身後，訪張瓊，同出至大三元喫點心，即往大華觀

玉虎墜，三時歸。良庸來談，朱祖謀來，畧即去。晚讀水

經注，自易水至濕水凡四卷。夜月皎潔，將近中秋矣。

七日，起身，頗感不適，至大河通浴室沐浴，睡至午後四時，至

南強瑰園喫點心，歸讀水經伊洛兩水注，對前修書平水

土考，畧有補充。晚，剛伯、景如、隱泉來談，十時許

錢何皆去。得吳衡回信

八日　癸酉　今日中秋佳节也。晨四时许为警报声惊起，迁居地下室七时余。出室，纵目于门前石阶之上，顿见朝霞如锦幂，于阳江洪山园口占一绝云：

一声长笛惊秋梦，
数点疏星破晓风。
江上群峰呈列嶂，
碧天渐见曙霞红。

午墨如约在苏苏午饭，晚观赣约好大华观玉堂春。戏阑人散，皓月正圆，不禁兴出家万里之感！枕上不能成寐，又得一绝云：

去年今日杭州佳，
今日渝州作浪游。

偉大江山家萬里，
思親[illegible]月當歸。
延至子時許，始得入睡去。

九日 星期[illegible] 星如今午由滬寫家信一封，由寧華滬發來家不轉，我今收到。又寫信易衡，託星如帶去。午飯于大三元。即送星如赴飛機場。歸，訪朱伯和。晚司忠來談，並同去看鼓劇。後在青雲閣談天，談至夜深始睡。

十日 今日國慶也。抗戰期間，未見若何盛烈慶祝。晨由301號遷居234號，面臨長江，可散征驅，來去，且亦較三樓為清靜也。閱越縵堂日記補一冊。晚[illegible]伯隱等來談，同出便飯，飯後至大華觀劇。寫信楚雨。

自由日記

十一日，雨。晨起甚晏，即出午饭，下午阅越缦堂日记补一册。

晚去铁狮子胡同大观园观剧，夜半归。

十二日。方起身，良甫来，谈移时去。午后四时许，偕子玖子元来，谈至六时，同往子芳斋吃点心，即往大华观剧。

十三日晴。阅越缦堂日记一册，黄子水、汪汝水、梁水凡来看。

十四日，偕子玖往后门林口桥午饭后，偕往观李氏莲花庵，以演员欠精彩，即出，晴。阅水经注水注，晚又偕天华观电影，晴。往吉云庵谈天。

十五日。今天太阳不适，晚至午后方始起。四时许偕子子元来，与约明日往翠微山。晚饭后，清华生子子玉到。与何时寒，往大华观风流皇后，新演，即邀同车至东交民巷。

引洪辞晴了也。午时，朱辅来谈

十五日庚辰 天阴雨。方起身，因齿疾发作，龚阳来诊，移时同往

骡马街访陈夷，谈至午，便饭于生之寓。饮有深意。归即

睡，四时醒。虽瞻如暮，不能读书。灯下读水经注卅

五卷。写信三封。

十六日，方起身，得钟道铭在黔渝公路翻车受伤讯，即

约市民医院齐院长同去诊视。午后二时归。晚彭刚来

谈。读张之表译 Gustave Le Bon 民族进化的心理定

律60叶。连日□□，神殊萎。

十七日，晨起，往两路口过街楼搭车至[illegible]，访济之，適牙

发疾，午归，偕过市民医院看道铭，伤较轻，据医生云

半月可痊。归即睡。傍晚，济之来，偕至其寓沐浴。六

时许，晚饭归。写信郭父老母。

十八日 癸未 晨起，偕鐵疆搭汽車赴教部訪士選，不遇，轉往財部訪魯先生，同往看道銘傷，來電話請趙書雲來診視，據云腦部受傷，須長期休養云。午後睡，與鐵疆弈棋，至晚方休。晚來讀書。

十九日。傍中忽然吐血，往馬大夫診視。午後睡。讀馬特朋著社會契約，讀廿葉。深之、子元相繼來。五時許至燕京酒家晚餐，晚往大華觀錄見黃演李馬蓮畫畫。

廿日。起甚晏，擬往至市民醫院探道銘傷，已漸佳，頗能安眠矣。晚訪頡剛，不遇，與一紀談天。歸閱實諦紀子消遣。夜深睡。

廿一日。午時起身，頡剛、良甫相繼來。偕往上海社喫點心。歸讀實諦紀子人卷。晚赴鐵疆約，座有蘇繼宗夫婦

士，談甚暢。即往大華觀女狀元。寫信稱安寧，

廿二日 丁亥 晨七時起，送趙剛行。弟即赴和民醫院，訪道銘，人頗清醒，談至午歸。朱輔鼇來談。晚，傷風感不適。夜中大苦頭痛。讀王聘三古今名物考一卷。

廿三日，以昨夜頭痛，又患消化不良，竟日少進食。晚赴盛長子元約，往大華戲院觀金兔兒，未終劇而歸。身上又覺微冷，左手之無名指根，忽發作痛。竟夜又不能安眠。

廿四日，未起身，董澤伯先來，以手痛故，偕往上新達衛張友之醫生處診視。據云此間中藥不備，致請馬恒康大夫醫治。據云爲性關節風濕也。午後在家休息。至晚，痛漸減。可忠去雲來談。

廿五日，未起，中舒來。坐移時去。仍往康大夫處復診手疾。

午後在家休息。

廿六日，辛卯，今日為余卅八歲初度，值有手疾，未能照相寄家中，深以為憾！午約鄒華陳果夫、大森元便飯。晚往陳果家吃麵。天涯已慣遙步，自覺病尤國深楚北望，不知明年今日能回江東否。午後，賀衷寒來談移時去。晚，身感不適，斷續史記西南夷傳。

廿七日，手腫漸消，仍往馬醫生處診治，未見效，在家休息，讀封禪書。晚，袁雪偕衷寒來視病，堅主張找陳恒再診治。

廿八日，晨起即往寬仁醫院訪陳醫生，據云關節炎抑風濕？未能確定。載里色藥膏而返。遇廣寒室理發，飯後，再往中医院請魯大夫診視，所斷與前同樣。毒而疑。萊房楊俊卿介紹拔毒，晚即敷之，终微效。可忠，吉雷來談編譯館事。宿之。

廿九日甲午 未起身，無量友來。南剛伯箏同往灣西湖晚飯。並約延平來談無友發書事。午後蕭孟元來談，寫即去。晚，右手突腫痛異常，竟夜不能成眠。淺紫，兩手俱癢，不能衣食。苦極！

十月

一日－九日。手疾，不能衣食，更不能寫字。

十日 右手益痛，左手仍苦腫痛。溥雲上月廿日來書，勉強作覆。晚閱秦本紀。

十一日 雨。午前至馬大夫處診手，頗後臻。閱始皇本紀、吳太伯世家。胡君、竟宗等來談。

十二日 晨起即赴馬大夫處診病，臻。午後往摩索。晚閱外戚世家、蕭相國世家。夜又發燒，手又痛。

十三日 晴。手臻。壽友來，同往護心堂街務吳君，不遇，即往市民醫院，務道錦，錫已大愈，行將出院矣！臻與壽友盤桓竟日。

十四日，晴，起身即往馬大夫處診，午，飯後往剛伯處談天。

晚，登平、子明來。

十五日，晴，午前診手疾，飯後，聶友、子明來談，太伴尚頴祁來視疾，聶即去。晚往孫疆處奕棋！

十六日，晴，午前赴馬大夫處診手。飯後往耕僊處談學傍晚。子元來。晚飯後，隆棠來。閱山海經一卷。

十七日，陰，午前赴馬大夫處診手，飯後，孔肖中、羅霞天相繼來。晚讀史記齊、衛、宋世家。夜手痛稍舒。

十八日，手痛稍好，午後，子明、聶友及徐東來。晚蕭威來。讀魯世家、管蔡世家。

十九日，晨起就醫，至午方竣，即請馬大夫至大三元午飯，飯後在青年會沐浴，一月積垢，為之滌除，手亦較舒。

翁楚東子明偕徐水亭蔡師來，晚往春雪寓談
天，夜半一時方就寢。
廿日。起身赴馬大夫處診手，午飯於冠生園，飯後睡，傍
晚與隱棠去歸，晚飯後與儂處談天。讀楚越世家，及
老莊管晏申韓諸列傳。據正義云：「老子莊子，開元
廿三年奉敕升為列傳首，處夷齊上。」細按申韓傳論
贊稱道老莊，則老莊申韓本同傳也。今本史記
或有移易者，固太史公之舊矣。
廿一日。午前診手疾，飯後讀司馬穰苴孫吳諸列傳。晚
又發燒，並有腹瀉之疾，精神尤為狼狽云。
廿二日。腹瀉如故，服藥後，至夜漸止。傍晚，季友來晚
飯後，澄平來，夜眠較適。得雪電。比復一電，告以手

疾既痊矣。

廿三日 天又雨，湾疾止。读全汉诗二卷，晚颖孙阳来谈，十时睡，亦较适。写信鲁先生，並寄楚云信。

廿四日。午前往诊牙，饭后沐浴。读梁简文帝诗，晚翁叔穆来谈，留去，读北魏诗、北齐诗，又往去云霞谈天

廿五日 诊牙后午饭归。耀辰来谈，至晚饭后去。晚又与刚伯叔偕来寓谈家庭去妇之道，阅北周诗

廿六日。午时起身，饭后诊牙，大见進步。傍晚，子元来谈之，以余牙病，又汇二百元来，盛意可感！晚可忠来，读毕全隋诗。

廿七日，起身，已十时，觉處與老留谈天。午叙，饭后读冯译沙畹著正法念处经阎浮提洲地志勘校录，毕。晚读法苑珠林

卷二三の摘錄の大天五材料

廿八日。午前診來。飯後，道路來，袁世譚外。晚翁叔泉來談。

廿九日。起身已十時。許寶駒三哥。飯後至上清花園看京遊樸，至中央廣播公司與孟海，至博物院等徐處看襲自充。六時歸。晚姚家雍來。邵其豪電譚至十一時睡。

卅日。陰雨。午前診來。飯後至劉伯處談天。晚赴中山大學圖書館宴。未即歸。歸，李宇來談天。

148

十二月

一日 余病如故，小便實覺不適，據醫生云，昨日針藥過于激動血脈，有此暫時現象。讀金七十論。

二日。午前診余疾，午飯于廿二公司，便道訪承華，稍病矣溫，方能起床。看雜錄。夢友來。談移時去。寫信與士遠。晚讀十五國風。

三日。午前診手。飯後，適路來，談時許，同往長亭飲茶。晚朱輔襄、傅曉蘇。燈下讀小雅

四日。晴。除診以外，飯後隨夢友茶樓品茗，晚讀大小雅，並讀儀禮士冠禮

五日。午前診疾，與夢友往瘦西湖午飯。飯後同往安郡

149

自由日記

訪古遺，歸途過國弼道路，談至傍晚歸。在陳某家晚飯，歸已九時，讀秦紀。並作秦世家表。擬作宋婦戲《戲》首錄「王子刺秦」之劇本，即秦廣燕丹姬所作。屬燕丹，秦紀所作刺龔之曲。

六日，午後在雲春沐浴，晚飯于小洞天，夜深始歸。

七日 起身後即往馬大夫處診手。晚與青雲、剛伯在敘儆寰處談天。

八日甲戌 起身，抄集編纂山材料。與剛伯在黃梁衛一家名小飯館午飯，後整理書。六時赴中英庚款董事會談東北史學講座事，決設之。便道至滬濱館晚飯，赴青年會，又至觀音岩……晚飯于冠生園。偕友至小較場一帶閒遊。歸，讀趙世家。

自由日記

151

九日 乙亥 起身后诗稿，续读韩魏田敬仲完世家。周信、梦雨、来谈
冯衡及王冀。晚，鸣平来谈。
十日 丙子 起身，西村夫人、王夫嫂来，谭静时去。午后至大江通
沐浴。晚得王夫嫂即登轮回沪的讯，即往紫霞菊送
行。晚，读阮籍咏怀诗。
十一日 阴雨。晚，为新通讯社作萧子戚墨迹。
十二日 午前诗余，饭后与刚伯论觉流与宪而不可得，续读
冯承钧译蒙古及南海古代航行考。
十三日 午后道铭来谈，同至长寿路品茗，至晚方归。
十四日 至观音岩中二路廿号中央博物院筹备处访
杨雨生君（赵元任先生内弟），同访小樑子冠龙照相材料行访
少涵君，托其汇沪行刘历涵四百元交梦云，据云约

西園取所收到，并約兩先生在瘦西湖晚飯，晚頤生來談。

十五日 辛巳 午前訪隱東，又同訪鄭平。午後子元兄來，同往顧羽處談天。晚閱二王墨影。

十六日。午前訪余，飯後整理圖書，晚飯于大三元。

十七日 至編譯館還所借書，午杭立武來，邀午飯于都城飯店，飯後，便道至銓叙部晤務守，取冊，四時許始歸。晚，張幼徵約在大三元便飯，夜深歸。得騏慶自秘魯來信

十八日 微感不適。讓威約在南園午飯，不能前而歸。晚至晚方起，與劉悅鏡冠生園用飯。寫信與之，未畢，得曹十一月六日航快信，及遲上十四日信半月而到，交通不適，有如此者。

十九日，起牀後至孫處談天，午飯後至廣將會借錢，又往編

請飯譚穆稚仲可。晚，洪鍾、劉伯來弈。寫信謝之。

廿日 戊丙 起身至其家沐浴。午後至康將董子會商量錢維子、東子、孫雜。晚過子元先處，還借之200元。晚飯于新都飯店，不快！復騰寶信

廿一日。午約潘楊及季鶴惠、張君等在公司便飯，後約劉儻至大北面訪客。晚赴楊約，人廣君蘇湘寓，看深秀辣。

廿二日。竟日閱讀，晚赴陳某約。得雲十日信

廿三日。起身，寫信米星如、張行平，請為療孫灌蘇安南纏遍證。由中國銀行匯百元還三寶的，

廿四日。起身，收拾行李，分又覺感不適，急往馬大夫處診之。午後同陸鄉康譚天。晚民康來談。

廿四日庚寅 陰雨，晚赴井倫約，考碑錄。

廿五日辛卯 陰雨，起，分至馬大夫處診牙，[illegible]孝友自沙坪壩來，約午飯，飯後小寐，醒來未能續譯。晚約馬恒謙大夫、趙青雲及楊鐘、劉伯井、覺隱來，道銘、張幼班等在覺花晚飯，飯後看數份西報。歸讀蔣百里先生國防論，擬為文譯之，不成。

廿六日壬辰 晨，起，繼續譯蔣百里先生文，來者不絕。至十二時許，忽得空襲警報，二時方解除。晚，赴趙青雲邀約往冠生園晚飯。道隱來處談天。

廿七日癸巳 午前，至馬大夫處診牙。午後在青年會沐浴，晚至大華戲院觀蒂劇，劇情洪氣壯，斬釘截鐵以敘李劇之雄形多姿多彩。是篇老舍先生舊著。

廿八日 甲午 將檢行李，晚交水慕子，和祥運輸行送皮箱一只、藤包一只，計費廿四元，不可謂不貴矣。高述梓來談，並邀晚飯。飯後至陳某處談天。

廿九日 午前付清行李運費，計86元，余得24元，寫信楊雪艇，快航並告昌衡我明日將偶在鐵獅處。晚又赴張幼山宴，聽深談。

卅日 赴分局處，午飯後即到四德里經中二路中央博物院籌備處，至教育部，分訪鍾泰、陳楊諸君談。晚與書雲往林儀處談天。道路及季人紀來，讀楊德譯武田豐四郎著印度古代文化76葉。

卅一日 今日除夕也。一家東西，送到戴衛，無鼠用之足惜也。午飯時，在留美同學會遇楊石庵。晚赴林儀約在大華上聽汐門寺。睇得嚴常梓書，即復一紙，請嚴夫人為我製棉衣也。

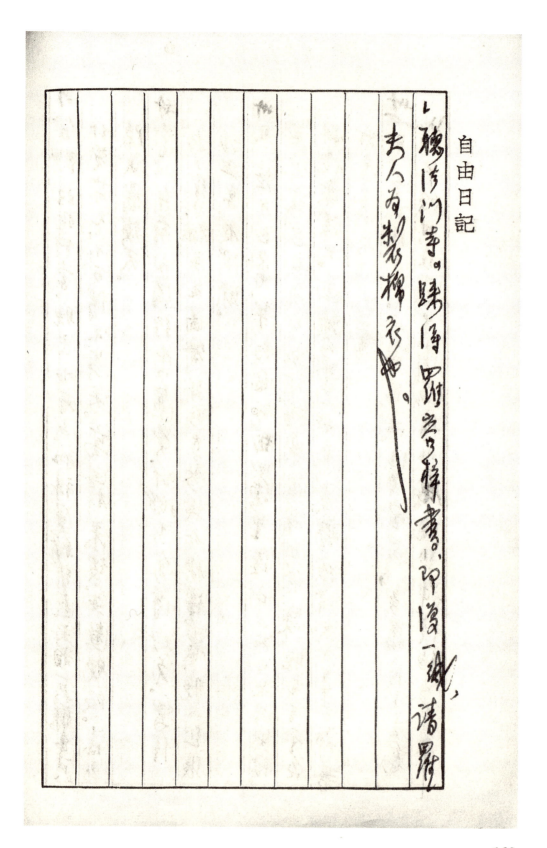

自由日記

1989年

自由日記

正月

元旦 戊戌 十時起身，時天氣晴朗，金光大地，若說國運方新如此。道銘來，談移時去。霞約新金山飯店伙計二人來，商赴民鄉東子五，以32元成交，約定後天赴往。譚普天、大畢叢生各進中來。王鐵疆約往大三元午飯，了後與母同伯母等譚天。晚飯後與母、鐵疆弟清霄閒聽歌，無些些子進者，九時睡。讀印度古代文化第七章回種續吠陀。畢，嫩師來，談學發劉。得陽衡去年十一月廿八日函。

二日 起身即赴四德里道銘兄處，同鄉曾茂盛兄在坐。午飯回[illegible]，至大中沐浴。五時半，赴青年會。晚民庸

158

道路，及頡剛來談。讀印度古代文化第八章六種吠陀分，中有論及印度天算占星之學，大體與中土相似。中印文化之相通，亦不知何時矣。

三日 庚子 午赴頡剛約，往廣西湖喫飯。飯後至新會山飯店打撲克。晚思齊來談。讀畢印度古代文化。讀閱李安宅儀禮與禮記之社會學的研究半冊。

四日，起身即往都郵街商務印書館買書，順途中流覽，選林惠祥文化人類學一本。往黃家埡口新會山飯店，購定車票。晚六時，即由青年會遷居新會山，時細雨輕風，益增人之飄泊感也！晚飯後，無聊之極，至廣寒宮聽戲，戲畢已十時矣。翻閱文化人類學數葉即睡。

五日 壬寅 後來人聲嘈雜，五六时稍成眠。四时许為鄰寺鐘聲驚醒，窗亂聲如錘木，竟難復寐，五时半即起。六时半登程，將抵青木關車輪毀，修理二小时。十二时许抵永川，打尖。晚五时抵隆昌，竟日寒風細雨，泥濘飛揚，行裝盡濕，甚不堪言。宿狀元店，夜眠尚適。

六日 六时起身，七时登程，八时半抵椑木鎮，九时半渡沱江，十时抵內江，午飯于新村食店。遇姚子鍾暢談，子鍾以抗戰流亡，現任內江中英文教員。即同子鍾竟往中川旅館下榻，以連日勞瘁，受風寒，吸阿芙蓉二筒，隨往內江各大街散步。晚飯于綠穗莊。九时訪舍弟于中國旅行社招待所。十时睡。

七日，五时起身，五时半出發，行百里許天始曙，九时半用飯于球溪河。十二半過資陽，一时许過龍泉驛高山，雲迷四望，雾重如雨，三时半抵成都，入迎暉门，下榻成都大饭店。五时沐浴，九时半睡。

八日 乙巳 八时起身，先往文庙西街访容椿、思团，次至东桂街访子明，过四川大学访中铮，不遇，即趋东九思巷访佑之，午饭。一时半往春熙饭店访杨曾威，道商务印书馆，买社会进化史。折回春熙饭店与曾威谈半时，回文庙街访天民、衡三。五时许回寓。晚曾威、佑之、思团、中铮来谈。

九日。往成都，访蒙文通，遇陈翰云、束天民，谈久。晚赴容椿、子明约，陪晤徐孝东、江游西。

十日 未起身，思团来。起身，往中铮处借书，罢回思团家午饭。之后访李晓舫。晚赴中铮宴，坐中颇多同乡。晚十二时睡。

自由日記 162

十一日 戊申 起身，赴川大訪中錚，同往西玉龍街買書，無所得，轉走西路買書十餘種，寄世界書局運往三台。回車訪余介石，不遇，至梧桐樹街訪蕭蘭緣，在吳抑手午飯。飯後訪江超西，不遇，歸寓，沐浴。晚偕之擇來譚，甚快。

十二日 發成都，晨五時半起身，六時赴車站（北門外汽車站），遲至九時車始出站，過德陽，午飯。二時抵綿陽，下榻叙賓旅館，與楊蔭曲君談至夜深睡。

十三日，六時起身，乘人力車赴三台。七時啟行。曉霧將消，殘月與朝日相映，心襟為之一爽。九時過新鋪，飯店子用飯。午後四時過吳興，再飯。六時到新橋。由橋方代訂嘉濱賓館。即觸床，甚中。

8

十四日辛亥 晨起，赴校，访臧校长，晤黄、方刚兼言党失，請秉衡、袁寿椿字森伯，南京人，洪君、商决分课后，即往图书馆借书。午后袁宴于謨天园，饭后，游城垣，绕北门至西门，复至园品茗。傍晚归。璧大与杨威伯偕来谈天，十一时睡。

十五日，午前访秉衡、黄方刚、臧校长等，饭后为朱文藻街上購物。傍晚归，写信寄梓仿之、潘允中、舒注乡、啸城、铁疆、思园、子骧、李雪峰等。晚九时睡。

十六日 起，午至校晤赵秘书长。回家写信話之、陵弟、幼丞、道铭、逸梓、群友、叔俊、刚伯及雪峰等。晚赴黄院长家宴，九时许归。後接玉武儀、董敦叔俊、刚伯信，讨论逢卧沙城之事。

十七日甲寅 午前十时，陪周夫人至南门看房子，於想不成回後至皂角胡同衛街回寓。藍孟博、鄭權、劉公亮。燈下閱上古世界史。方剛來談。

十八日 午前上國文，飯後上先秦文化史，晚讀說文敘文，讀社會進化史30葉。

十九日 七時起床，八時到校上文字學課。蔣秉南約孫盟芳午飯。飯後與楊曾威、袁孫伯出南門，渡清江支流，至西門外公園啜茗談天。傍晚歸。晚飯後，讀社會進化史百葉。

十二時睡。

二十日 未起身，樂東方來談。午後沐浴，竟日孜孜讀社會進化史。得容祥轉來步雲信，仍未啟程。不免失望。雍

十二時睡。

廿一日 午戊 午前讀畢社會進化史，飯後上課。課畢，袁孫伯蔣

秉鈞來談，留晚飯去。晚與楊成伯談中國文化史問題，至十二時半睡。

廿二日 乙未 天陰雨，在家讀林惠祥著文化人類學178葉。

廿三日 起身讀文心雕龍，飯後上國文二時，閱廣，方剛來談。晚讀文化人類學90葉。嘗思周禮考工記言「有虞氏上陶」，墨子尚賢云，舜陶河濱。世本曰：[illegible]舜作陶。則中國陶器或始虞舜。夏禹貢金九牧而鑄九鼎，則中國銅器時代，似始于夏后氏。越絕書言：神農赫胥之世，以石為兵，黃帝以玉為兵，禹穴之世，以銅為兵。蓋為得之。

廿四日 辛酉 十時至十二時，上文字學。姜亮夫約我談天，留午飯，飯畢，將二時矣。四時許至姜家，閱敦煌寫本切韻，頗多未刊之作。惜攝影未精，未能如所攝錄手筆。

晚读文化人类学廿叶。夜新月一钩，星斗焕澈，数动远思。岁云暮矣，家国如何。

廿五日，午前午后均有课，课毕，袁庄伯偕秉南来谈，薄晚归去。灯下读文化人类学四十叶。

廿六日，七时三刻起身，盥洗毕，赴校，已届上课时矣，课罢归，读完文化人类学。饭后，偕炳南出东门，渡清江登彼岸，访德之飞机。归来，又谈天至晚。饭后吴志毅来谈房子事，并携来中舒所借予之逸园书大戴礼等。复敬先信。

廿七日，午前读逸园书去私篇。饭后与曾威往中山公园品茗。是日晴天，天蓝如碧，西蜀中不可多得好景物。灯下写信士选，论导师制

自由日記

廿八日 五時起。分正午時，復剛伯、張鏞、道藩、中舒、容媛及鄭德坤夫人信。飯後沐浴。燈下讀大戴禮記二卷。今日學校以紀念一二八，學生休課宣傳，故未上課。

廿九日 天氣晴和，頗有春意。未出門，讀畢孔廣森大戴禮記補注。並補訂舊作論敘釋子記數條。得雲信。

卅日。午前整理甚文材料。飯後上課。得學務聘書，命出重慶校文獻面商，伯修作不允。寫信拒之，並辭聘書退去。寫信嬰霞，並函楊雨生問冠龍辭了。

卅一日。午前上課。飯後袁莊伯來談。晚翻閱爾雅注疏。

二十四

一日 己巳 天氣晴朗。七時半起，八時上二課。飯後至四時未出，翻東方雜誌來，與蔣伯潛、房等，蔡彥館談天，三時許歸。讀錢氏說文。燈下閱通志氏族略，覺目睛模糊，不覺酣寐。

王戚！

二日，八時上課，二畢歸家，自錄家字一号，寫通二号，下午收拾完畢，赴袁蔣伯宴，又參王揚曾威家談天，歸，心緒不寧，不能讀書。晚赴臧哲先家宴，八時半歸，讀逸周書五卷。

三日，天陰雨，過午放晴。起讀左傳，考隱公卷。飯後，東南曾臧相繼來談。燈下讀畢逸周書，又閱說文通訓定聲，氏、民兩部所從之字，疑氏即民字，下體作丁，金文作中，象木支蓋也，

168

169

即鄉食之鄉，引申之為操，持也。

四日 壬申 午前在房整理文稿，飯後上課。三時，課後在國文系開課程會。五時歸。賈文祥偕張偉雨生來談，晚飯後即去。未讀書。

五日 未起，分圖書館來談時許去。飯後沐浴，晚曾盛來談，未出門。餘時整理論文篇材料。

六日，午前，讀水經河水注，並補充崑崙篇材料。飯後上課。晚赴蔡孟博宴。九時歸，讀崔述論語餘說，頗有所獲。

得電自上海來電，云護照已辦妥。

七日，午前上課，飯後偕袁家伯訪左游生，出南門，入東門，訪蔣秉南，又至圖書館，搬家談天。晚飯後方搬翻閱全文，補充全文材料。曾盛來談。十時半歸，寫楼之武書。

八日 丙子 阴雨。未明即起。转瞬八时，上课，十一时毕，归后，至曹国霖处谈天，毕，翻阅老舍文选一遍，余集为常有阅材料廿路剧，十时即睡。

九日 丁丑 半夜大雨，起后欲续作九物论，午赴周书愚先生家宴，三时毕。续作九物论，仅成三百字。晚张君来，十时即睡。

十日 戊寅，起后正午时，未及读书，已午饭，饭后上课，三课毕，萧博古游生来谈，晚饭后费文祥来谈，

十一日 晴，起后复云信，饭后沐浴，晚赴古游生宴。游生后作主席，罢后北平读书时度也，相别十馀年矣。曾已国瑜壮，几不相识。晚写成九物考第一节。

十二日 己辛 起后默读周官以义疏方策，笔解译，饭后上课，二小时，晚续作九物考第一段。

十三日 壬午 午前上课，饭后我作文，而家人照点了。晚，曾威来谈。移时去。又翻阅九州春首节，十时眠。

十四日，晨七时起身，用早点毕，即上课，十一时睡。饭后与曾威同往访小汪，汪潘源来，渠面患感冒也。晚赴李学同宴，李同与罗兄斯二兄来谈。

十六日，八时上课，课毕作文。饭后，理发，方毕，蒋秉南来，谈至晚饭始去。晚，罗兄来谈。

十七日，在家作文，未出门。

十八日。今日阴历大除夕也。起身，忆慈母在家，不知如何遣念游子，而不肖子乃浪迹天涯，既乏甘旨之养，又无功烈仰报慈亲衣食奔走，碌碌无成，真家庭罪人也。饭后上课，今除夕在潘生兄家守岁。十时睡，十一时半眠。

十九日 丁亥 今日元旦也。[illegible]、萧潜、严孔日续天，为女界来谒者留言
气象新。夜主招宴，来者数多，即设席。九时饭毕，学生数人
来谈，将时去。完成丸如考，课如节，赴杨曾威处午饭，了结
作萧子戏，五时归，夜作豫如考，至八时竟。夜四时鲜进赴
心。归，翻阅《[illegible]遗》篇。十二时眠。
早日。以游纪念园放，午后课亦停授。竟日在屋作文，或翻阅
及杨如节。午后，萧潘既曾威访，不来谈。
廿日。午前上课，饭后，萧南来，同往公园品茗，后街锣鼓，
齐闹，春阳、仕女络绎，人含喜气，尤觉动人。放园，了思年。
赏梅花丛中，至五时归。郭曾威来约晚饭，饭后至十时回房眠。
得云侪、云墀信，黄麓生同往思明，往耀来信，已写日矣，未复
明日始写过年。

172

廿二日，寅庚。午前上课，归后小睡，晚作论徐州。

廿三日，七时半起，东八时上课，课毕，完成徐州考节，归后写青州，晚撰兖州，仅成一段。得传经弟信，知云已于十二日离沪，计程当抵海防矣。当即写信三哥，请通昆明时联[?]须。并写信杭岩武，借其先汇400元来。

廿四日，未出门，草成兖州冀州两释，九州命名之谊，至此完成。饭后因咳嗽，吸稼烟数口。

廿五日，午前温习，饭后上课，傍晚袁燕伯尹秀谈天，晚赴潘源来谈天。

廿六日，日间未出门，遂完成论，晚因方寄淮南九州两段，以下将专论驺衍九州考证。灯下读顾阳生录孝子传补疏，直指汉学华，诚为难王高征终极，其语遂延，缉缮先生补亦之。

廿七日 木曜 七時起床，八時至校，赴紀念週，趁此時機，略批評國內高等教育之變遷。九時畢。午赴吳志騫宴，未畢，回校上課，了後閱廣州駱衍九如君道著釋，至夜半始畢。

廿八日。午前上課，飯後至諸天沐浴，續為標道，晚作東方雜誌印學要提之意譯。十時半睡。為鄰房學生所擾，不能成眠。聞樓東學生，皆係由濱川高中學生，日則雀戰，夜則叫囂，不知彼輩讀何書。國家教育此輩，擬使作何用？學校如此，不如關門。

三月

一日，午前無課，飯後閱醒世恒言，晚為流氓學生羣所擾，不能作文，預定論戰國時代海外交通節僅成百字。

二日 八時上課，九時歸，完成海外交通節。晚閱醒世恒言。

三日，竟日無課，續寫交州熱蘭山陸續例出海印度支那諸節。

四日 庚子 作九州考緒論，午後上課，至晚告成，定名九州異說考。

十時半眠。

五日。今日上元，滬街鑼鼓，龍隊，龍燈，頗有熱鬧。惜天不作美，雲掩姮娥，六街微雨，未免掃仕女之清興，灑家子之歸思。飯後至雲谿生家談天，同往城外之園品茗，歸寓後，朱君聊，走訪秉衡，南天北地，談至九時歸。

六日，壬寅，午前開始作昆侖山考。飯後上課，得学部試驗題目交注冊課。並召集蒙藏学生談話，晚完成昆侖考首節。

七日，癸卯，天雨，午前文字学因考試將近未上。在家作文。飯後至後天沐浴。續作昆侖考，成第二節。

八日，得雪抵昆明訊，當即電復並電請剛從蒙邊關時與聯絡。解時孫在家作文，至夜一時睡。

九日，竟日翻書，僅寫成方獄傳說時代五百字。午後得雪信，知已于七日抵渝，昨日電報白費，十二時睡。

十日，天氣晴朗，未出門，完成方獄節，轉而論昆侖山。

十一日，向校方取得400元，今日晨夢為惡所擾。起後，開始寫昆侖山與須彌山之比較兩節，至晚完成。今天較陰，晚又細雨，甚矣蜀國多雨也。

十一日 午前翻阅伯希和交广印度两道考。饭后往看房子，与冯承钧夫妇在市上订买家具，晚，遇杜毅伯，多年不见之友。杜，前山东大学教务长也，今任职教育部，为整理国立山东中学而来京，相谈甚快！约其夫妇晚饭，之后继之谈天。就午睡。

十二日，上午写完西方先前印苏迷卢（Sumeru）之对音节，饭后，学生来谈，晚写昆仑及南北民族节，但颇未撤。

十三日，起后收拾行李，迁居后小浦十四号，地僻人稀，真城市山林也！午后毅伯、继涛等在吾至芳便饭，至之时方散，因整理书籍，以像相来到，无从着手，晚饭后不能续写文矣，为之怅然！

十四日，天转阴寒，起后整理书籍，開始作文。饭后买买什物，晚作文，共成两节，十二时半睡。

自由日記

十六日壬子 今日訂購家具，陸續送來，並補裝窗玻璃，室內粗具規模。午飯後伯亮夫婦相繼來談。寫山神考一節。

十七日 未起床，得雲自成都昨日來電云小敏病了，心緒陡為不寧。竟不能作一字，決即赴成都，明日起程。午後，市府來整理門窗，晚赴袁家談，晚飯後返回寓所。略檢行李，即睡了。

十八日 黎明起身，乘人力車赴綿陽，八時許達靈興場，遂小包車一乘，以廿元代價，定當日晚抵成都。十二時抵綿陽午飯，飯後出綿陽，未及里，車毀，修理時許，至六時半始抵蓉城，即至九思巷43号楊家，小敏病已痊，惟待靜養而已。談至十時許，返寓民生飯店。

十九日 起床，至楊家，傅佑之來寓餞行，午飯赴羅遇民大川飯店

178

自由日記

夜雨，未出门。
廿日 晨雨，往成都，访友，午赴中舒家。
廿一日 在成都，访友，买书数种。
廿二日 在成都，买侍渊之、借经，叔俊、刚伯来，午后小睡，晚
预备雪续之。
廿三日 往成都，延芬，至城南，访宗梓子明，午约蒲通铭子明等午饭于
山东馆，大啟竹楨，午后归，补雨周金文大系考释。
廿四日 未延芬，徐哲东来，午饭后中舒来，同访冯汉骥，徐哲东
六时半归寓。
廿五日 今日带中小孩出门至杨雄西家。晚宗梓来小谈。
廿六日 延芬，思阳夫妇、张道铭、周谦冲、谢贯来小谈，至宗梓家午饭
饭后理发，晚往燕云会叶超。

廿七日癸亥　午前蒙文通先生來談，到吳抄手啖麵食，尋至東村訪徐子明先生，同遊錦[illegible]與門新村農莊。晚，子明約至津之晚饍。七時半歸。中舒來，未遇。

廿八日。午前往白雲寺訪姚子讓，未遇，歸。午後，小睡。晚子讓夫婦來，談。閱蒙叟獨遊二卷。

廿九日　往成都，傍午子讓夫婦來，至津之午飯，飯後過鍾道銘處談天，至晚方歸。閱[illegible]、[illegible]陸集。

卅日。起身，子讓來，同往川大訪中舒，午後中舒來，晚赴道銘宴。閱葛洪西京雜記。

卅一日　起身後，至楊佑之家，午飯後，至春熙路買箱子、什物。傍晚同康澍雯、佑之夫婦相繼來談。

四月

一日 戊 夜六时由成都出發，出北门，至車站，八时起行，十一时過德陽，午飯，二时半抵綿陽，訪舒峻山，同晚飯于菜園。夜宿于旅康，睡尚適。

二日 六时乘人力車发綿陽，九时過梓潼，午飯，午後三时過劍家，覺天微雨，及至三台，余至漱儒，晚访杜毅伯，田起东。

三日 雨，午前赴校，取薪金，訪袁莊伯，便道訪姜亮夫，午後出寫信，與少嶽、蔚操，不能作一紙，看錢實楠、蘇傳泗兩君来，至晚去。晚田揚来，又出读書。

四日 午前上課，偕同等少嶽出门散步，晚寫信给之、宗棣、仲舒、肖雲。

五日 壬申 午前上課，飯後看莊子，無佳者。晚後琴友信，論袁莊伯
事。
六日。起身上課，課後寫信予明子，讀子政，午後田克明來，魏兵
耕、冉昭德、趙興漢來，晚蕭伯來，寫信剛伯。
七日 午前復剛伯信，飯後為明友，晚修訂崑崙考。
八日。午前核寫畢書，飯後上課，晚續作崑崙考，又思編纂，
無所成。
九日。起身後即赴山大畢業同學讌予讌天園，談至下午時歸。晚田克
明來，留晚飯去。作文一篇。睡。
十日。午後上課，畢，訪蔣秉南、劉金忠兩君，歸于陳家巷。晚臧
哲先、楊曾威相繼來談。
十一日。午前上課，十二時至老亞芬招待山大畢業同學午飯，晚

寫昆侖考二千六節。

十二日 己卯。校中因愛國遊行之託停課一日，宣傳衛兵，未出門。午袁莊伯來午飯，飯後，向覺明、楊曾威來談天，傍晚去。寫成昆侖考第十六節。

十三日。晨起上課。課後，舒聯山來，留午飯去。寫昆侖考第十七節。與潘、田決定房租（潘80 田30 丁90），押租（潘40 田20 丁40）。

十四日。完成昆侖考第十七節。飯後，去滄舍看談。晚開始作昆侖考結論，僅成首一段。

十五日。天陰雨，氣候轉涼。未出門。完成昆侖考，改名為論炎帝太岳與昆侖。晚整訂廿六頁，並鈔譯湯氏材料兩則。

十六日。陰雨。女仆去，至秀家街、方家覓用人。午後，讀莊子。晚寫信李雁晴、羅莘田、三弟，及陳元翟、葉聖陶等。

十七日，甲申。起身已晏，續讀莊子二篇，傍晚趙燕俠來談。晚改郅級作，無一通順者。

十八日，午前上課，並將房租2000元交臧校長。歸後，將書房卧房互調。改畢一年級作文。晚讀莊子。

十九日，午前上課，歸後，袁家驊伯來，晚读莊子二篇。

廿日，午前三課，又因郅主任訓話暫停，午後與冉閣書揆同訪陸季初考小學卷四号。晚读畢莊子。

廿一日，天晴，未出门，读吕览十四卷，又读墨子一卷。

廿二日，陰雨，飯後至上南街買煙，並定制稿紙，歸寓，讀畢吕氏春秋。

廿三日，起身讀墨子二卷，與田然東冒雨往普照寺赴杜翰伯宴，過午客未集，即往魏興南便飯，飯後歸寓，陸季初來談，晚讀墨子三卷。

廿四日 辛卯，上課以外，讀墨子二卷

廿五日，午前上課，飯後袁燕伯來談天，當晚飯後讀墨子六卷，

廿六日 今日為東大成立十六週紀念日，放假，在齋讀墨子墨子，飯後，携小孩等觀運動會。晚，作整理廿四史計畫書

廿七日，午後到會與某談，飯後黃方剛君送聘書來，又至西大街購稿紙、信稿，晚，續作計畫書。

廿八日，續訂整理廿四史計劃書，午後方畢，楊寶[illegible]來談，傍晚，燈下閱筆記小說100葉。

廿九日，起後至印刷合作社，送印稿紙，飯後審定計劃書付鈔，為家人相繼來，未能讀書，

卅日，起來方欲讀書，家人紛至，未暇讀書，僅能寫信數通。

五月

一日 戊戌 天氣晴朗，日暖風和。午後，開始作四凶考。飯後上課二時。蔣秉南、袁莊伯相繼來談。燈下作文，修正鯀陻洪水柬予考之首節為四凶考之楔子，所擬先秦民族神話考，將以四凶考為首章。

二日 上課之外，辦雜務終日。

三日 上課。飯後袁莊伯來談天，晚飯去。夜，月色皎潔，漫街去散步。以曆法驗，今為三月望。早睡。

四日 以五四運動紀念日，學校放假停課。作四凶考第二節，午後錄伯秀談，晚重寫四凶考首節。

五日 晨間疾雷猛雨，至午飯方休。午後赴科藝專為儲備書

186

歸寓，知緝高已來。晚飯後，至臧家，與緝高，又遇孟學校課畢，至十時歸，閱上月卅日及一日報，閱瀋市遭日破轟炸，未知國內對覺等消息如何耳，甚以為念。

廿日，癸卯。七時赴校，偕緝高及蔡紀靜教授至四時鮮早膳。十二時始與田儒樓、李等亦寓緝高，談至二時半，偕緝高、紀靜赴齊家湖北服務團茶會。晚赴臧氏家宴。陽秋常、謝國文、高學先、錢超塵子、龔江汛、危，偕同學等至廣場，仰觀水淺綠州上，西同學向不忍傍觀，待畫樓後回城。錢君家無錫，嘗孫以大富翁注，不諳其妙，來此讀國學，勤學好問，待同學誠愛，於同級諸生，無不樂援護之下。而學校當局，竟視若途人。於此抗戰期間，諸葉埔年，有家歸不得，有父母不能省。校長即學生父母也。父母待子女，寧以慈愛為懷，而今之校長，能慈愛自己之子女，不能

苦哉学生，不眠不休者！餘印睡，想诗多家不睡之研究，
竟将灯灭顶，为了反复不能成眠！
七日。七时起身，至校送编辑稿，东区甚美！，餘，孟博来，南相强来
谈。饭后小睡，又起沐浴。曾威、全忠来谈。晚饭后看中
央日报。
八日。天气晴暖。起身，因八时读教新录一卷。张震泽来[?]东，自修
汇来谈。饭后上课。又累小睡，未成眠。写下文为从宝州读
未能作文。阅旧新说神仙传及灵验记十八则。
九日 午后 晴暖。午前上课，饭后小睡，阅春新录二卷。理发。晚饭作文，未成，散
行，家殊烦躁故也。
十日 午前上课，饭后袁叔伯来谈天，四时去。作文二叶，晚赴
黄方刚家宴，十时归，即寝。

十一日戊申 午前上课，录作文一叶，午后朋友相继来谈，晚赴
杜彝仲宴，谈至半时始归。
十二日，起后即赴灵泉寺，指点截至廿四史方案，几作废
代图书馆目，傍晚归，拟录续赴联云。
伤哉国学沦丧，宁赴丛流，绝求复。
非夫人而谁恸，莪阁好路，尽赎途。
十三日，未出门，致信禹平水土事了老。
十四日，未出门，致信禹平水土事了老人。
十五日，上课，午后访盛伯病，出门，过雨，晚归，著于窗下，晚宿行朋友未成。
十六日，午前上课，归后小睡，至盛伯家谈天，晚读杜诗二卷，又阅
增订书集一卷。
十七日，午前上课，归后因新水门题，写行广辑会，糊涂过去。

十八日乙卯 午前上課，飯後閱孫淵如文集，晚寫信吳士選，談所擬理廿年計畫，並請其[illegible]補助。

十九日 晴暖，竟日在家寫信。寄[illegible]子信一紙，由葛衡轉，附抄致試信，請陳煥章整理律賦廿四史，又致高達梓信，詢及其復姚子鍾，並介紹其見郭子杰。未讀書。

廿日 午前出門買什物，飯後，相繼會客，晚代中文系學生撰輓錢起聯云：

五月竟臨河，楊浦空遺千古恨，

九原且當漢，天涯同病一身輕。

廿一日 晨起寫輓聯，蔣秉南、袁荪伯、綱繼來談，午赴趙毅夫宴，飯後與黃穆清同訪杜毅伯，不遇，閱蒙設命，晚讀說文部首，又閱顏揭小冊子兩本。

廿三日 己未 上課外，續作西本第考。得潤之四月十四日來書，云，家中一切平安，惟三嬸母于去年臘月逝世，為之悵然！三嬸，李氏，歸三叔卅餘年。因三叔體拙，不善營生，當家務作苦役，或寄食母氏。但無子嗣，但甚愛余。少少時，家母督責甚嚴，得三嬸之言，母顏始霽，故常依三嬸如慈母。頻年，余就食四方，不常歸省，即歸為時無幾。三嬸寄居江濱，不能常見。惟1936年一月，二叔偕武弟奔喪回里，得親三嬸顏色。勿勿三年餘，儀範正遠，烽火萬里，三嬸之逝世，竟不能歸捧一慟，嗚呼哀哉！三嬸卒年為五十六歲，少于慈母六年。家妣

廿四日，午前上課，以眼疾，午後小睡。至四時許起，續作文數行，晚，預備功課，並讀[illegible]書百讀不厭。

廿四日 雨。午前上课，饭后作文，五时写成禹平水土第六节，灯下构思，云卿小敏来接，不觉火从中来，云卿痛哭多以解了。

廿五日。晨起上课，了后与袁庄伯蒋秉南同往谈天，灵品茗，午饭归来，脑中殊闷。饭后小睡，四时起，续作文。上灯时忽闻警报声，不知蓉渝有如何，谨又遇敌机矣，未安，灯下，写成第七节。

廿六日。夜作文，成禹平水土来了第八节。

廿七日。晨起，蒋秉南来谈。同往三影寺，看湖北服务团研究工作，傍晚归来。灯下写成禹劳天下而死为社节。

廿八日。星期日，未出门，写舜与象姊分自环节及夏后氏以龙为图腾，故有御龙氏节。

廿九日 丙寅 上課外，寫成鹽將安即廬大安申郯之參鄭安、參鄭安為先黎先吳節

卅日 昨夜大雨，至午方休，庭前居匯，積水至于尺許，門前淤水泛溢，至于後課，九時，冒雨赴校上課，課後寫畢趙為廣後，由于圖騰為結節

卅一日，夜來又疾風狂雨，至旦猶緊，午前上課三小時，飯後小睡，方彩作文，而客來談天，停晚飯，燈下閱三國志烏桓傳。

自由日記

六月

一日（己巳）晨起上課，了畢作文。下午一時半，為毅伯、弱至陸秀經先生處談天，晚歸，心中殊快。

二日，心中不快，仍未進食。寫成禹平水土來事考，此即預定先秦民族神話考第一篇也。晚飯後校閱一遍，並擬定各篇考細目。

三日，起來，搜集鯀陻洪水事考材料，飯後至李榮芳處說服務團工作，並講封禪書一節。晚補完禹平水土文一頁，今日領得五月份薪。

四日，開始寫鯀陻洪水事考，成第一節。

五日，上課以外，寫成鯀即蚰一節。

194

自由日記

六日，戊申。上课外，作文，代三哥还钱江男百元，由中行汇去。

七日，午前上课，饭后小睡，起作文。

八日，晨起上课，续作文成稿，至第五节。

九日，未出门，作文，成第六节及七节之半。读文，阅杂志，及炸弹轰声，想星楚今又惨遭敌机荼毒矣。适所闻弹声，殆绵阳方面遭窜，不过百里耳。

十日，晴，热，未出门，饭后陆系和先生来谈，之至学校，续作文，完成第七节，并成第八节。

十一日，今日星期日，午前十时至罗家寺赴北大同学会，午饭后往编辑馆休息，至四时许，再访千佛岩，看造像。沿碑楼攉看，可见为各代遗物。偕峰山博东乘往北塔寺，拾级至其顶，颇久。寺，楼出人去，上塔时遇之。圮，清初建，询知为朝阳庵，乃内供奉道神廿余尊，雕塑不佳。

196

十二日，夜，因趕寫經學讀書考，請假一週。寫成第九節。

十三日，悶熱，未出門，寫第十節，未成。

十四日，陰雨，天氣轉涼，未出門，作文，完成第十節，又寫十一節，將及二千言。

十五日，未出門，作文不及三葉。

十六日，午前作文，幾將成，飯後至聚賢寺，講封神書，晚歸，燈下作文兩葉。

十七日，未出門，寫成經考第十二節。

十八日，擇兩周金文辭大系圖說、契器銘名，閱婚作文，論讀後節，僅成兩葉，晚，鄭君約晚飯，未去，飯後至鄭家，聯歡文通，談至十時歸。

十九日，精神頗倦，上課後，未能做文，晚九時即睡，一葛適廿日戊子，上課外，完成四凶考第十三節，惜不能作文。微感身體不適，九時即睡，夜中體溫加高。

廿一日，今日端午節也。因夜來發燒，頭腦不清，課不能上，睡至午方漸好。莊伯來，與商此地課程標準畢，仍睡床上，閱說部。至晚始進麵一碗，精神始漸復原。

廿二日，昨夜大雨，天驟涼，病亦稍瘥。閱說部兩卷，寫成四凶考第十四節。

廿三日，改寫四凶考第十三節。

廿四日，改寫四凶考第十四節。午飯，莊伯來談，移時即去。

廿五日，星期日，未出門，作四凶考第十五節。

廿六日，上課外，整理四凶考首節。

廿七日，上課外，將四凶考之五節並入六節，全文較簡，較為井然。

廿八日丙申 上課外、上課以外，精神疲憊，休息一日。

廿九日、上課外，修正四幽考第七節。

卅日、未出門，修訂四幽考第八節。

自由日記 199

十月

一日，己亥。午前在家校閱改四凶考第九、十、十一、十四各節，飯後至碧雲寺讀封禪書，六時歸。袁莊伯來，留晚飯去。

二日，完成四凶考第十四節。閱朱胡氏禹貢，及吳卓漢地理志金城郡篇，頗疑古之崑崙即祁連山，河出崑崙即今大通河、湟水入河，故金城郡有崑崙山祠。傍晚，威伯來談，夫燈下作四凶考兩葉。

三日，午後天轉晴，因某君提前考試，二時半之國文課未上，在家翻閱山海經一遍，又閱桑原騭藏氏張騫西征考，考證派克氏韃靼千年史，校讀一遍。晚燈下寫四凶考三葉，現論一長左氏與劉歆關係一也。

四日 寅 土 上課外，作胡蝶為夏衣雨節，晚因與□為峻山佳話了、
竟起衝突，憤極，乃稼薰餘了魂。
五日，晨五時起，至四時用早點。下課後，與袁振伯至北方麵館喫、
麵，晚同杉鶴樓喫飯，精神殊苦悶。
六日，五時半起床，六時半往の時鮮早點，課後，與峻山往御街畫寮春堂
團談天。午至談天園趙蔭秀南壽了宴，了罷已四時許，
同侍亮夫處談國文考試了。課程至作總結束，後後方止
安心作文矣。晚在杉鶴樓吃豆沙饅，甚飫！
七日，天陰，稍涼，步出門，寫成東胡蝶夏衣雨節。
八日，午前陰雨，午後轉晴，步出門，修正寫平水土未了卷第
十四節。
九日，晴熱，作四幽卷の葉，午後四時至秀泉寺赴葉西服務團

自由日記

茶会、晚膳，阅明日写账。
十日，中伏。天热，未出门，作文两叶，袁庶伯来，谈竟日去。
十一日，写日记，成第四函卷第十六节，晚潘田两君在家宴客，未往
修了，阅长江著中国西北角180叶。
十二日，晴热，逾账，未出门，写成四函卷十七节，阅中国西北角100余叶。
十三日，午前雷雨，交作天气稍凉，傍晚完成由鲜隄洪水
论稿脱四函，计自五月四日起草，至此历时四十日，凡二万七千
言，犹多未尽之意。晚阅中国西北角60叶。
十四日，热甚，阅毕中国西北角，读刘伯及三家传，与冯平论史
地之课程，本国未竟。
十五日，晨起写信，访友，赴华光庙参观教育部第五服务团
团开纪念典礼，十一时归，阅吕览，撰补疏高会作涂山了，写来未讫
省会

十六日甲寅 補作禹平水土考之禹貢證疏，論中山節，午後古微先、劉金忠來談。

十七日，完成禹貢導山節。午後，張秀元等來談。

十八日，作於寧興為，聯與瀾明節。午後戚伯來談。

十九日，起分閱試卷，填寫分科成績表。飯後整理書籍，預備還圖書館。閱廖季平九州考。

廿日，晴，熱，未出門。纂輯山海經、穆傳之昆侖山及其水，作昆侖山異圖。

廿一日，以修南漢地志，補充昆侖及其水材料。顯將積石南之郭落山，即羌人之昆侖，所謂之枯爾坤是也。祁連山為昆侖之正體，十六國時酒泉太守馬岌曾有是言，與余意合。決于明日起先將河出昆侖之說

廿一日 庚申 晨起，峻山濤來，同往陸兵經先生處借書，九時許，往秀峯寺，擬讀書，天氣熱極，幸坐于石〔樹林〕穴中，精神稍清靜耳。午後三時，雷雨交作，天氣驟涼，乃歸。今日季光表兄結婚，未及往賀，着人送之去。

廿二日，午前至諸天園賀友劉工家喜事，午歸。飯後，開始寫河出昆侖說，僅成四紙。天氣忽晴忽雨，頗有秋意。爲觀與南修正廣雅本論語鄭氏注殘卷鄉黨篇義疏序。

廿四日，起來，方動作文，峻山送烏烟來，留一部分，屬秉南來，晌午方去。飯後，大雨如注，小睡後，作文四葉。

廿五日，陰雨，天氣甚涼。未出門，重作河出昆侖考首節，成七葉。晚與田濱作葉子戲。

廿六日，陰雨如秋。再重作河出昆侖說首節，四葉。

廿七日丑，天静晴，陸秀初先生來談，飯後回看陸先生，為其家犬所噬，腿破血流，欲赴秀泉寺不果，讀至晚膳，寫河出昆侖說六葉。

廿八日，天晴，溦熱，傷未加重，陸先生送术獨子來，以酬研教之，較適，寫文章八葉。

廿九日天晴熱，四時許，狂風疾雨，天氣轉涼。未出門，作文八葉。

卅日，向午，風雨。入後晴，未出門，作河出昆侖說六葉。

卅一日，午前殷殷其雷，不雨，後復晴，未出門，作文七葉，寄驥慶信，寄家鄉子書。

八月

一日 庚午 晨起大雨如注，晌午轉晴，溫度由涼而趨，傍晚

完成《河出崑崙說》，約萬二千言。

二日，校閱《河出崑崙說》一過，陳剛伯傳，又寫信蔣慰堂，借書。讀《淮南子》八卷。

三日，讀《墨經》、《學衡》，又函白鷺亭來談，同訪杜鋼伯，談及老子墨學，去秋燃指，晚飯後深倦，微感不適。

四日，剪傅七月份之薪，閱《賈誼新書》，又閱方言，寫快信給中舒，論編纂甲骨文事。

五日，晴熱。閱《韓詩外傳》十卷，又閱二十年目睹之怪現狀半部，聞前文渝、沙坪壩被炸，步孔剛伯等寓，幸無恙，念之。

205

自由日記

六日記，晴熱，未出门，阅韓詩外傳畢，續阅廿年目睹之怪現狀四十回。

七日，晴熱，阅說苑十四卷。

八日，晨四时作大雨雷電，天氣轉涼。阅畢說苑，[illegible]金忠甫來談，為作竹城戲，至夜午始散。

九日，晴熱，傍晚密雲不雨，夜轉涼，未出门，阅論衡五卷。

十日，晨晴，晌午大雷雨，一时方霽，天轉涼，阅論衡十卷，又阅風俗通八九十卷，韓非子二卷。

十一日，晴熱，午前七时，往吾藝等檢查工作，至晚方歸。

十二日，起身後中舒信。阅說中醫。飯後，書辦來談天，晚歸，有學生數人來，談對學事。

十三日，復給理及孫蓉信，因為書辦方剛。午後孫亦來搜集材料十四日。癸未。午前閱天文考古錄，飯後開始寫后土后稷考，成首節。

十五日。晴熱，未出門，寫后土考二節。

十六日。午前寫后土考三節，飯後疾風陣雨，天氣頓涼，滌剛伯儀寫信叙說，請與朱先生商量閱稿了。

十七日。寫后土考第四節。杜毅伯來，談研究部事，留午飯。飯後小睡。完成第四節。

十八日。寫后土考第五節。傍晚，張溥東來問許慎年譜結論。寫第六節未成。

十九日。寫成后土考第六節。毅伯約午飯，遍邀其新聞報記者，晚仍赴毅伯宴于松鶴樓。

廿日。晨，與晉叔來談。寫成后土考第七節。

廿日，庚寅。酷热，夜大雷。写后土考第八节。晚峻山等来谈。

廿一日，晨阴，午转晴，仍热。胡韫善来谈。写后土考第九节。

廿二日，晴热，午赴胡韫善宴于玄亚芬。归，写后土考第十节。

廿四日，晴热，未出门，写后土考第十一、十二两节。

廿五日，晨雨，天气稍凉。以时热，写后土考第十三节。午后进城，访孙秉南、蔡孟传，谈至晚，归。

廿六日，未出门，作后土考第十四节，不满意，全弃，复校倩信。

廿七日，写作后土考第十五节。刘金声暨潘家洪君来，约打牌，至翌晨方散，输小胜，精神殊狼狈。

廿八日，倦极，闭户少许，沐浴睡，入后经道路电请傅杨君傲来一谈。

廿九日　晨起、頭暈、至晚始瘥、未做事、

卅日　寫信去考第十四節、

卅一日　寫信去考第十五節、飯後寫信予謙、道維、之通、晚陳石穿來、晚飯後、約毅伯同往石家、十時歸、夜月皎皎、頗思泛舟濠江。

一日，辛丑。上午錢伯來，同訪石家，至公園服務團辦事處談天、品茗，餐後，同訪李復徐楚東信、又寫信杭立武要門用傢新村。晚與錢伯去寓石家于新之寓飯，十時始睡，夜月甚明，有警報。

二日，因薛岳泉同學請代表主婚人，十時即至李亞芬，二時始宴畢，即往第五服務團研究組新址，與黃祥峰山、陳東、文周到悅諸人論學，至晚方睡。

三日，酷熱，午寫魚博餐養，酷天，邀去諸人于李亞芬，二時半方散。擬徐回看戚伯。

四日，寫合子考第十六節。得峨兒（七月廿日）信，云：母親食不下咽，舊病復發，當即回信，請張慶民、潘瀛等代為覓醫。

210

五日　午赴楊君宴、席中聞歐戰已爆發。晚寫過大十字、閱廣播消息、知德于一日晨開始向波蘭進攻、一日轟炸九十餘次。英法已于三日午後向德正式宣戰。人類第二次大慘殺又為開始、嗚呼、傷哉！寫后土考第十七節、

六日　午前寫后土考結論、定名為后土后稷神襲考、約二萬五千言、至飯後二時完成。閱時與潮

七日　寫作者莊伯無寫高教黑暗之一隅短文一篇約三千言、寄新前鋒發表。

八日　讀巴克氏宇宙觀之進展、飯前、子傳來辭行、晚趙文園來談、湘北送聘約來。

九日　讀屈原賦一遍、又讀淮南子二篇、傍晚張亮采及趙文園等來談。

十日 戊庚 晴熱。未出門，寫趙冬圓致北魏華化考，閱魏書列傳及釋老志。又閱讀淮南覽冥、精神。

十一日。起牀，讀淮南子四篇。飯後，改魏華化考。閱魏書西域傳。劉金忠暨楊曾國來談天。

十二日。讀淮南子八篇。午赴劉金忠宴。晚改北魏華化考。晚張博東來談。

十三日。夜大風，天轉涼。改畢華化考。又為博東，改許君年譜。飯後，去服務團研究部，講漢書地理志。

十四日 讀淮南子四篇，寫信沈伍，遊行中大了。晚往潘家打天九。

十五日。晨起，微感不適。午斷食，至晚，精神始復。晚飯後，又往潘家打天九。讀畢淮南子。

十六日（丙辰） 读山海经二卷。饭时打天九。

十七日 读毕山海经。姜亮夫来谈。晚杨威伯来谈。夜梦于阮芸台处见钱晓徵、洪稚存诸观当时名人墨迹。并与阮氏论经解。经解固无所不读也，钱氏固为近年来所最服膺也。而两先贤竟同时入梦，岂先贤将以整理坟典之责责之于我乎？

十八日 开始写[illegible]考。饭后同姜亮夫又往服务团检阅峻山等工作。至晚毕。

十九日 续作句区考，两节毕。饭后杨昇来谈命理。晚在潘家打天九。傍闻苏联于前日出兵波兰，侵四城，败战情形今形势转矣。

廿日 未出门，作芸句考第二节，未成。

廿一日 辭酉 完成白話考第二節、晚在潘家打天九。

廿二日、寫白話考第三節、飯後、沐浴。晚赴杜毅伯宴。

今日天氣轉晴，天高氣爽，真好秋天也。

廿三日 寫白話考の五節、午後曾威來談天。

廿四日、寫白話考、僅成兩葉。趙炳來、致其叔父信箋、及呈文等

頭昏甚。傍晚臧哲先來、晚在潘家打天九、

廿五日、擇點後、赴校之開學典禮，並至圖書館借書，覓赴服務團為晉救嚮山講地理學方法。寫白話考第六節，僅成兩葉

廿六日、午前，至學校開國文系教授會，商定課程，本學期任先秦經子文，及要籍解題。飯後小睡，寫成白話考第六節，晚為張傳東致許慎年譜序。

廿七日 丁卯 今夏曆中秋佳節也。寫句芒考第七節，赤城。飯後，訪蔣秉南。晚赴姜亮夫家宴，九時歸。夜月正圓，雲霧淨盡，一洗廿日來陰沉天氣。

廿八日 寫作文，劉金忠來談。午，崔聲伯及晉叔、發泉到迎悅，謝東、文蘭、峰山等于杭鶴樓，三時方畢。燈下，完成句芒考第七節。夜月朦朧，有警報。

廿九日，寫句芒考第八節，赤城。晚有緊急警報，人心騷慌，聞邕寧飛機場被炸。

卅日，午前崔來，赤城作文。飯後，與劉金忠打彈子，圖。晚赴穆清、翰九公約，供君宴。趙壽人來，未晤。

一日。上午方作文，青人来谈，留午饭去。葛威伯来谈，傍晚去。

夜午闻紧急警报，后敌机嗡嗡，掷三弹而去。幸月色朦胧，未遭其荼毒耳。

二日。写句法考第八九节。夜又有紧急警报，然清月白，未见敌机。

三日。完成句法考第九节，又写第十节未成。午后有警报，未出门理发。

后，午睡时许。夜又有警报。

四日。早饭后，至曙霞移借书，遇寅夫，至寅夫家借得书补遗，又至钱倩处谈天。午饭后作句法考第十一节毕，惟不作结论。全文约万五千字。

自由日記 216

216

五日 [illegible] 陰雨，午前，修正內篇考，編保甲傳三案及子傳道錄。

六日 陰，午前整理書籍，編保甲課，了學生服務團編輯部小坐。楊人楩來，晚飯未，下關の康[illegible]談日語數。

七日 在家讀王靜安文，譯田崎仁義著中國古代經濟思想及制度。飯後與老太乘南國齒門圈看潘君。燈下讀毛詩大序及詩譜序。年來慣用電燈，不耐煤油，自來至此，電燈絕無，而煤油貴至卅元一聽，且已絕貨，不得已，改用洋頭菜油燈，其煙氣騰了，燈光明滅中讀蟻鼻字書，如近視眼觀天文，愈看愈不見光之所在。今日買得用玻璃罩植物油燈一具，光度不減煤油燈，且無洋鬼氣，耳目為之一新。此植物油燈，出抗戰中所發明也。諺謂國難[illegible]

人聊？但若有多數人不爭氣，亦[illegible]

八日，戊寅。早，壽人來，談天，飯後去。小睡，看報，燈下讀詩經。

九日 看臧氏子乃兄詞軒所撰居處不寧竟。日來能做事，僅讀詩經至大雅止。

十日，今日國慶紀念日，天氣晴朗，若預示國之將興者，為之欣然。以昨晚睡甚少，竟日頭暈，未食。午後同孫趙翰九白之到，未遇。午有學報翻閱，校西元論醫亂，始去年天長節也。

十一日，午前上課，講詩經學源流，飯後小睡，讀葉啟芳譯繆勒利爾婚姻進化史170葉。

十二日，午前上課，飯後至晚讀畢婚姻進化史，並補充內容。

雨天。

十三日，午後之課，因學報未上，在家讀家族論50葉

自由日記

十四日 甲申 午前寫信給吳儀兆，飯後赴學校茶会，晚赴戚氏家宴，未能讀書。

託嚴伯蕃還儀徵元

十五日，起身，蘇家來催去主婚。十時舉行婚禮，午後三時方歸。為服務團設預算案。晚，讀家族論120葉。

十六日，夜雨，午始霽，天氣東轉涼，飯後至校，因為全靜安、不適，歸，讀家族論290葉。

十七日，晴暖，讀家族論40葉，壽人及靜菴來談，留午飯，飯後赴校中史學系會議，晚，歸。

十八日，晴後，至服務團為工作，午宴靜安、壽人及儀季規等于君興芳，歸，讀畢家族論。

十九日，午前上商周史，飯後沐浴，小睡，讀 Edward Westermarck 人類婚姻史第一節，寫信給圖。

廿日，庚寅，雨，冷。饭后上课，并在国文学系谈话。灯下读人类婚姻史第二三四章。

廿一日，阴雨。读人类婚姻史，第五六七九十章。晚赴王茂春宴。又刘全忠来谈，未读书。

廿二日，午前读毕人类婚姻史。饭后访白之廷，在全忠家打牌，小胜。晚九时归。

廿三日，方起，李孝同来言全校学生拒绝臧启芳君长校，约赴臧家闹。余赴教授会，九时起，十二时毕，无结果。人众力雄，但使臧家地板蹋陷耳。饭后三时，又至学校闹会，吵吵不休，至七时散，又无结果。统观此次风潮内幕，不在拒与之留，殆东北人士地位之争。臧氏津贴学生伙食费，每年千二百元，亦可谓破费有道。

自由日記

廿四日甲午，八时赴校上史考學，學生精神尚好，飯後二时，又開大會，決議停課。夜午敵機在月色朦朧中襲成都，三批，經三点。

上室。

廿五日，罗偕王元輝，晌午，敵機又經三台上空東飛，機後之聲嘹之，聞我機追逐之聲也。夜雨，打牌八圈。

廿六日，方起，米校長又通知在其家開會，十时，臧芳在全體教授公敵緣傳下午赴校，聯合開會。教授們要校長辭職，以安青罗未有之趣耳。當決議開除學生五名，皆全校優秀份子。校長實屬無聊，而學生反對當課，此中華所以為宜國歎。午後劉選民來談。

廿七日，太陰曆九月之望，余之卅九岁初度也。校中課會場未赴，在家約劉金安打牌，閱畸人傳一卷廿八日(戊戌) 午前,至校開校務會議,飯後至服務團講儒道思想之異同。

廿九日 讀周髀算經,漢書律曆志。

卅日 讀律曆志,算律呂相生之數,

卅一日 上課後,算律管之長,覺其中有錯誤。晚往劉全忠家打牌,十時歸。

一日 壬寅 晨起，八时上课，十时归，校罪律书肆管之叙

家，午赴友人宴于松鹤楼，晚在家为高式儕饯行，

又打牌十二圈。

二日。午前上课，饭后开会，灯下读汉律历志。

三日 午后上课一时，开校务会议，至五时半方散。晚赴潘家竹战，

逼窘，殊苦！

四日 警报。自九时半，闻声轰炸。十一时许有敌机大队，计

廿七架，轰西北郊东檐，窜而过，想其必袭成都而去也。见有

一架，时冒浓烟，其为负伤乎。晚寄读朱文公年谱，清遍去，

兼读三统历。

223

五日 午前病，未進食，至晚漸可。

六日 病痊，精神仍疲，故未上課，演三統曆。

七日，晨起，上課二時，午後理髮，晚赴金靜庵宴于大亞芳。

歸，演三統曆。

八日 晨起上課，歸，演三統術，五星見伏。

九日 上課外，午赴鄭勵儉宴于松鶴樓，飯後出席導師會議，議畢出，至晚始散，燈下，演五步術。

十日。讀三統術，飯後上課，晚赴趙、蕭、向、吳、陳、劉諸君之宴，歸來，已晏，將日來所演三統術作清稿。

十一日，續作三統術清稿，午赴王將兼南宴。午後至勝縣圖寫信剛伯。

十二日，陰雨，未出門，只在傅家打牌。

十三日、晨起，冒雨至朋勝圖出席紀念週，講中國中華與
支那名義之分別。昧整理書籍，全靜萬瀞石禪來
午飯，飯後上課，飯後盤桓人家，閱其近著，極多特見。晚讀
詩經。
十四日乙卯 午前上課，晚演三統術不得，天氣轉晴
十五日 上課外，續演三統術不得，至夜方畢
十六日 上課外，演三統、統術，晚赴賈克夫宴于松鶴樓，晚感
不適，即睡。
十七日 午前演統術，飯後上課，下課，召彭光讀圍介康而生談話。
晚劉全忠來談，演統術，無結果。
十八日，未出門，演統術三節，飯前數到悅來書來，飯後全
忠來談天，晚臨池，有警報。

十九日庚申 竟日精神不振，演三统術，學生數人來談。

卅日，演畢统術，午後上課。

廿一日 八时上課，三畢演三统紀術

廿二日 八时上課，歸後往又新沐浴，歸，演紀術二則，買茶乳糖50盒，黄洋十九元，每盒为3.8角，較戰前昂至七倍。而紫價亦貴至四倍以上，去年为八元千斤，布則貴至五倍，前兩角一尺布，今则八元，莫非物價飛騰，而新那氣新氣少，書酸為洋而無氣，酸氣多乎？

廿三日甲子 十时上課，課後演畢紀術，天氣晴朗，夜月光明人入參來，所未有也。

廿四日，小數又患重感冒，昨夜未能成眠。午前作廿八宿與十二次相差距度表，飯後上課，晚算蔀章首表。

廿五日丙寅 未出門，演三统章首干支表，重为排比，通

廿六日丁卯 赤闌門，檢宗周將年表，以紀年五十，自武王滅殷以至幽王，凡257年，補魯公伯禽至僖21年。

廿七日。讀三統世經，閱新城新藏上古天文學。午後上課，又被毅方拉去開森林編輯委員会。無聊之極。晚藹一山來談。

廿八日 午前上課，飯後，復剛伯信，適毅伯自香港來，談編輯組事甚久。燈下寫信與孟海。閱清史稿藝文志。

廿九日。午前上課，歸閱孟子正義。

卅日。天氣晴朗，午前上課，飯後至頤和園，訪毅伯，晚閱孟真，東北史綱初稿，又讀書無逸篇。

十二月

一日壬申 午前演世經、飯後上課，課後開國文系會。燈下修訂殷曆紀、未竟。

二日。連夜失口，夜夜腹不適之故也。午前續改殷曆紀，粗成。飯後到後北街履泰買棉鞋，便中至勝務園。晚飯燈下閱劉錦藻清朝續文獻通考樂考及經籍考，掛漏尚多，如兵考中之海軍類，于光緒廿八年後記載等零，似非全璧。

三日。臥病，午後四时起床。晚略繙通考閱刑考樂律考。

四日。病瘉，起身閱續清通考樂律節，飯後上課，課畢，至圖書館借書，繞勝務園檢閱石作號。檢閱嵝山所鈔增訂殷曆紀一過，燈下預備功課。

自由日記

228

自由日記

五日 丙子 天陰，冷，八时上课，讀詩衛風

六日，八时课，因天黯，教室皆沈，未上。在寓演世經，午後校改補郭秀纪

燈下教修改功課。

七日，課外，演三统術，晚回郭剛信，復信張氏商務經理談補書事。

八日 课外，演三统術，晚至毅伯處談天。

九日 未能作事，竟日客来之故也。晚赴郭毅伯約郭子久方確知

其安。

十日，晨未起，到晚即来。午後沐浴，寫信陸东初，談借書事，晚至

學校大礼堂观剧，壓軸为稅務局官員全體演法門寺，极精彩，

蓋雅頌平以来，未之見也。晚演三统術，晨星始見節。

十一日 晴，沐浴，感風寒，今日又病，不思飲食。演世經一則，讀李傅將作

局陶葉子韵銘頗，未果。

十一日 癸未 病瘧，未上課，在家讀世經星在大衍節，驗之統術推下歲，數字多誤，推致謬之，未果。（錢大昕）

十二日，八时上課，之後，過服務團，談片时，歸。飯後，金靜广來談，爲往圖書館借得商務、中華兩館書出版書目，為服務團選定應購書。燈下閱卜辭通纂征伐節，將土方即唐杜氏，苦方即沃民，𢀛方即不屠何，當專文論之。

十四日，午前上課，飯後赴史地系之務會議，至晚方罷。計張亮采、李谷桐、金燦之史論文由我指導，彼皆史地系優秀份子也。晚翻閱郭沫若古代社會研究。

十五日，飯後上課，之後訪毅伯，談移时，歸。檢閱冉要叔著漢西京宮殿圖考，至夜未竟。

十六日，赴其宴安，檢閱畢西京宮殿圖考，疏誤之處甚多。

自由日記

231

古曆十一月初七日

十七日 戊子 晨(?)子雲呼起往三角井請產科醫生，三时回，方就枕，六时四十分獲一女，母女均安。八时许，醫生去，寫信蘇州及私務。因外受風寒，内受鬱火薰炙，精神之覺[illegible]，解衣後睡，三时许起来，頭頸發暈，吐出黄水一口，仍睡至五时许醒，精神始復原。略進炒米粉。按此女八字爲

乙卯

丙子

戊子

甲寅

丁丑 命安

食傷既(?)掌，子卯相刑，幸長生在寅，寅丑之間夾一貴人，不致十分受殘耳。當寫信劉仙請爲推詳，寫信金忠。

自由日記

十八日記 昨日精神不振，今仍未復原，午後勉強上課。
十九日，八時上課，之畢彩演，世續未成。晚作武王伐紂日記，未成。
廿日，八時上課，飯後，亮夫來，作晚武王伐紂大事日紀。
廿一日，今日之南至。上課。之外作毛伯班簋銘跋，成兩葉。
廿二日，午後上課，遇騰務團及楊家，帶月蛛。晚為小敵所擾，不能讀書。
廿三日，延剪演，八月甲戌朔未成。修正時 飯後帶小敵至中山公園喫茶，晚歸。燈下重寫班簋銘跋
廿四日 日曜自未門，寫班簋銘跋成十四葉。
廿五日，今日耶穌聖誕節，亦民族復興節也。午前，寫成班簋銘跋約四千言。飯後回寓一小，同往毅伯處談，出後校事，晚飯後睡。

自由日記

廿六日丁酉　晨起，太雾，八时上课。了后返服务团决定，晋叔作南海史料汇编，峻山作蒙古史料汇编，文开作南北史要，到忱作明史要，博东作秦汉官制研究。午后写信与骝先、立夫及杭立武，请设协助科学研究人员待遇。又为潘公写信，询雪艇校长子不能转学事。又写信金甫论山大学校务。晚校阅晋叔汉西京宫殿图考，

廿七日，上午上课，饭后校阅西京宫殿图考，至晚方毕，灯下改订博东秦汉官制研究说明书。

廿八日，午前上课，饭后至又新沐浴。至晚膳。静泉来谈，灯下改到忱文开晋叔峻山诸史说明书。

廿九日，起身，至研究部，检阅各人研究计划书。饭后上课，了返，为学生讲治史方法。晚后写孟海信，约二千余言。

卅日　辛丑。午前改整理廿四史行書畫書，午飯學生來談，改漢西京宮殿圖考之序，晚張季鸞談天。

卅一日。起甚晏，即赴沈魯珍諸之謝第午宴，遇鄭勸儀履談天，晚歸，寫史記律書校正。並寫打油詩一章，以送年云：

闐闐鑼鼓送殘年，明日市容忽一新，烽火東南歸未得，懶隨人~~屬~~賀萬家春。

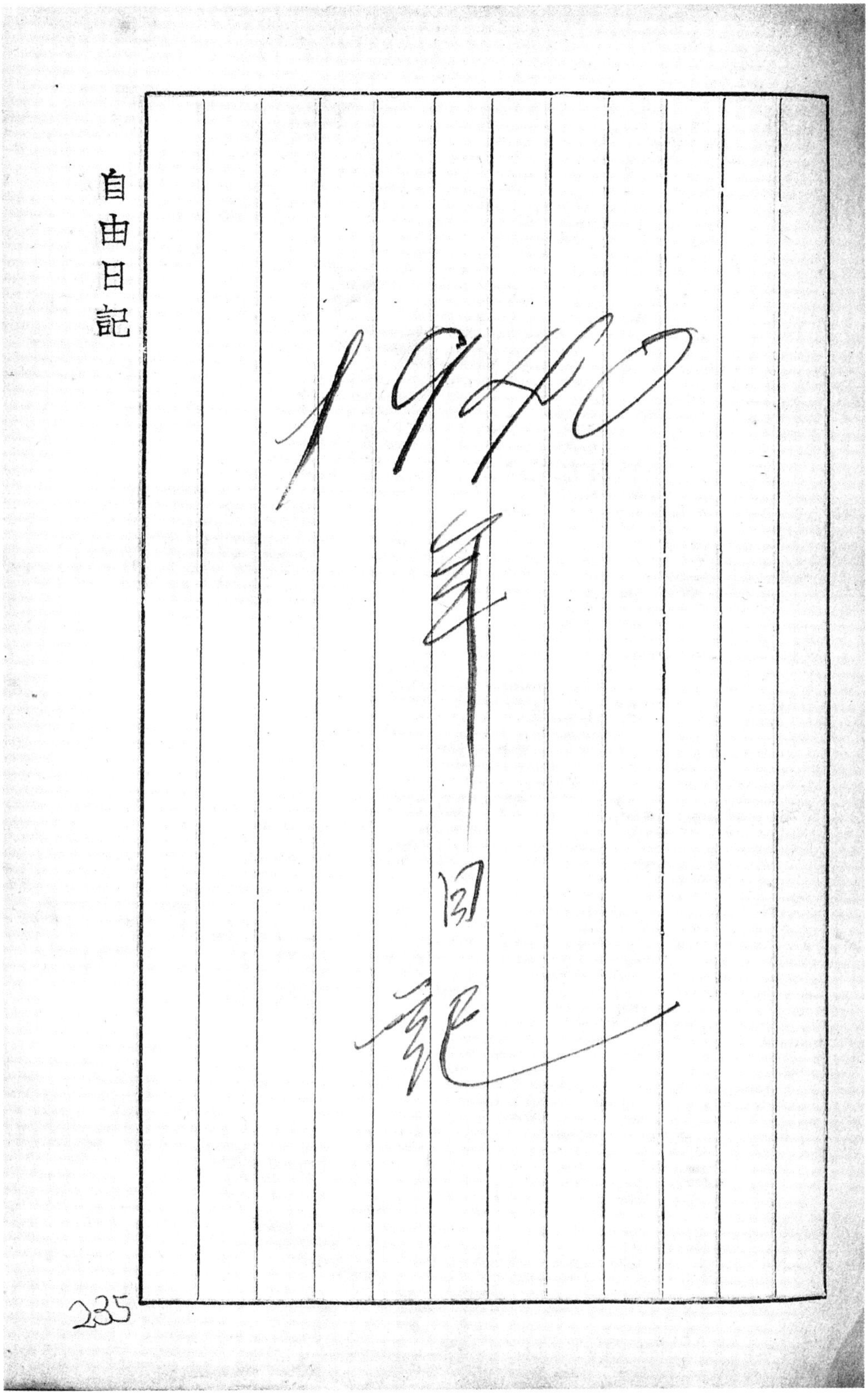

自由日記

1940年日記

235

自由日記

元旦 未起身，毅伯來，邀從畢，與之赴服務團，參加團拜典禮。午，與毅伯同赴山大畢業同學于北方麵食店。四時方畢，至華光廟參觀劇場，歸已五時矣。晚飯後，攜小蔚至東街觀燈。七時半回家，讀楚世家。校楚之逆鎛銘，前作吳回考疑之逆即楚武王，非也。今日天氣午前陰，飯後轉晴，豈國運先暗後而後光明之徵兆乎？若然，則抗戰勝利，當在今年秋後。

二日 起身，門外積霜如雪，池水凝薄冰，此蜀中最寒之時也。寫莒太史申鼎銘跋，至午完成。飯後，江之涵、沈魯珍來談，遂至校回拜顧薦常。燈下寫楚之逆鎛銘跋，成三分二。

236

自由日記

237

三日 乙巳 起身，寫成楚公逆鐘跋第三節。飯後往服務團，為彭周二生講西廂記。燈下讀詩大雅。

四日，午前上課，午回寓會錢新夏，授于老巫芬。三時許睡，燈下完成楚公逆鎛銘跋，寫信寄彥堂，詢以肆出驗消息。

五日，午前閱湖北通志，飯後上課。下午審定張齊采、李符桐畢業論文大綱。燈下閱潛研堂集。並推考穆王紀年天正朔，與故書所傳並不合。

六日 起身閱通鑑外紀，又以吳越春秋校史記。飯後到學校還書。歸閱清人小說。燈下閱越絕書。攷得周穆王卅五年為正月丙申朔，八月壬戌朔，與班殷銘所謂八月初吉甲戌差十日左右，疑周穆王命班征東國，即在是年。其卅七年，古本紀年謂大起九師，至于九江，伐楚，即伐徐偃王傳說之誤。

七日晏起身，读战国楚策，午后，到沈峻山、胡继来谈，灯下，修订班簋跋。

八日，午后上课外，余在家修订班簋跋。

九日，课外，修订叔弓镈铭跋

十日 课外，完成叔弓镈铭跋，午后，峻山来谈，携书子、君刘全忠来谈。俊方自渝受训归来也。留晚饭去。灯下抄录周湘园前史料

十一日，午前上课，饭后至刘全忠处谈天，晚归，删次周书次第，未成。

十二日，午后上课，又为李荫桐讲古钱史，归过服务团，为其作。

晚撰完讲演大纲

十三日，修改撰写大纲，写成节略，晚七时在学校大礼堂对青年写作协会讲青年写作之修养，九时毕。

十四日，开始作新版本纪考证，饭后至服务团与刘悦博东闲谈。晚裘泉来谈。

十五日，丁巳。午前作殷本紀考證三條，午後上課，亮夫來，未遇，晚飯後，至亮夫處談天。

十六日，至北大上課，午宴請友于、若西芳，今日次女滿月也。飯後送繼濤如蘇張。至大佛寺，晚歸，因與曉籌論文未暢，以筆急電杭立武兄，請代補發，八時許即睡。

十七日，晨七時四十分起，匆匆盥洗上課，歸途過郵局，知電已發，得杭來信，未同意請協助，飯後回其信，並將去大勝書寄給立武，逕還憾然芳。燈下續寫新殷本紀考證三條，竟日為鄰舍佛所擾，精神殊亂。

十八日，上課外，寫殷本紀考證，晚赴沈尹默、孫潘之禪誠具之宴，九時始歸。

十九日，午前作殷本紀考證，飯後上課，晚擬訂說華地理學會章。

自由日記

廿日晴。今日星期七,始课,寒假满,解京未出门。借成撰革地理首导一本,即封
交金君。
廿一日 星期日。续作殷本纪考证。午后,往访天沐况,晚在室
与郑君打牌,十时许睡。
二十二日 上课外,写新殷本纪考证,天气阴寒。
廿三日 午前上史志学,作一小结束。饭后,回看朱文。睡,续作
殷本纪考证。夜同正圆,又借月望矣。
廿四日 雨 午前上课,结束专书选读。饭后与刘英士、金忠
缘来打牌。写殷本纪考证两叶,晚与赵东莼家为
缘来钱了,签给与来会。
廿五日 早起上课,之毕。写信给孟海及殷洲鸥。饭后又
打牌,仍晴局,十时方罢。

廿六日（戊辰） 天氣轉晴暖，飯前在家寫擬來紀考證數則，飯後往服務團講演，七時許歸，又寫考證數則。

廿七日 午前在家寫文章，飯後笑忠來，拉至劉英士家打牌，晚又轉至笑忠家，打通宵。

廿八日 天明，自笑忠家歸，盥洗畢，即睡，至午後三時起，夜讀擬來紀新述，筆華子與書後叢異，決於燈下草成帝年紀大綱，即睡。

廿九日 天陰寒，寫考證十餘則，晚赴劉英士家，遇曉嵐校長之兄，市儈也，居然為大夫矣！

卅日 起身，出外科題目，寫考證，至夜十一時畢，仍有未盡意處。

卅一日（癸酉） 起身，撰輓王蓮湖老伯父母聯（元輝兄尊堂）云、

玄德本無稱，靈帝係縲，何敢榮寵，
英雄多落魄，如川方訓，應教曹家，
飯後，孫晴雲閣買對聯，即寫寄人，至江安訪沈曾珍，
孫景賢三君談天，孫留晚飯，十時睡。
本月廿六日，東大慕道石鄉紀傳鄉賢事，以代暑期留
所覽之翔之像，于時唤慕校長，士房主催，壁濂碩士
士塗士等雷集聯吟，極一時之盛，乃為詩紀之：
夜冠重展州堂新，
繞習雖忘願結鄰，
覽此五山君蒙儒賤，
不風不雅老詩人。

自由日記

二月

一日戊甲 上午修删訂殷本紀畧予補充，宗到，晚華去，飯後，文通自峨眉來，談天，四時許，至嘉陵賓館，黎、陳之、謝無量、一山、劉鑒等會宴文通于掃鶴樓，夜十時歸。

二日 開始修訂九州考，成八葉，飯後，文通至劉英士家打牌，夜十時許歸，大敗。

三日 續修九州考，午後至服務團檢閱圖書，晚赴翁俊伯宴，燈下續修九州考，共成八紙。

四日 日間除往服務團整書報，又開北大校友會，歸，燈下寫九州考四葉。

五日 晨起，訪李繼華，同至漢高中借書，未成。飯後往服務團看書，燈下寫九州考六葉。

243.

六日 己卯 午前，方彬作文，学生数人来谈，一时方去。锡侯与公东同访穆清及谢渭川，并约其明晚来寓便饭，灯下重写九功考第四节。

七日，写九功通考四叶。锡侯、访谢渭川及穆清，约其来寓。今日废历除夕。晚打牌，至十一时睡。

八日 旧历元旦也。午前客来不绝，锡侯回去，访友，晚李继华来打牌，十时散。今日写九功通考三叶。

九日、再往各处拜年、晚在峻山打牌，夜半归。写九功通考一节。

十日，昨晚，文周、溥东、峻山诸君来打牌，至午后方散，未能做事。得家乡信，家乡甚平静，此亦不得已之谎，所以安行人之心欤？

自由日記

十一日甲申。午前，後濟來見侍，並寫信與吳士選及杭立武，申時辭職。飯後，約傅東往學衡，晉叔足疾。歸擬寫九州通考豫梁兩州。

毛序借觀

十二日。午飯後往服務團看書，歸作九州通考，一山來談。

十三日。午後往服務團，翻閱時代家作文，金忠來談。

十四日。起身較晏，飯後，英士來，同出，訪繼讀，未遇，離至服務團看書，燈下作九州通考。

十五日。未出門，作文。飯後謝幼偉來，傍晚，完成九州通考第八節，燈下閱金石索一過，又閱曝書亭集史館上總裁七書。

十六日。晨起，寫九州通考第九節，飯後至服務團看內閣書檔目補，歸經中山公園訪毅伯，談至晚，歸，燈下作九州考餘論，成，計全文二萬餘字，尚多未考之處。

十七日，庚寅，午前續致九州通考之餘論，即寫信寄頡剛。

劉英士、段大鈞約往于驛，即赴劉家午飯，至夜九時回寓。

今日甚勝。

十八日，起，至服務團，開山大校友會，陳校閱金文四跋，晚擬

曾國來，偕多與黃校長打聽消息。

十九日，寫信彥堂、古遂、陳孝老先生，午後四時方畢，燈下閱

金，王若虛滹南遺老集十卷、

廿日，飯後，至服務團，補充殷末紀考之事，讀畢王若虛滹南遺老集。

王氏對于史記及新唐書辨誤甚多，似尚有未辨處。諸史記之

誤，惟王氏能言之。輯之東都事略書，易一作風，在十七史商榷

及廿二史考異中，往以為此校勘見長，未足語此。新唐書，難

讀舊文，謬意多晦，尚清代考史者所不敢言，何代無通人哉。

廿一日甲午 大晴，写信朱骝先先生及杭立武、任叔永等，饭后至服务团借书，阅吴梅村年谱及曝书亭集题跋数，

廿二日，今日元宵节，未出门，点读潜研堂文集五十卷，夜月色皎洁，思家，

廿三日，晴暖，午前，仍至服务团借书，读曝书亭文集，并读南齐书天文志，录现古代大地测量法，如孙诒让之，未成，灯下翻阅四库提要，史部一遍，

廿四日 开始写史汇叙例，午后往服务团看书。

廿五日 续作史汇叙例，阅廿二史劄记二卷

廿六日，续作史汇叙例，至午告成。饭后访戴伯瑜，不值，往服务团，看宋史数卷。灯下，阅马可波罗行记

廿七日，方欲修订叙例，江之泳、谢渭川、萧一山相继来谈，十时后始散。

廿四日 星期 午前改訂叙例後半，畢。飯後，至服務園閱馮譯多桑蒙古史二卷，關于元滅南宋及比行紀猶略，未嘗參證元史。錄閱江紹原著中國古代旅行之研究，對于古代神話觀，頗有深刻之認識，惜其書只成一集，未窺全豹耳。晚趙配天來談。

廿五日 午前在家修改計畫書。飯後，往棒中訪配天，未遇，晚配天來。晚飯，談至九時許，去。張亮采、李符桐及湯曉非君來談，索教閱畢古代旅行之研究，其書論神話名物之演變，如圖西之聖方京，墳等，頗詳贍，惜次第猶散漫耳。

三四

一日 癸卯 連日陰雨，氣候轉寒。飯後，赴研究部看工作。歸則家元夫婦、僖相繼來談。余某某後讀吳文集、蘇志林了，無聊已極。閱虞集道園學古錄十二卷，序錄碑傳，皆有關元史者也。

二日 三日四日，連日校方師生來參攬，不能讀書，僅閱道園學古錄兩卷，及一山著太平天國詔諭一冊。洪氏之有金陵，文字思翻，均主天主，隱語甚多，惜多未審。

五日 丁未 上午續訂殷秦紀附注二則，寫信剛伯、中舒。午後至賭閱園，君訪毅伯及勵儀。歸閱志林[illegible]論東北精神，感而成詩云：

西山薇蕨實鴉粱，北平多之，蘇蘇菁也。采了歸來自濡紙，四載溝陽餓未死，聽他上國說尊卑。

249

蓋全氏於九一八事變後，曾任東北維持會偽官，四年之後，始姍姍遲來也。閱道園學古錄二卷。虞集，留勝國後，文章亦備於程朱，少讀國家掌故矣。

六日。讀畢道園學古錄。虞伯生文，以碑版為勝（同極），富麗，有道學家風，惜所修三史，未能盡如人意，當由亦多所忌諱耶。飯後，曾陸源來，看毅伯。

七日。在家讀元史，以校道園學古錄，多參以蒙古史，頗不同。飯後至研究部取書。晚有燕京生數人來談。

八日。以元文類校牧庵集，集本攙多誤奪。黃溍、姚燧與虞集並稱為元代兩大作家，細觀之，牧庵集文較疏闊，譯語亦雜錯，下虞集遠甚。特以中多元初文獻，不能不細讀一遍耳。以文章論，姚氏散文殊亦不能謂之有才氣。

自由日記

九日霽　以元文類校牧庵集二卷，寫信中舒並寄錢去。

十日至十二日、大部分時間為應酬花去。

十三日、始赴校上課，課後、與文通縱談竟日，並在彼處打麻牌累勝！

十四日丙晨　午前上課，飯後赴服務團茶會招待文通，晚赴東北史地學會請文通講演，論白狄民族，極精彩！

十五日　陪文通、未讀書。

十六日、全忠來打牌，至夜方罷。連日紛擾，久未能讀書，至于校牧菴集，未畢。

十七日、雨、寫信唁羅膺中及蔡無忌。撰聯輓孑民先生云：

尊德性而道問學，夫子之言，可得聞也。

泰山頹乎哲人萎，吾黨狂簡將何述焉。

燈下讀莊子逍遙游。

十八日己未　上課外，為北京大學同學會作弔蔡先生文。

十九日、廿日，上課外，無可記。

廿一日，因課作弔蔡先生文，未上課，至午成，修改至研究部抄書。

燈下閱袁蕙重修之縣志，翻貫為國之篇。

廿二日癸亥　陰雨，午後上課，課畢，至服務團談天，燈下整理方國志材料。

廿三日，約翁思信夫婦來家午飯，飯後同往中山公園啜茗，至晚方歸，開始整理方國志材料。

廿四日，起身，赴華光座，蔡先生追悼會，晌午歸，繼續整理方國志材料，讀國語四卷。

廿五日，上課外，讀國語六卷。

廿六日，讀國語十卷，又戰國策五卷，晚赴北大同學會聚餐，于中山公園，無味之極。八時許回家。

廿七日（戊戌） 天氣陰寒，未出门，閱國策22卷。

廿八日，午前上課，了後閱報，讀國策畢，又讀左傳，表隱公。

廿九日 上課外讀左傳。

卅日，上課畢，歸後於潘家打牌，與劉金思言語不合，幾起衝突。

從今後，當戒賭，讀畢左傳桓公十八年。

卅一日 晴暖，讀左傳，表莊閔二公，又讀至僖公十四年，午赴毅伯家，晚讀至九時許始歸。

三月

一日 癸酉 夜雨，晌午止。飯後上課。課畢至服務團寫書簽，黃昏朔風頓起，天轉涼。讀左傳畢僖公廿四年。

二日 課外，讀畢僖公傳。昨夜大風，天氣轉涼。

三日 天氣轉晴暖。飯後沐浴歸，王興易字象三，山大畢業同學，來談移時。夜讀左傳，至宣公止。

四日 午前有警報，未上課。約滕以博、朱寧陵、王象三往北方飯午飯。飯後歸，李聖三及一山來，同出東門，渡漢水，至幽竹寺飲茶。傍晚歸，讀左傳，畢成公七年。

五日 未起，余以悅來，言陳東屏讀於中學。當堅留之。飯後上課，課後往魯珍處談天，晚歸，感其晨以病也。讀左傳，畢成公。買信函

254

自由日記

六日己卯 午前上課，了後往訪沈二君處談天。飯後，又同往牛首山呂家荒睞，過了山房，同遊獅猴，來家談天，九時散。

七日，昨夜崇光女之喜期，赴其宴，午後毅伯來，王家五房到，晚潭東來後，讀左傳至襄26年止。

八日上課外，讀左傳至昭公十二年止。

九日壬午 未出門，讀左傳至昭25年止。

十日，未出門，讀左傳至定九年止。

十一日，午前上課，了畢，讀左傳，至哀畢。閱李方國志材料，完全錄出，典制則未暇也。

十二日上課外，翻閱今表考一遍，又讀通鑑二卷

十三日，晨起授課，了畢睞，閱新城氏中國上古天文。燈下翻閱路史一遍，並將所引紀年摘要錄出

十四日 订午赴潘渴餘宴。饭后往牛首山回至观音殿品茗，馀时校阅

李符桐及金燦毕业论文。

十五日，饭后上课，之外读粤雅诗集及文献通考乐考八

十六日，楚子课，未上。校阅张宜荣毕业论文，至晚毕，读吴卓

信汉书地理志补注一卷。

十七日，天气晴暖。饭后，至浴天沐浴，馀在家读地理志补注之冯翊

扶风弘农三卷。

十八日，上课外，读地理志补注一卷，与觉保真何侍100叶。

十九日，课外读无，翻阅之商生趣书一遍。

廿日 癸巳 上课，外作郘子甗侯钟铭跋未成。

廿一日，星期日，未出门，修订叔子钟铭跋

廿二日，午后上课二小时，晚赴胡道异先生宴，适逢警报，九时归。

写成郑公钧钟铭跋，考订钧即勒之别体。郑公钧即襄廿二年左传所称郑伯隐之子太子华也。

廿三日 丙申 假家续善斋吉金录，此书伪真杂糅，考释亦多谬论，材料以外，毫无足观。

廿四日，读善斋吉金录，钞录两周金文辞大系未收铭识。写郑伯燕文彝跋一首，论定为郑武公所作，并校正史记武公名掘突之误。

廿五日，午前上课，饭后读人表考。

廿六日，续读人表考。饭后续服务图书工作。考定鲁伯厚父盘为鲁孝公子惠伯所作。齐大宰归父盘，断定为国子戒新所作，书跋一首。

廿七日，钞毕善斋吉金录。考考世系人表考等，无所得。

廿四日 晴。午前臧某來談，飯後與臧、沈二兮同至四牌樓觀音殿品茗。晚飯後少暇，寫魯伯厚父盤銘跋。

廿五日。上課外，寫士商盧殷銘跋。

卅日。夜有警報，天明始除，未上課。寫東周左師壺銘跋、少虡劍銘跋。

自由日記

自由日記

文周

一日 甲申 晴。然未出门。傍晚，毅伯来，谈往洛阳事。阅毕人表考。

二日 课外，写大丰殷考释。

三日、课外写大丰殷考释，改名为毛伯殷。

四日 八时上课，下课后阅金文世族谱。午登山大同之寓，下午偕毅伯出西门，过凯江大桥，入南门，归。过子渊，会珍。復出城買菜，晚归，灯下阅史记二篇。

五日、起身甚寒，读秀傅。午饭，下课，归秉南，借秀傅子续，归。灯下写鲁伯愈父鬲铭及毛伯殷铭二篇。

六日、课外，钞读缀遗斋彝器考释二册。

七日、未上课，钞读缀遗斋金文五册，终于楚王鐘铭跋。

午后，在读书沐浴，休息四时。

259

八日辛 課外，鈔録綴遺齋彝器款識考釋二册

九日 課外鈔録綴遺齋四册

十日，午前讀吳越春秋載記，飯後上課，課畢，鈔録綴遺齋彝器考釋畢，作吳越齊世系表。

十一日八時上課，課外讀史記諸世家。

十二日，續讀史記世家，午後偕研究部諸君往素[illegible]團談話。

晚録吳劍跋吉金文選

十三日，頭痛未上課，往寓録吉金文選，作春平侯劍跋

十四日丁巳 鈔録世系，作世系表，至研究部檢閱工作。

十五日 鈔録世系，作世系表，天氣熱，不能作文，晚大風雨，轉涼

十六日，午前，李某來談，飯後亮夫來談，燈下作伯家父毁

叔家父匡之跋。

十七日庚申 課外，校訂所鈔全文

十八日 課外，午飯後校輯闕遺，稍有鬱鬱，一斛未方除

十九日 鈔緑猗堂集古録，晚約仁之泳沈禽珍來家晚飯。

廿日 校訂趙燕越國諸器銘文，午後上課。

廿一日 據家寫聚珍本牧菴集跋，成四千字。晨後始有警報，未見敵機。

廿二日乙丑 繼續作牧菴集跋，讀長春真人西游記

廿三日 雲，雨，未出門，完成牧菴集跋，致史董計畫書。

廿四日 午前預備功課，午後講商周，晚致計畫書通志節

廿五日 晨起上課，續致計畫書，又看張蔭榮等論文，傍晚小睡。

睡起看閱中國陶瓷史，半本

廿六日 日曜日，未出門，寫成一歷代史志計畫節

自由日記

廿七日午庚 正午，警报，三时半解除，未出门，写成计画书全部。
廿八日 午，又有警报，读左传，尽僖公24年。
廿九日 晴，读左传，尽文公十五年，傍午又有警报。
卅日，午前晴，暖，饭后，翔风渐大，有警报，学生数人来，谈天，读左传，尽襄公十一年。
卅一日 饭前读左传，至成公六年止，三时上课，晚下，阅梁任公春秋载记。

自由日記

一月

一日乙亥。晨起上課，下午閱秀州綱目叙錄，燈下讀左傳，未能成寐。

十年。

二日。因無味酬酢甚多，未讀。孙思寄來跋，竟得印度哲學宗教史論，勉強看完，此書數年擱置，中多對勘古代文化之筆札，一旦失去，心中頗不痛快，數年功力所不敢發表之議論，如為他人輕易[illegible]發表了文章，後世將又誰稱道我！！

三日。決意整理吳闓考，於史業發表，免為他人將無考論證也。成冊矣。

四日 上課外，整理吳闓考。

五日 未出門，修訂吳闓考。

六日庚辰 修订吴图考。晚一山来谈。

七日 午后上课，余时修改吴图考。

八日，未出门，修改吴图考。

九日 修订吴图考。

十日 修订吴图考。

十一日 修订吴图考，今日全书毕，约六万字。

十二日，午前写行文通、颉刚、中舒。午后打牌，继以其夜。

十三日，晨九时，牌毕，眠，午后臧某来，谈易著后事。未出室。

十四日，晨起殊苦闷，休息，饭后上课，灯下阅林语堂之踏庐学偶研究。

十五日己丑 起来上课，午后阅钱牧斋有学集。

十六日，整理所钞金文材料，灯下读左传，至成仍年止。

十七日 晴 起身出試題。

史地系商周史題為

(1) 略述宗周時代之外患

(2) 試專于外交上論春秋霸業之盛衰得失

(3) 春秋三世之說與史實相符否？

(4) 周之聖王，文治乎？武功乎？並論其致太平之跡。

中文系要籍解題試題為

(1) 自文選至經史百家雜鈔歷代選學對于文學之影響。

(2) 周易卦爻辭與十翼之源流

(3) 五經家學，孰漢孰宋？孰為今文？孰為古文？舉其要籍

列表以明之。

十八日，午前喬叔來，飯後礪僧來，閱北史四裔傳，晚偕致看叔西京宮殿考。

十九日 癸巳 閱畢西京關陵圖考，飯後，帶小敏等游東山寺，晚歸。

再改張亮采中古時代音樂所受外族之影響。

二十日。起身，至研究部，午為江瀚先生餞行于聚賢芳，遇孫道昇處，談天。晚讀北史。

廿一日。寫信致頡剛，寄將史學會之費廿元附十元、東南及論文一篇，借江叔海先生著往成都。又發航快與剛伯，飯後少睡，起閱錢牧齋初學集，其孫承宗行狀，關于明季備遼事，紀敘甚詳，惜手邊無明史對之。

廿二日。翻閱全上古三代文，擬着手寫先秦藝文志。

廿三日。閱姚氏漢書藝文志拾補，及修理，點讀先秦著作。

廿四日。起身，往研究部借書，歸來，閱始仲先秦藝文畧，飯後讀古詩，發鄭鶴儕，果送地圖來，讀至晚方。

自由日記

廿五日 記已亥 讀左傳，畢成公。

廿六日。晨起，至研究部，看王峻山家，問其子小虎之疾。

晚，沐浴，跌倒，手被玻璃所傷，流血如注。

廿七日，手痛，請史醫謌先生來診視，血止，精神衰頓，未能看書

廿八日，手傷較痛，閱通鑑紀事本末。

廿九日，晨明而起，至謌醫家換藥，轉往研究部，閱袁崇煥

題本。十時睡覺，天熱極，夜大雨，天氣轉涼。

卅日，午後雨霽，訪秉南，談至晚睡，讀罷子之卷。

自由日記

十四

一日。午前寫信杭辛武及朱騮先先生，言薛篤弼國民大會代表事。飯後訪一山，晤亮夫。晚勵儒來談天。

二日　午前與一山、亮夫同訪秉南，談至三時。再訪勵儒，談至晚膳。未能讀書。

三日。晨起，復中銘文通信，又復魯珍信，寫信袁莊伯及適館。燈下閱敦煌雜錄。

四日。午前一山來，飯後孝同來，讀左傳至襄十四年。

五日　讀左傳至襄十五年。復高亭重剛伯信。午後曾同訪孝同。午前亮夫來，未晤。晚孫思昉來，寫信約一山、秉南明日晚飯。

268

六日 晴。读左传，襄22年。晚为亮夫钱行，子老再芳。

七日 今日抗战三周年纪念，竟日阴雨，未十分闻警报，读左传至襄28年止。

八日 晨。熟、读毕襄公左传。

九日 午前阅经传，遇警报，同出城至荒野，午后之时归。读稼轩词。

十日 集稼轩词句，得一联云：

为天阔鸢飞渊静鱼跃，出兰陵王

幸一枝鹪鹩稳，又经新治，满庭芳

贺其灵过后略。十时许，有紧急警报，移见敌机廿七架横空西南去。仍回室读书，未十分钟，倏闻敌机回窜，急入林樾散伏中。望之，忽而天崩地裂，爆炸之声四起，俯伏树下，以免危險。敵去返室，屋瓦全穿，窗璃全碎，書室之屋頂塌下部分，並距書室數丈外落彈一枚，幸賴鄰垣阻隔，屋宇得免于難。二時許解除警報，聞南山等相繼來慰。聞城之西北角受毒最烈。君峻山、文周到，晚浦東諸人來。惟浦東所居鄰鹽務局，落彈四枚，室已全毀，其母尚免死所傷，流血盈盌許，餘皆無恙。晚後始至上陝街看楊君，路經保小灣，遍地瓦礫，仁慈醫院門外，錢庚吳許家，是因重傷而死者多矣。歸而整理書籍，夕傍，決于日內還居城外。晚精神[redacted]室，掃除塵土，即酣然睡去，夜中徹雨，屋中兼漏耳。

十一日　晴熱，賈世安偕侯役來，乃起，整理行李，七時許，押送城北，裁縫高房所窗戶在隱生處，訪姜亮夫家，早餐。畢回城，過研究部。回家，頭頸痛，午膳後小睡。出城時，經保小灣〔匯林街〕鹽務局門前出城途所見，死者而外，棺木比比，且有流血如澱者，北門外落彈痕，徑二丈許，深丈許者三，高井彈痕闊亦如是，其他經炸之痕，彈所在皆是，統計全城落彈不下五六千枚，在西北隅者最多，故西北城受禍獨慘，死傷亦最衆。過了三點，喪命于敵國機彈者不下三四百人，因憶昨年我輩所居處，落彈之數，如稍前移二十丈，則我輩亦不免于難矣。戰爭之慘，人所共嘆，如敵國飛機之專以轟炸不設防且毫無軍事價值之城市為能，則又失人類理性矣！燈下寫信致先鐵兄、及剛伯等。

十二日　丙辰　晨起，出外訪友，午睡，閱春秋大義五卷。

十三日　午前一亞毅伯來，晚勵僧來，在家讀通鑑紀事本末，今日時有暴雨，屋內四處皆漏

十四日 戊午 晨又有警報，不得不全家避城外，午歸，飯後小睡，閱通鑑紀事本末，唐武韋之亂節。

十五日，天轉陰涼，在家閱通鑑紀事本末。傍晚，赴伯與商定研究部遷居事。晚讀要覽新書。

十六日，晨起，至校，與勵儒談未幾時，又有警報，急回家收拾行李，避于北門外黃平山中，與子閒，午後二時歸，飯後小睡。晚閱紀事本末，五代劉擴諸節。

十七日，閱通鑑紀事本末二卷，餘為酬應及其他雜事所擾，未能讀書。

十八日讀墨子一卷，勵儒來談天，同往服務團，決定向射洪方面尋新址。歸途遊一山寺，午飯後回家，復教剛、文通三循，及周今康訊。

十九日夜 讀墨子四卷，閱春秋大事表都邑山川篇。

廿日 讀墨子六卷，閱春秋大事表一卷，錄[illegible]。

廿一日，讀墨子三卷，閱春秋大事表二卷

廿二日 午前九時聞警報，出城，十一時歸，午飯未畢又聞警報，與黃君再出城，至琴泉寺，聞轟炸聲三陣，如殷雷之自遠而近也。四時回城，精疲力竭，洗澡小睡，晚赴文周家湯餅會，九時歸。

廿三日卯時 晨起赴研究部，到者二三人，歸訪文周，談一時歸，讀墨子二卷，飯後三時，再往研究部，適濬東自城外歸，聞在洛溪已覓得新址，甚快，即偕訪穀伯，談至晚歸。

廿四日，午前讀墨子，飯後方欲小睡，聞警報，方出新北門，聞擊急警報，急避東河之濱，五時方解除，歸，聞敵機被擊落七架，甚快

自由日記

廿四日 己巳 晨七時往研究部看書，八時半歸。早膳，鈔全上古三代文，餘

後閱畢全三代文。訪秉南于陳家巷，談至晚歸，不知有警報也。

廿六日，朝晴，午即濃雲滿山矣。訪繆伯，談靈隱居事，飯後小睡，讀

森谷克己中國社會經濟史。

廿七日，整理書籍。遵義學校無線約各團來講話，讀浣玉集。

廿八日，讀浣玉集及摘録長短句。午後有警報，與呈還出城，至王家

暝，暫避，四時歸。晚繆伯來談。

廿九日，晨起，即聞警報，初避王家，移楊家，繼回研究部休息。三

時許大雨，天轉涼。晚一山來談。

卅日，七時，訪繆伯于服務團總部，九時同乘車往覺華寺，移

居於佛堂。研究部辦公室均遷定，四時歸。早陰午晴，氣候

尚涼爽。集詞語得一聯云

復子明信

鼓聲歸鴉，斜陽正在煙柳斷腸處，

長空影里，故國不堪回首月明中。

絕時多少恨。

廿二夜，與樓方樓談史學系事務，

廿一日，訪毅伯，談遷居事，逢警報，至午後四時許始解除，在西山

微聞炸彈聲四五陣。

八月

一日 丁丑 在家，病，未能做事。

二日 晨起，改畢，迅快撰莊氏明史鈔畧殘本跋。出门為一山與暨課雜事，再往研究部，無業將時，即逢藝報，買盧謝北门，晤于千佛巖，晤亮夫，四时許歸，晚飯後，寫信給立武，請加聘史學教授事。又寫信剛伯，

三日，午前在家讀夢窗詞，晌午又逢藝報，直至四时方歸。

四日，晨，周予同来談，晚訪一山，促其為何商聘教授事。

今日幸無藝報，精神差安。

五日 晨起，寫信莊伯，轉湖師院之聘電也。並電復應聘先生，並訪勤儀，談莊伯事。

276

六日 壬午 阴，傍晚暴雨。午前出门买什物，午后，赴赵迈沈婚礼，晚九时睐。

阅金石学丛考。

七日 因警报，避千佛岩，得晤吴仲达兄长，共谈陈某诸友了。

八日 在家读梦窗词。

九日 同子访吴孙长，谈迁吴兴场。睐，访蒙文通兄，拟请即往梓中宾馆访之，偕回府舍。晚饭后，一山、威伯来谈，收拾行李，准半夜睡。

十日 晨起，发行李毕，往一山处，与文通谈定课程，午后二时出城，访毅伯，即往东岳迁吴兴场，五时方达，五房前则仪俱杂陈，花与繁纷，物事纷陈，耕具杂陈，像画一轴，从此生活当涉猎于灵岩书院之间矣。

十日 丁亥，移房，遷料收拾房間，寫信鄒伯，告其房間社會情形
行李續由吾兒運來。
十一日 僅粉飾臥房一間，書房一間，傢俱仍無從安排。
十二日 書房粉飾完畢，布置房間，午後全風
辛發颱，有草木之感。寫信劉悅，謝其畢來。
十四日 庚寅，晨起，讀心田，早飯後，復汪主德、孫中紀信，又
寫信鄭秀吳去選，論服務園選居及東大史學系教
授事。飯後，赴場，訪王聯任主任，代吳伯運謝嵩也。晚上山
整理房屋工作。
十五日 復熊同信，寫信家浩及峨兒，又為東大事寫信仙勳
徐復觀等。飯後小睡，到街上訪王主任，談吳興場小學
全家服務園遷了，歡伯之圍託也。晚讀東坡紀年錄及蘇詩之考。

十六日壬辰 晨身、復澄平信、又寫付潘伯道銘、魯珍。飯後小睡、

起读蘇詩二卷、晚

十七日 雷雨绵〻、傍方霽、访敎泉于新居、晤谈蘇詩十卷

又东坡文二卷、得涤伯信

十八日、復黄涤伯信、得之山信、偕晤甚急、乃州之史学系课

程说明書，燈下得詩六首云、

水繞山圍氣自雄，長松攀翠凌雲峯，前身未敢

德雲攀，聊藉名山續史公。

雨後群山翠欲滴，月中松影逼人涼，遍仙橋上今何

遍，一句清溪瀑玉漿。

十九日 午前读蘇詩及文、晌午，有擊指，三時許乘車入漳州开时针

與一山谈史课程，即留一山家

廿日丙申 起，分發、錢幣，及吳仲達回至順昌縣公廨，途經頗多瑞

印偃車回吳興場，一路濃翠山色，得七絕云，

深山幽澗出山清，喜見稻梁漫野平，天祐中興民足食

餘生[年]還好耕田宴。

二時許抵吳興場，途中遭逢敵偵察機來回兩匝。

廿一日，除寫完史學系課程修習程序外，餘日為人寫字兩幅，並鈔講、

書。晚讀浣花集，韋莊以詞名，小詩亦可觀，[長篇]不若東坡之才氣縱橫矣。

廿二日 是晨 廿日讀吳達上口占絕句云，

江上行人驚揮[歌]，中原有淚滿銅駝，機聲彈雨遮天地，

蜀國瀰漫風雨多。

午後到延晚夫婦來便飯。二時後赴場署王聯得主任，偕田家

驥、方正自城內來談詩事。復訓個侄又寫信多通，侄輩來校。

廿三日己亥 起身，上山佈置辦公室，適一山過塲，談，歸時去。飯後小睡，寫信與梵光、惠若，論聘劉子植事，並請梵光電催渭川早日返校。傍晚，靜庵過談，留晚飯去。寫信毅伯，請代劉鏡代理聯絡主任，被蟄子。讀南雷文案首卷。

廿四日 起身，為毅伯寫安華發刊辭，飯後上山寫信，又過博東家，談天，讀南雷文案四卷。

廿五日，午後四時，雩季塲人士來研究部。七時散，讀南雷文案畢，南雷文章嶙峭，似開鲒埼亭風，其學出於蕺山，言理尤精闢。于晚明死難人物，多所表章，鑄碑傳家子，闡幽之懷。

廿六日，午前在家讀亭林集，飯後雨濛濛，至博東家打牌。

廿七日 午前在家讀黃，代擬校集及劉子行狀，飯後，上山辦公。燈下讀鲒埼亭集三卷廿八日，甲辰，起身上山游步，以御覽校補新疆要紀數則，寫信嘉賓。

廿九日，按時上山游步，晌午，信嘉會遂來，言簡如有電來先說，余未聽，即回，繙閱黃氏傳，言其篇目。讀畢，寄林文集，又讀鮚埼亭集，盡十五卷。

卅日，游步，歸，讀鮚埼亭集二卷。

卅一日，天陰雨，步入城，未果，歸後，上山游步，讀左傳自隱元年迄六年，又讀鮚埼亭五卷。

自由日記

一日 甲戌 晨陰雨，晌午轉晴，得校工送來彥堂友家法信、古本紀年，同時收到，為之一快！讀鮎埼亨二卷，又閱歷代職官表四卷、齊書附西園年曆表來，斷新國之論西園年曆，以手邊書不備，罷！

二日 晨七时赴校，開教務會議，歸時訪高專生，訪左海生于左靜庵。

夜寫初男家，車中閱韓愈順宗實錄二卷。

三日 至校買米，訪高生東南于陳家巷，正訪臧東時，有警報，即出

訪仲達，談畫與場聯係之經過於茶寮。二时许回城，理髮，遇傅

東垣快，午飯後，於傅東垣遇吳興場不解，又留城一夕，宿傅家。

四日，八时乘車回場，車中閱畢順宗實錄。又略再至經注矣。飯後

283

小睡，读文公平淮西碑。灯下整理西周年代考材料。

五日，壬子。竟日阴雨，孤山上排比宗周年历，大致就绪，阅鲒埼亭集一卷。

六日，癸丑。阴雨，颇觉苦闷。仍按时上山办公，而诸生皆畏雨不到也。

以金文印证西周年历，殊未吻合。阅鲒埼亭集一卷。

七日，雨，午后稍霁，到孤山上开始排比周列国史料，阅鲒埼亭集二卷。

八日，推算文武周生年，为文王62岁卒，武王54岁卒，周公弱于武王约四岁，其次推成王为13岁，此说足破两千年之疑，竟日始成。

九日，排西周年历，决定为武王克殷年在1070。

十日，天气晴朗，排次武王伐纣日程，决从史记说，甲子昧爽在正月。

其他古文献与周书世俘多有是非。灯下以金文历朔证西周年历，倘得数则可信。

自由日记

十一日 午後 以金文印證吳其昌西周曆譜，有合有不合，燈下始決定西周年代為

7 6	王王	文武
7 7 26 19 41	王王王王王	周成康昭穆
20 25 32	王王王王	共懿孝夷
37 14 46 11	王和王王	厲共宣幽
257年		

穆王，竟說55年，按紀年云：自周受命至穆王百年，百年之中減周成康昭卅年，只卅年。若參考西代，則劉歆信，一劉歆癖，故為穆王為二年。

十二日 早起續讀鏡壽集五卷。飯後沐浴，寄來，錄西山上微金文讀西周年曆工作，燈下始完成。一周間思慮全為西周年曆所繫，從此可以刪訂周本紀矣。

十三日 晴。午後來上山，西周年表與魯公紀年對照畢。

十四日，晴，始寫西園紀年考，午後上山。

十五日，天陰雨，以星期日未出門，寫紀年考五葉，閱鮚埼亭集二卷。今日孫思昉先送還王德業來，家子猶寬。

十六日，陰曆中秋節也，晨起陰晴，以無明月中天之望。讀畢鮚埼亭集，全氏文章典雅流暢，先儒名作，惜表章鄉土文獻過甚，讀之不免靈氣用了，艸紀年考兩葉。

十七日，天陰雨，早飯上山辦公，飯後入城，搬宿東大教員宿舍，與一山商定史學系全部課程。

十八日，在城，搬至東大，史學系課程，當交註冊組。

十九日，在孫家打牌，澈夜始罷。

廿日，早起，銀行西門取錢將了，即回宿舍小睡，十一時起，午，孫秉衡處談天，晚赴蘅儉先約，孫華光寓為川𡨚

自由日記

聘了明

廿一日 戊辰 晨起，赴校辦二三四年級生註冊，又印出外買什物，催車還吳興場。二時許抵家，即至研究部檢查卷，至晚膳。送日本寄波多野，此始得少休。燈下寫讀韓講。

廿二日，午前上山，飯後在家沐浴，小睡。江之源先生自城郊來，留宿小住，暢談至夜半方睡。

廿三日，起來，陪江公園覽附近風景。飯後，江之赴滬，在家休息，燈下寫陳賄簋銘跋，謝兆熊騁寫信一山，請聘了明。

廿四日，起來寫陳曼簠銘跋，早點後，隨王蔭嘉至體育場南看房子。飯後上山，寫𠫑父盤銘跋，不第竟，燈下改寫𠫑父盤銘跋，始確定休王即成王，致元前嵩讒，君諸中西見休王、出謂成王，從儒來向，皆失其讀。

廿五日，午前上山，寫留鼎跋，飯後小睡，寫般甗全文與字形錄

常燮臣、復頡剛信。寄、

廿六日 閱癸年前研究部擬文、餘暇閱全氏經史問答、續作西周年表導言（寄吳閿考給頡剛）。

廿七日 續寫西周年表導言。

廿八日 鈔錄西周年表。

廿九日 鈔錄西周年表、對前稿略加補充。

卅日。 寫毛公鼎跋，定為厲王元年作，又寫小臣宅簋跋，定宅即顧命所稱作冊度，二跋甚暢。

四

一日 寅戊 晨起，偕東赴校，上課。午後，初上堂。晚下樓陳家巷，與江蒙談至深夜。

二日。課外，略讀了兩樣書，並細讀書。

三日 午前上課，飯後往圖書館借書。

四日。早起，收拾雜物，乘車返吳興，到家，時值大批敵機轟炸而過，幸炸落去也。

五日。校讀古來經典一篇，午後上山游玩，寫信朱先生。晚作文

六日 見敵機兩大隊轟炸湖江而繞城數周。

七日。天陰，有陣雨，聞警報，未見敵機。午前作西湖舊老結論，飯後寫畫卤譜。

289

七日甲申 午前雨，在家阅[illegible]，晚看震旦人及周口店文化，

饭后上山看报，翻译了。

八日 晨七时半离东入城，到校，未十时上课，饭后又上课，晚在沈

先生谈天。

九日 晨起上课，午后至图书馆阅书。晚同台静农来访裴文

与裴家[illegible]周先生谈整理史了。

十日 今日国庆节也。放假起身，访袁同礼，遇朱[illegible]

谈课程了。[illegible]警报，散访赵[illegible]，未找，即离东[illegible]场。

据当已二时，饭后小睡，方起看书，两点来，留晚饭去。

读钱塘《淮南天文补注》。

十一日 午前在家，抄周文武周公年，决定文王62岁，武王54岁，周公

60岁，打破向来旧说。饭后上山看书。

自由日記

十二日 丑。續咕寫國文藏園公轄年表，至至夜始成。年間有整頓。

見敵機兩大隊飛落去。

十三日 寅。續改文藏園公轄年表竟、毅伯來、陪至傍晚始去。續讀

出手稿。

十四日 晨到研究部辦公，飯後沐浴，為正中書局寫閱手

一歷史出版計畫。

此後日記，賸第六冊。

初度起也。

竹之

姓名	字號	住址及通信處	履歷及雜記
曹鷺手	仲 企襄	重慶、小樑子九尺坎31号	
平材		天津 張家花園蕃園二号	
沈先生		北平沙灘29号	
陰京、		南京鼓樓湖北巷28	
潘尊行		南京楊將軍巷27	
吳瞿安		蘇州蒲林巷27	
劉伯		京、中山北路樂業村2	
		武昌廣補街黃家巷11	
頡剛		平、西郊成府、蔣家胡同3、 杭州、馬坡巷13号、	
膺中		杭州閘元橋、西浣紗路知足里12号	
莘田		平、後门内北河沿1号 东板橋	

姓名錄

292

姓名錄

姓名	字號	住址及通信處	履歷及雜記
啸威		杭州上焦营巷29	
舒连景		鲁、临清中学	
子通		济南东鲁中学	
赵静人		汉口、府东一路福生里八号民族周刊社	
三曳		北平、西郊清华大学新南院21号	
平如		重庆 市府路华街廿七号 新市区巴蜀新村7号 又、张家花园菁园二号 新市区	
[redacted]		沪极司非尔路三鑫坊29号	
袁志明		宜昌军政部船舶管理处主任	
王孝䔍	毅安	新都女校对门	
邱思朴		广州、小北、三眼井、上街、十五号	

姓名錄

姓	名字號	住址及通信處	履歷及雜記
林僚		南京、新住宅区青岛路15号	
凌霄		京、户部街蘭瑞村2号	
徐子明		昆明文林街順德巷4号	
林名均先生		華西大学、華美舊教员宿舍	
羅容梓		上海海格路範園六四六号蒋宅　杭州方谷園慎德里七号	
鍾道榮		衡陽國立湘北中學　常寧清溪衡陽清[illegible]中學	
閻文熀		北京、和平門外八角琉璃井街、三興公寓	
李長翼		湖南、岳陽、岳郡聯立中学、岳州南正街郵樓轉李西初先生收	
楊佑之		北平东斜街39号、	
鄭穎孫		平、东城、馬市大街甲八号	

姓名錄

姓名	字號	住址及通信處	履歷及雜記
雷仲存		鍾英中学、	
陳[illegible]		武昌、真官祠街、12号、	公用電話42283.
魯庵		平、海甸、燕京大学南门内、	傍府八号
舒舍予		青島黄県路6号	
[illegible]仲[illegible]		三台、潼属联立中学.	
張凌雲	工程師	灌県水利府[illegible]	
姚成礼	[illegible]	湖南常德[illegible]	[illegible]
孫[illegible]		東江[illegible]	[illegible]
曹[illegible]亭		上海、法租界福履理路、資敬坊七号	
易[illegible]		上海、法租界、福履理路、合群坊十号	

電43839

姓名錄

姓名	字號	住址及通信處	履歷及雜記
家淦		Chia Kan Chao, 1142 Catherine, Ann Arbor Mich. U.S.A.	
葦田		長沙，韮菜園一号	
叔明		石島姜家疃	
程春仙		上海北江西路七浦路、98弄、12号．北河南路，桃源坊89、89、怡順印刷所	
周爭同		馬浪路新民村24号三楼	
諸楡生		極司非而路、允賢里37号	
洪侍炯		巨籟達路存厚坊六号（邁而西愛路西）	
		江西路海寧路口145号 電話12181	

姓名錄

姓名字號	住址及通信處	履歷及雜記
三寶	昆明、黄公東街10号、乙组、趙	
汪瑜	漢口、法界、昌年里25号	衡陽、五環街19号 姚子餞内李宅
鍾道銘	武昌楊四常30号 漢樓	
[illegible]	[illegible] 漢樓	
蔡威泉	漢口中國銀行	
舒蓮景		
隐朵	漢口、四民街53号	
沪	法界巨籟達路榮壽里17号	
	2. 蔡尔鳴路、德廣里、四街、之号	
雪	1. 上海、華文義路成都路廣仁里五号虞小姐轉	

3. 法界貝勒路、蒲柏路、同益里一号 虞府轉

姓名字號	住址及通信處	履歷及雜記
濟之	昆明青雲街靛花巷三號 中央研究院史語所	
緯紀	蓉滄桐樹街十六號	
華甫	昆明柿花巷四號,或 護國門內文星巷三號陳宅	
毅平	渝來新巷七號	
景然	港、堅道95號五樓張公館	
譚壽天 達遂	渝、經濟部農本局	
子明	蓉西門東勝街附號	
江紹西	蓉、孟家巷一號	
道綜 丁貴紅	渝曹家巷54號	
容樺	成都、文廟西街102號附三號	
王賓	昆明、小西門、瑞華園51號	

姓名錄

信之 蓉九思巷47號

姓名錄

299

姓名	字號	住址及通信處	履歷及雜記
渊		青年会	
傥			
疆			
壽春		同法校長	
張幼亞		渝正中書局	
陈采		渝大梁子の十七号三楼	
淦卿		渝南温泉中政校	
嘯成			
琴友		渝沙坪壩中大	
廷楨			

姓名錄

300

姓名	字號	住址及通信處	履歷及雜記
陸步青		重慶、東水門、石門坎、18号	
		中一路280号正中書局	聶榮藻先生轉
			成都、少城、將軍街22号
周介藩		成都、外西、茶店子、	財政廳周叔弢轉
彥堂		昆明、青雲街、靛花巷	三号
錫如		常德前鄉黃土店	
頡剛		蓉、北郊、崇義橋賴家新園子、	國學研究所
莊伯、		北碚、中正路、3号	
子明		新繁正東街38号	
魯珍		重慶沙坪垻南開中學	胡昇鈞先生轉
之誠		成都、蘇坡橋化學儀器	製造所顧樺常先生轉
文通		協亭石牛鎮郵局	
敬先		上海浦石路杜美新	村23号

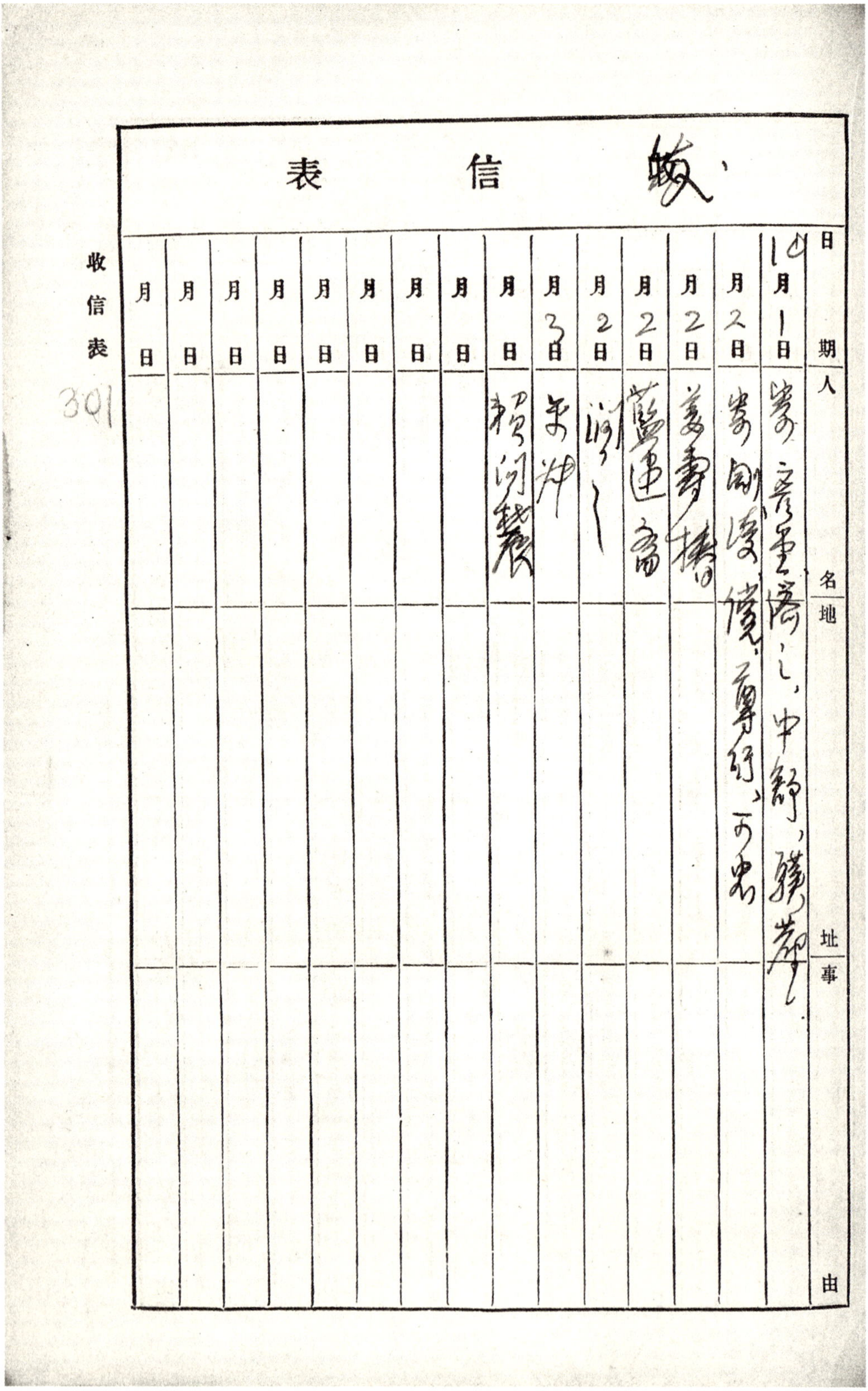

收信表

301

日期	人名地址	事由
10月1日	[illegible]霞路[illegible]、中舒、[illegible]、芝生	
月2日	[illegible]、[illegible]、丁山	
月2日	姜壽[illegible]	
月2日	[illegible]	
月2日	[illegible]之	
月3日	[illegible]	
月日	楊向[illegible]	
月日		
月日		
月日		
月日		
月日		
月日		
月日		
月日		

1938年

收信表

收信表 302

日期	人名	地址	事由
一月廿二日	鲁先生	航快	
又月日	復易衡		
月日			
月日			
月日			
月日			
月日			
月日			
月日			
月日			
月日			
月日			
月日			
月日			
月日			

發信表

發信表

日期	月 日	月 日	月 日	月 日	月 日	月 日	月 日	月 日	月 日	月 日	月 日	月 日	月 日	月 日	月 日
人															
由															

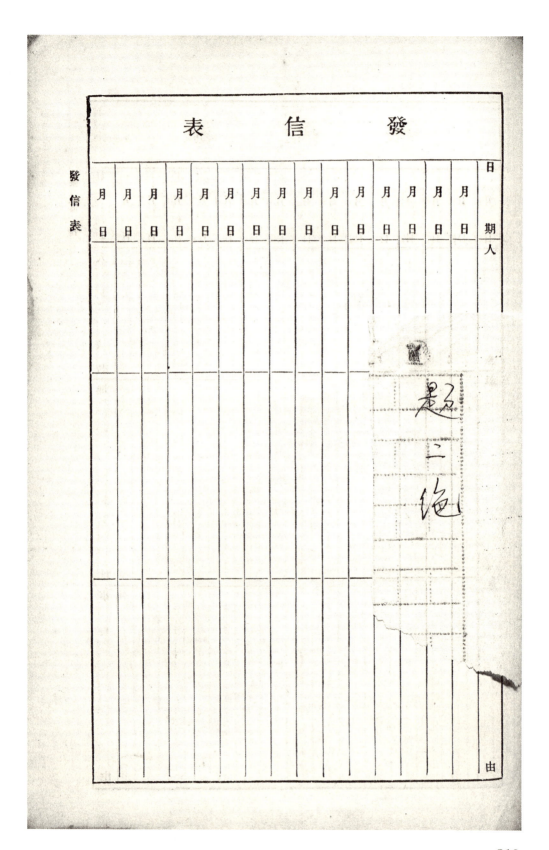

题二绝

收支一覽表

民國二十五年 1 月份

月	日	摘要	收入額數		支出額數		結存額數	
1	1		50000	元	1200	元	3800	元
1	2		300000	元	0	元	300000	元
1	3							
1	4							
1	5							
1	6							
1	7							
1	8							
1	9							
1	10							
1	11							
1	12							
1	13							
1	14							
1	15							
1	16							
1	17							
1	18							
1	19							
1	20							
1	21							

收支一覽表

民國二十7年　　月份

月	日	摘要	收入額數	支出額數	結存額數
12	19	向庚彩會借	800.00		
		付姜，秋疆		200.00	
		還濟之		200.00	

收支一覽表

民國二十五年七月份

303

月	日	摘要	收入額數		支出額數		結存額數	
七	一	預借四月薪	200	00				
七	一	預借五月薪	210	00				
7	18	總結四五月薪水，以半薪計，共得						
			410	00	除飛機所得之			
			捐，淨		餘			
			200	00				
7	23	收六月份薪	205	00				
		扣還預借	50	00				
		淨收	145	89				
8	12	實收七月份薪	135	82				
		連上存	25	00				
	共存		160	82				

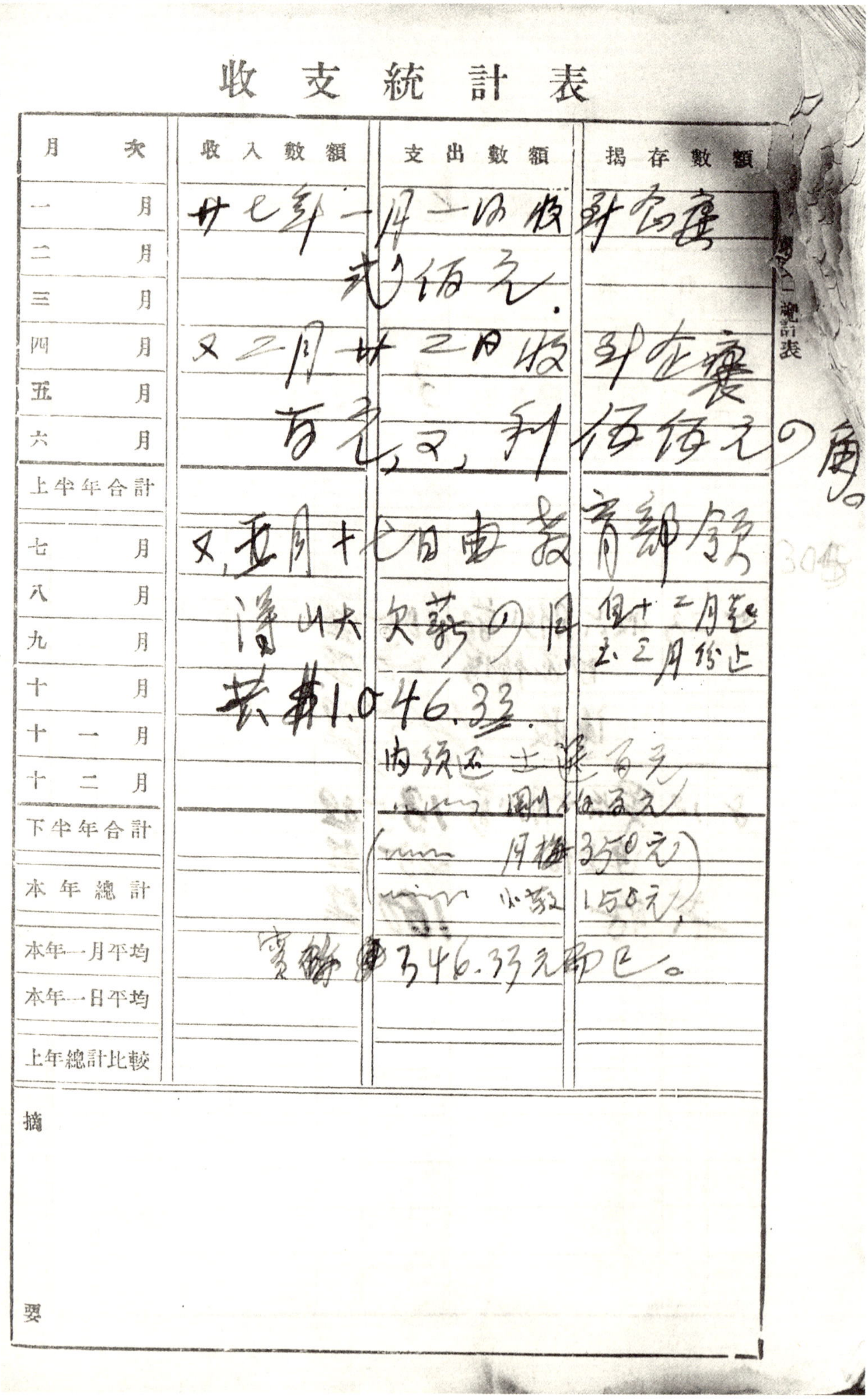

收支統計表

月次	收入數額	支出數額	揭存數額
一月			
二月			
三月			
四月			
五月			
六月			
上半年合計			
七月			
八月			
九月			
十月			
十一月			
十二月			
下半年合計			
本年總計			
本年一月平均			
本年一日平均			
上年總計比較			

摘要

廿七年一月一日收到[illegible]貳佰元。
又二月廿二日收到[illegible]百元，又，[illegible]伍佰元の[illegible]。
又，五月十七日由教育部領[illegible]山大欠薪の月，自十二月起至三月份止，共計1,046.33。
內須還[illegible]百元
[illegible]伍百元
月撥350元
小數150元，
實餘346.33元而已。

收支統計表

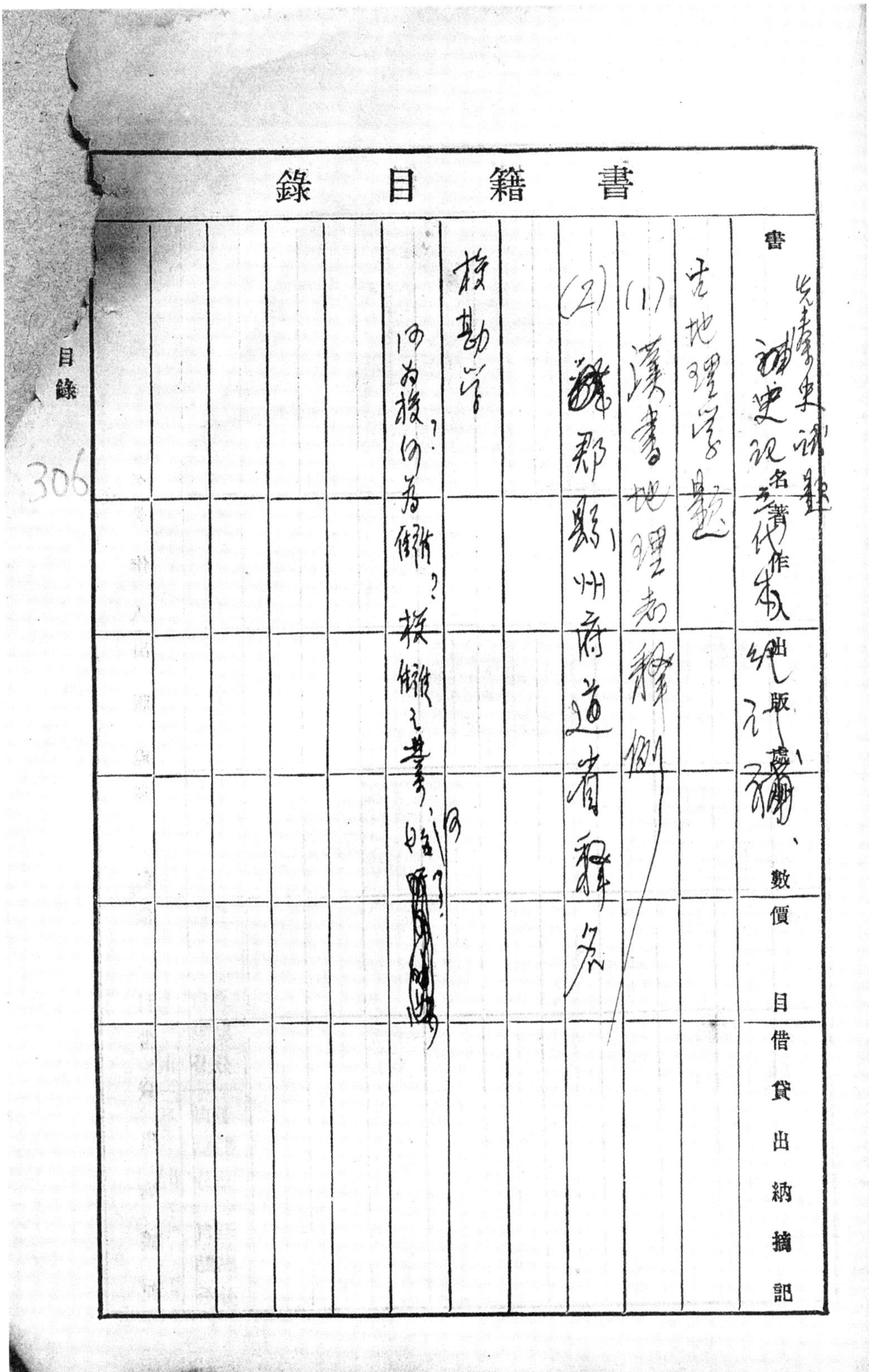
書籍目錄
書名、著作者、出版處、數價、目借貸出納摘記
目錄
306
先秦史諸題
補史記三代世系紀
古地理學題
(1) 漢書地理志釋例
(2) 郡縣州府道省釋名
校勘學
何為校？何為衡？校衡之學，始自何時？

陝西街存仁醫院戴子睦

請譯後君交閱後寄發成都

308

乾〻齋目錄

一九四〇年十月十五日起

309

下 22495

T. 22074.

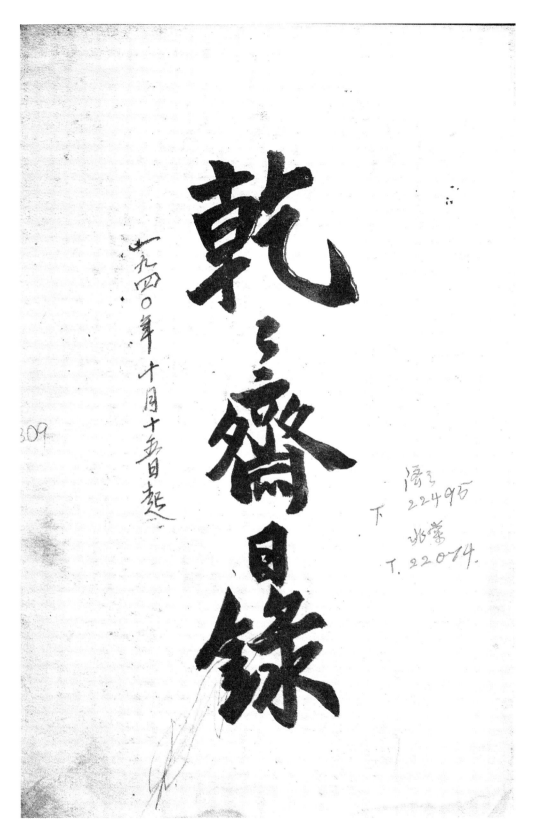

金文 蠑索 310

庚彩雲電多歟

二六台 南街萬億春藥號 宋鷺冰將

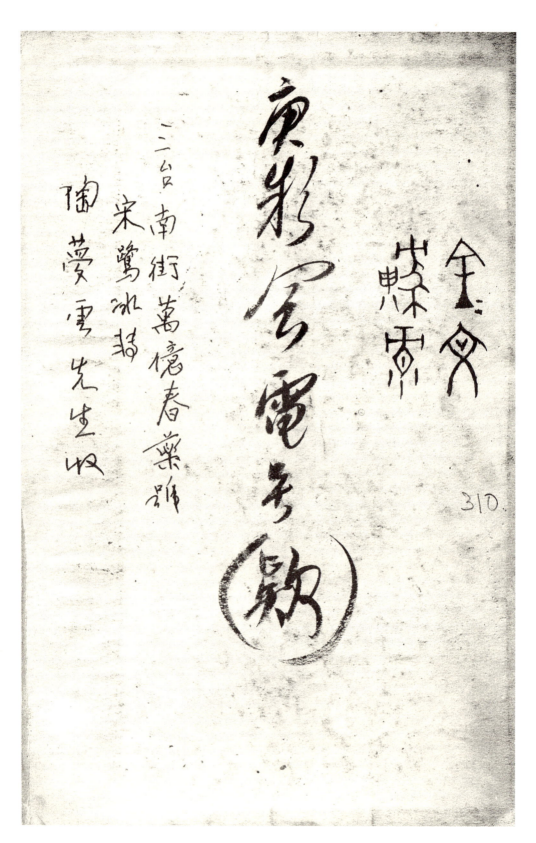

陶夢雲先生收

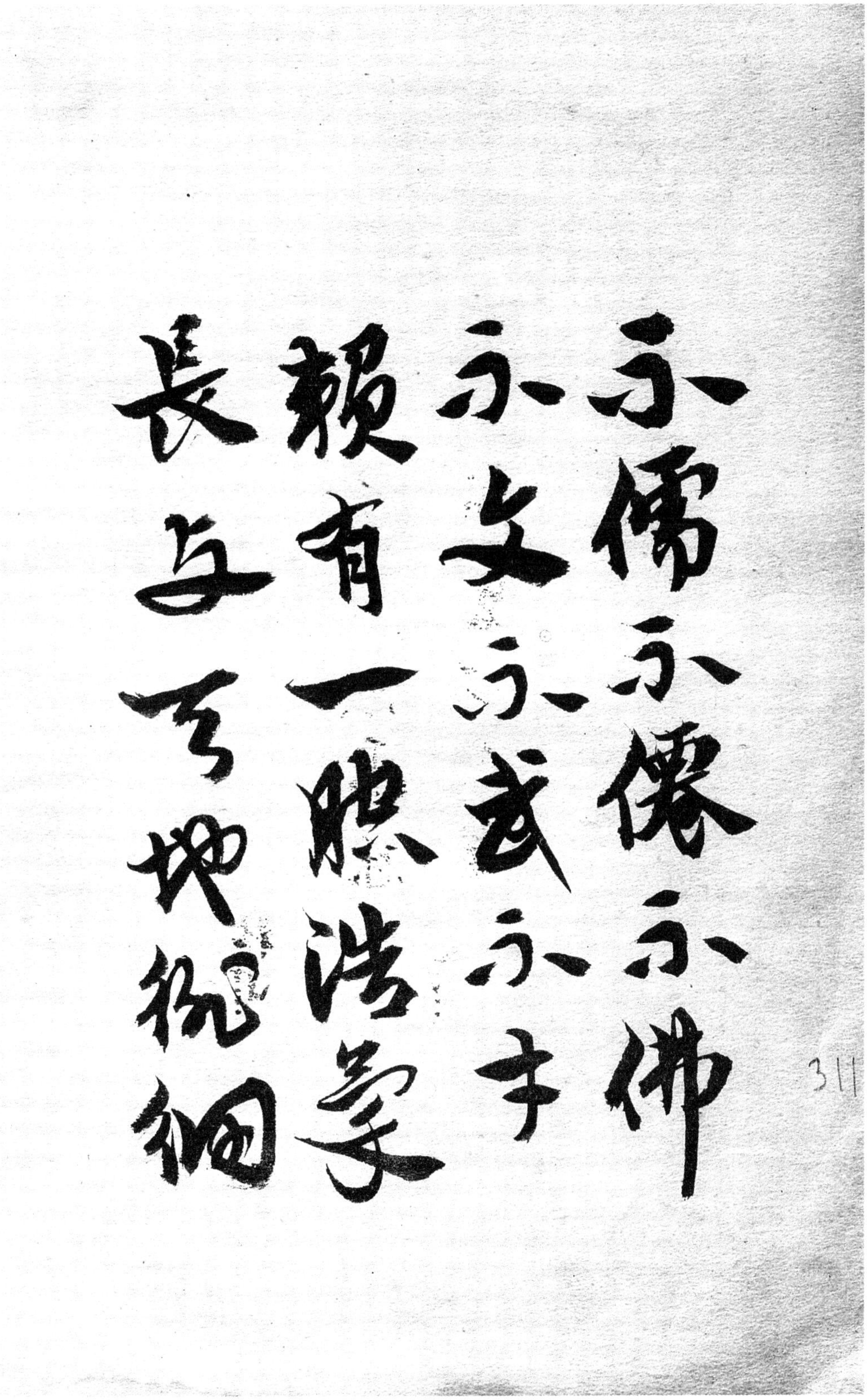
示儒示僊示佛
示文示武

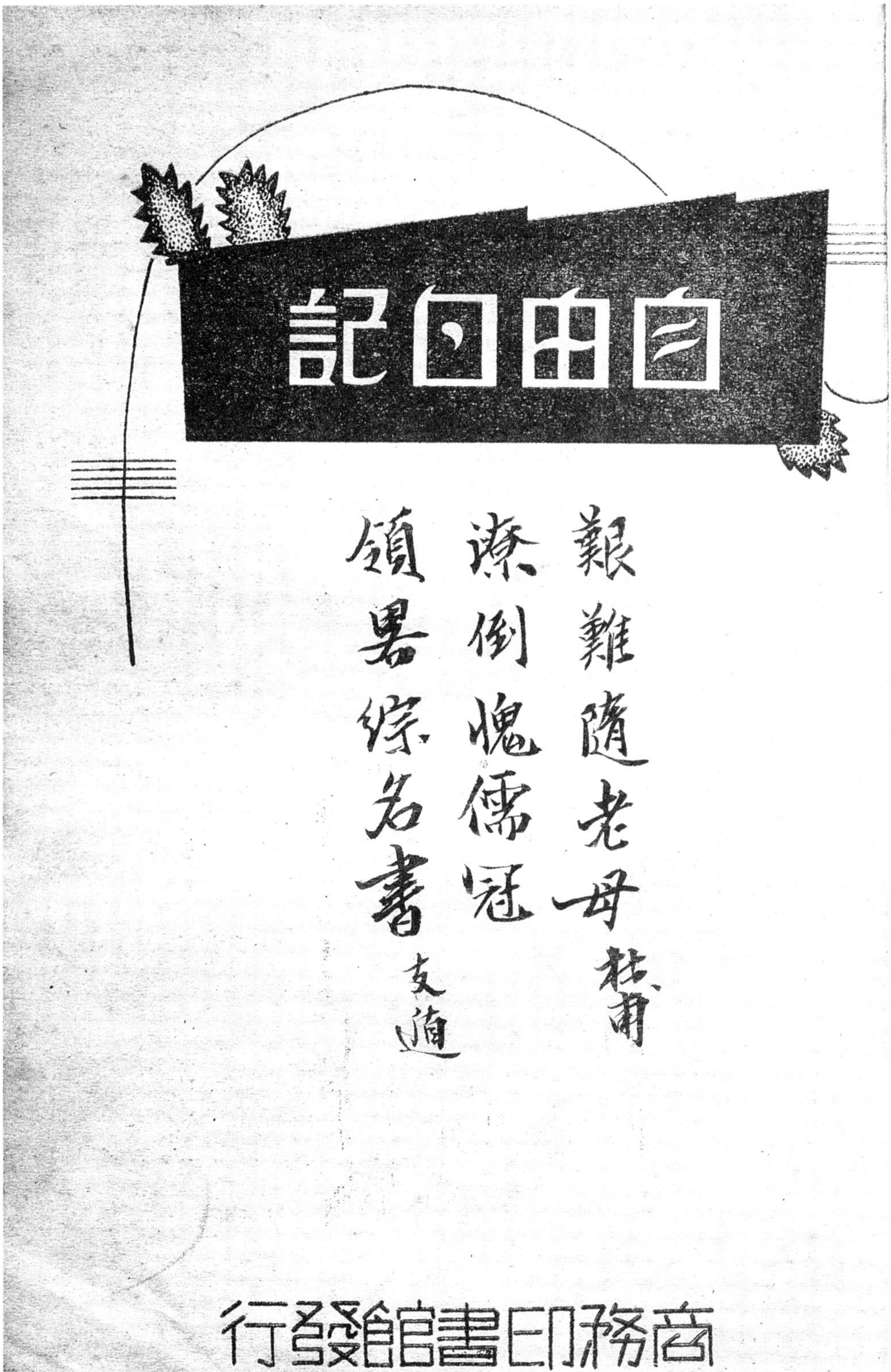

自由日記
艱難隨老母 杜甫
潦倒愧儒冠
領略綜名書 支遁
商務印書館發行

一九四〇年

十月十五日 壬辰 四十自序

今日，為陰曆九月望，余四十初度也。回首廿九年，國事則辛丑和約方成，八國聯兵，清室帝后，蒙塵西京，舉國皇皇，猶未可終日。而余乃于是時墜地，故 先君名余曰長安。

先君諱華樟，字汝橋，業農。于諸父輩為長，治家亦最勞瘁，不幸生余，再越歲而棄世，僅是惟老母是依。慈親趙氏，儒醫甫作霖公之長女，生九歲，喪妣，廿一，歸 先君，廿八歲而寡，與 先君同庚。日出而耕，日入而織，機聲燈影，惟余姊弟相依。余姊長余五歲，已知人事，時余輒嬉乎息，含哺鼓腹，尚

自由日記 四十自序 月 日

自由日記　　月　日

不識人間無父之慘，更不知 慈親背人垂淚之何因。夜闌人靜，斗室之內，母哭，姊哭，余亦哭，而 母哭愈哀，又恐驚及 堂上，常常收淚撫余睡。嗚呼！ 先君聲音笑貌，余不能留些毫印象于腦中，豈非不肖孫之罪孽！

余家為和縣南鄉望族。曾祖席珍公以明經終分。 祖翰翔公，務農，以好施著于鄉。農時有定，而濟施無方，家道遂中落。 先君弟兄三人，次 頌武公，和州中學畢業，例貢于鄉，未及遂而革命。次 覺軒公，今尚健在。當 先君沒之二年也， 先祖以家累過重，命析爨，余繼得田四畝，猶負債數十金。 老母未甘以清貧累余終于畎畝也。朝耕夜績，給余束脩，余方六齡，即隨 兄弟輩入塾。

余少讀魯，見書輒厭棄，常逃學。 慈親憂焚，不惜寬假稍長，愈凶頑，夏楚無效，慈親繼之以泣，余始改悔。之未數日，故態復萌，慈親或泣于家，或泣于 先君墓，常以為不肖子讀書無望矣。

余年十二，隨 堂兄潤之入咸橋小學校。之距吾家四里許，初則週一跌者、繼則月一跌者、繼則節一跌者，跌者既跌，余乃循之向學。一年，成績不及格，二年始能作文，三年以後，每試冠軍。 先師鄭蔚睦先生每為 慈親言之。每跌始見 慈親面帶笑容。

余之年十八入南京鍾英中學也，年十七矣。每年費百餘元，即傾租田力已不供。而 慈親耕績不足，惟以借貸度日，余雖刻難級實受趙鴻岐公之資助，賢氏君嘉女。惟好友謝國楨、郭靜嘉及段無垠 先妻雨君周綰，將鑽研完成中學之業。今郭君墓木已拱，懷

自由日記　　　　月　　日

君亦以清黨之獄，喪身九江。如郭之厚，如龐之俊，竟不能相守終身，而余之如此，尚留餘命以閱人世之險虞，國家之艱難，真非始料所及。

方余之出中學校門也，家債累至百金，欲升學而不能，得為小學教師，則以所入未甘，徘徊里門，無以為計。適 魯佩純師召余赴臨寧，半工半讀，始始為訓詁之學。越年，賈武又召余赴京，半日在某中學任課，半日在北大旁聽。孰入京，而某中學改組，多能望。賈氏本甘肅家，當住讀書，初則漫聽，迨教授課，繼因與會所趣在于文字訓詁，專讀吳興沈兼士師及錢玄同師課。錢師多病，惟沈先生風雨無間，按時到堂，余得此大師指導，余乃轉而專治文字形義。釋名釋首卷，即成于是時，是民國十六年，余年廿三。

翌年，夏，费困南县，再往临宁，任新锡日报本地新闻编辑，并兼某中学任课教时，半年，殊苦闷，向鲁先生借旅费，再作入京求学计，时鲁先生亦在失意中。

民国十四年春，整装北上，慈亲送余行江干，谆谆以盖余不肖，自负发威倔，谢疏庭帏，遂入中学，半年一归省，出校门后，则往往经年一归省。慈亲生姊及余，姊适嫁孙氏，归宁亦稀时，门庭萧索，亲故渐疏，噓于门者惟债主，践于路者惟邻邻，余不能于此时分慈亲丝毫之忧，反贻堂上倚闾之望。余之别号"游脚僧"者，慈亲所赐也。

此次入京，中学同学郭公父、王晓山、周仲良、侯苍、张光等常相会，而郭君推衣推食，所助尤多，俾余得安心从沈先生学书，皆同学之力也。

沈先生于書無所不讀，但在北大任文字學。余初從學，但治史學，繼治目錄，及乾嘉大師訓詁考證及金石文字。余今日學問，得有微末成就者，皆先生植其良好根基。惜余頑魯，未能深精先生學奧，辜先生道德文章，負余期望，深爲可惜矣！

北大研究所國學門，創于沈先生與馬裕藻先生，內分文籍校訂、語言文字、考古、風俗調查，及明清檔案整理諸科，一時碩學，皆爲導師，如王靜安、陳援庵、葉浩吾諸先生，皆時望所歸也。余于十五年夏，蒙沈先生獎掖，得入研究所國學門肄業。[illegible]切韻及說文諸書，折衷段、王、桂、朱諸說，旁驗卜辭金文，始發現許君訓詁，不盡合于文字本誼，大抵據漢時通行音義爲說，亦有掇拾爾雅、方言、及賈逵訓纂諸書成文者，試從說旁，以訂許說之誤，十八年所出版之說文闕義箋，即因說旁而擴充之。

二次入京，请入北大研究所，为余决定钻研古学之始。翌年，沈先生应厦门大学聘，为国学研究院主任，辟余为助理。余是始识顾颉刚、张星烺、林语堂及周豫才先生。周先生著名鲁迅，世多倾倒呐喊及文艺创造。余则尤敬鲁迅先生之精博，世多嫉恶鲁迅先生之文章峻刻，余独仰敬其绝识待人血性男子。读鲁迅先生遗书者均须从血性处着眼，始识其文章，非好峻刻，实以泪珠写成。

厦大，为华侨钜子陈嘉庚先生手创。陈氏以橡胶起家。是时，欧战结束将十年，碧眼商贾，又挟其政治势力经营南洋。陈氏经营遂一蹶不振，厦大经费，立感支绌。时值国民革命军北伐由粤峤长驱席卷，奄有中国。不幸，党部分裂，厦大国学院亦因党争而解散。余乃束装回里。

余之续里门，革命军正与北洋军阀大战于长江。余乃避乡党

自由日記　　月　日

席不暇暖。嘗南夏，始獲廣州國立中山大學聘為國文系教授。余之教書生活，即于是開始。余在中山大學擔任文字學、爾雅、訓詁學諸科而已。嘗以考究古文字之來源，不能不治經學，在粵三年，遂肆力古文經學，于書則好讀古文尚書，于詩則好毛詩傳箋通釋，于禮則好讀禮書綱目，于易則好讀易學通釋，于春秋則好左傳。講授之暇，嘗作說文字學參考書目、清代六書學、切韻通考、訓詁學講義、文字學講義等，在粵兩年，使余學問上發起變化而治文史學研究者，則錢玄同顧頡剛先生之影響最深。

自十八年夏離粵北上，至二〇之北京，北京已改名為北平矣。時中央研究院歷史語言研究所任專任研究員共三年，個人學問興趣，已由經學、轉向古代史、通經。於治古史，不能不通古地理學，文[illegible]著手校理於經注，于是前在廣州所擬作之經籍大辭典計畫，擱置之遂。三年之中，足以傳世者，惟觀學考一序而已。他若說[illegible]，說臆，說疾，說作，雜說宗篇，在學理上已打通卜辭金文而斷之，一洗宋以來所謂「析子孫」之謬，在殷代金文考釋上，實為創作。又如數名考、召穆公傳、小臣謎殷跋，均有獨見之處，足傳後人者。

廿[redacted]年夏，因不願傅某之凌逼，回中央大學教書，任中國史學史、商周史、古器物研究三課。一年之間，牽于人事，不能多讀書，廿三年夏，遂致應山東大學聘。以大，在青島為東亞避暑勝地，風景亦極明秀。課餘暇從海濱縱觀遙矚，煩懷亦少。於是，始寫由陳侯因資鎛銘黃帝論五帝、宗法考源、由三代都邑論其民族文化諸作。

自由日記

余之家庭问题，在青岛时，始获完满之解决。前在北平时，常常受温
岭李君，暨因南京而关系中断。抵青岛，因饮食之不如意，常影响
个人工作，遂决解除旧婚约，因之实夫妇介绍，而与宇妻陶梦
云结婚，论古代文化篇，即蜜月中所作也。
山大内容，比较单纯，游学之风亦最淳朴。惟系主任某某天，颇好诡诈，校
内遂感杌陧，余乃于廿四夏决辞青岛，回南京闲住，继因蜀
拟象校长约往同济秘书职务，半年，离职，应任叔永
先生聘，为川大讲学。时革年新也。由沪乘船西上，至宜昌换
船入蜀，廿日方抵成都，是冬小苏在沪诞生。
在川大一年，饱受投机流派之倾轧，殊非讲学之地，翌年夏，奉
朱骝先先生电召，在浙江省政府任[illegible]秘书，公余之暇，花前
岁月，泛舟，游湖山佳趣，不幸倭寇侵境，于七七发动华

月 日

瀋變多變，又于一二八發動淞滬之戰，從此烽火大地，世界多事，遂無寧土。余于是時亦厭棄傳書生活，于九月間冒吳淞江岸之兵火而回青島，復任山大教授。抵校之時，適因戰爭緊急而停課。回首芳年趙太侔先生長校時，歸來一讀，水氣交融，弦誦之聲、海濤競壯，真不勝感慨係之！

十一月間，首都淪陷，十二月初濟南危急，青島亦將不守，四方一帶敵人工場，全為我方破壞，政府既撤退矣。余乃冒險乘德生輪回滬。住八仙橋青年會累月。嗣得政府方面消息，中央決抗戰到底，乃貸款離滬，經廣州，乘粵漢車北上。漢皋小住月餘，繼以淪陷，余又乘舟入蜀。抵重慶，晤沈剛伯兄，不知歡喜之何似也。

在渝，初充為編譯館編纂歷代藝文志。住于青年會，得與剛伯朝文相從。嗣伍叔儻先生自武昌來，故雨重集，樂更無藝。翌年春，改受中英庚款董事會聘，來三台東北大學講學。四月間，夢雲亦自滬入蜀，至是，余之生活乃獲小康，肆力於考證，以解決古代史上諸問題。已脫稿者，則有新殷本紀、九州通考、數蓋集綴、吳雷考、殷周金石文字證釋等。寫成半書者，則有先秦民族與神話，約十五萬言。預計成書而未下筆者，則有先秦史料長編、先秦藝文志、新周本紀等。回首故鄉，別已三年，慈親堂上，望眼欲穿，而余亦隨國家之抗戰，竄身蜀中，欲歸不得。余年四十，而堂上壽已六十有五，安得兩翼，歸依親膝，長為農夫，以沒世乎！作此自序，聊代年譜。

自由日記

晨七时，發電與楊丙辰，振樣方九时来，十时上課，飯後又上課。畢

往蒙文通先生房談天，夜十二时睡。

十六日，陰。八时上課，午飯後，江之源先生、胡談、適、楊誠伯来談校

引起誤會之由，希望等出為調解。余乃約文通、之源、魯珍

勵儒諸兄、楊君、楊圖樓方，請其退究。至夜深始商定步驟。

十七日，起牀即往山光處，討論解決楊事方案，十时了課，未能上

堂，與之源、文通諸兄會校方行政當局，商量解決辦法，可

無異議。飯後，方能買什物，途遇彭報，急乘車回吳興場。三

時狠家，四时上山至研究部辦公，訪任先生，談之甚久！

十八日 晴朗，午前上山辦公，飯後小睡，為蘇希文之家去来談。讀滕固

譯先史考古學方法論，此論器物形製裝飾、花紋，未有定論。又讀

貢維楼四卷。

10月 日

自由日記　10月19日

十九日丙申　晴，晨間在家讀書賀鋒指畢。約薛希文至家云來度午
飯，飯後上山寫報。

廿日　夜雨，晨轉晴，晌午天高氣爽，方見九秋佳景，攜小敏出野外
散步。歸，午飯，飯後，小睡，閱讀之田野考古報告及鄭振鐸編近百年
古城古墓發掘史。

廿一日　山大同學薛希文假研究部訂婚，請代主婚，竟日擾攘而過。
燈下作風景[redacted]白父已盡燬，

廿二日，天陰欲雨未進城，在家作說鏡亞吳匕角戈鼎跋。飯後入嶺
城，出時半到校，雲密雨織，甚為狼狽！

廿三日、午前上課，飯後陪文通談古時方城戰。精神殊不適，盡晚略
上受寒，夜又失眠也。早臥。

廿四日、早飯後赴校上課。飯後過服務團訪毅侯，商定研

自由日記　　月　　日

究部聘導師了。即趕來還暑學場。路上閱梅原末治中國青銅器時代，燈下閱鮚埼亭外集二卷。

廿五日，晴，病，開始寫武王克殷日曆二葉，閱鮚埼亭外集二卷。

午後曾勉強上山散步。

廿六日，以太陽曆計之，今為四十初度。病仍未痊，勉強寫日曆三葉，閱全氏外集一卷。

廿七日，晴，感冒仍未痊，續寫克殷日曆，殊不當意，閱全氏外集八卷。

廿八日，病，閱全氏外集十卷，傍晚到場上找醫生，晚服藥早睡。

廿九日，病，繼請醫生治，內熱已減，飲食仍未增，閱全氏外集五卷。

續寫克殷日曆兩葉。

卅日，閱全氏外集六卷，又翻真解年譜一卷。

自由日記　10月31日

卅一日戊申　天晴，病愈，且能飲食如常矣，寫克斯日記四葉，閱金氏錄集四卷，飯後沐浴。

十一月

陰曆十月初二、當朔

一日　己酉　未出門，寫競雄日曆。由趙悅手匯鵬騫圃百元、

二日　續寫競雄日曆，至晚成，凡萬二千言。閱全氏外集二卷、

三日、讀全氏外集，晌午，袁莊伯、楊威伯、鄭勵儉自城來談，三時半去，送至場南大橋還。讀道路及叙覺信。燈下讀畢全氏外集。按謝山文章修辭雅潔，立言醇靜，有清儒風範，允推上乘。謝山之學，經、史、輿地、理學，均臻精詣，故其考證往往破千古之惑而窺其通，此猶餘事也。南明前起江東，忠臣義士，聯袂起師，以抗金虜，屢仆屢起，至死不撓，是皆我中華數千年禮教與夫宋元理學濡染以成。謝山對此殉國忠烈，推表無微不至。吾謂鮚埼亭全集即是南明忠義史，殊非溢美！惜謝山身出鄉土，為忠義發揮而為鄉土觀念，有時偏激不去，亦

許為忠烈，而推四明之忠烈，有时徵辟相餉，其胸襟未免于隘。即其表彰鄉邦文獻處，有时亦嫌過火，士大夫立言立行，均當以天下為重，若夫徒鄉隅之見，沾沾焉以一鄉一邑之文獻為務，終不免乎鄉曲之識已。此余所以惜全氏所見未能廣也。而今士大夫，國或所生之地，人材文物，遠不逮四明之盛，其所聞見，又遠不逮謝山博綜，標搭運闕悉論，以為其鄉邦之光，[redacted]，要不得獨推謝山先生階之為廣也。吾重謝山文章，雖不好其愛鄉之觀念。

四日，壬子。起身後，上此節令。隸以段文昌平淮西碑校韓文公碑文，覺段氏文章魄力，遠不逮韓文公，其史識又遠在文公下，以天子之命代文公之碑，適見其效顰顯醜而已。復讀閩傳，燈下讀唐文粹。

五日至十四日，入城上課，課外為雜事所擾，無暇讀書，更無暇作文，翻像亦而過，委實無聊。十四日午後返家。

十五日 癸亥。家中女傭李嫂要入城，僱工人、挑行李上山搬柴。孫家
澤書藝文志偽書理。匯聯務圖百元、
十七日，孫家讀新舊唐書、舊唐書李光顏、烏重胤、韓弘、吳元濟
諸傳，比勘段文昌撰平淮西碑，言多失實。
十六日 天放晴，星期日。文通不至，過毅生仲益，留午飯去。讀唐書憲宗紀
十八日 讀唐書韓愈傳、飯後孫家王來，囑作平淮西碑注。寫整
理大學教育四聯十葉、
十九日，晨起赴潭上課，晚在城伯家譚天，
廿日 上課，了狄，孫朱遂盛之家竹戲，散十時方罷。
廿一日，課畢，午飯，了後孫錄，周介康等來譚天。未能成行，晚
一山來談公務及與聯合後無恥，吾意經數月整頓，方有頭緒
即有人來奪（第其城），一山亦為之說項，可笑之人。

廿二日 午後寫信一函，辭代理史學系主任事，交劉仿轉交，即偕東同至無錫。過服務團與蔣毅生談移時。抵家已一時矣！

寫《大學》羅言八葉。

廿三日 早起上山辦公，飯後在家續寫羅言五葉。

廿四日、文通自鍾來，陪同上山，檢查研究全部工作。

廿五日 晨起，送文通進城，寫畢大學羅言二篇，又寫信黎東方論研究部內容。

廿六日 晨起赴校上課，課後，在孫家打牌。

廿七日 課後，學生數人來，外洗澡未成。

廿八日 課畢，赴嘉[illegible]談，無事，與蔣莊佩璜夜談至二時方睡。

廿九日 起身與文通之源、大鈞、魯錢、張公孫七擺，居唱莱、之源至嘉陵[illegible]談話，回陳家巷午飯，子源遞來峯等。

卅日，未出门，写论史学系课程，约五千言。灯下阅欧阳文忠公集三卷。

十二月

一日，星期天，晴朗，写尹光影跋、闻歌叠韵罢。饭后，殊觉不适，睡，嘱于骏，续播中，诊于彭先生，脉搏时精神较安，假药，移时，起，阅欧阳文忠集四卷。

二日，阴，病已康复，写小屋联尊跋、镜曲自跋。

三日，晨，赴校上课，下课后赴历史学会，商举出版诸大，未能一切，乃辞而谢之。

四日，上课以外，糊涂过去。

五日，课外，读陶集。晚宴何鲁之、蒙文通、袁蘅伯、吴仲达诸公于松鹤楼，一筵之费，达六千元，可谓侈矣！

自由日记　　十二月　日

自由日記　　月　　日

六日　甲申　晨起，與江紫沈伯兮品茗于梓中賓館，午，赴王天佑君婚礼，三時許席散，往劭家打牌，晚午歸。

七日　晨起，將摺雜物，與江老莊伯等同赴灣興茶園品茗，即僱車返靈興場，午抵家，寫信仲達，請代修理表。晚於家讀周禮一卷。

八日　晨起，頭暈心煩，不思飲食，急飲午時茶一服，心神始爽，君嵩莊伯兄自城來，談天，頗暢，遇雨，留宿寒齋。

九日　朝霧，後晴，月明星稀，午飯後偕莊伯同車入城，於江幸處談天。

十日　晨起，於梓中品茗，午飯上課，飯後於劭家打牌

十一日　午前課畢，嚮午有警報，午後之課未上，晚在莊伯處談天

十二日　午前將上課，聞警報，匆匆遽出東門，渡江偕于游竹林

晴。文通失约，鲁珍作桂战，二时许同步，饭后，回待袁谈

宿，饭沐浴，晚与鲁珍谈，谈此行于年号岩，

十三日，卯辛起，收拾行装，返灵兴场，午抵家，写信与刘毅伯

十四日，在家读欧阳文忠集

十五日，早，文通、孟博、晋生、秉南、鲁珍来访，留午饭后上山

游览，文通留宿山上。

十六日，早，文通约同入城，午，抵陈家巷，晚至刘家打牌

十七日，午前午后上课，晚在法学院谈天。

十八日，午前上课，饭后在袁家打牌

十九日，午前上课，午后在威伯家谈天，晚，蒋毅生来谈，

兴至，晚同出吃饭，饭后与庄伯谈天，

廿日，早，收拾行李，回灵兴场，午后到家。写信毅伯、薛研究部子。

自由日记

又复适之信，灯下读鲁语。

12月13—20日

廿一日　己亥　古歡寄書、薛敬宗來、午後始去、整理舊時史料。

廿二日　在家　翻讀國語、至魯語上止。夜大雨、擎傘静坐。

廿三日　在家翻讀國語、至晉語第四卷、靈興場中心小學落成紀念、送帖來、為撰一聯云：

興于詩、立于禮、成于樂、

夏曰校、殷曰序、周曰庠。

廿四日　壬寅　晨起、赴校上課、下午在家打牌。

廿五日　今日民族復興節、寫賀聖誕節、學校放假、慕喜！

廿六日　昨夜失眠、未上課。飯後沐浴、晚在樟中留宿。

廿七日　晨起、冒雨乘車返靈興場、午後抵家、寫信吳王選、君致悦來談研究部事、溥東岳叔來、無結果、

廿八日、病、趙文圓來閒談、接之去。

廿九日 村病瘧，校紀年義證十四卷，溥東、赵晚等来談，晋亦復黎東方、吳玉麐信。

卅日 校紀年義證至廿六卷。

卅一日 校紀年義證至卅四卷，晚金忠自鮮陽過此来長談，十時許去。研究部事務，請黎劭西負責。顧（頡剛）出来談，甚為可喜！

自由日記

月　日

一九四一年

一月

元旦 庚辰 陽，暖。校紀年義證二卷。錢[illegible]溥东、烈愷、晋叔、敖泉诸君来打牌，夜十时畢，即睡。

二日 起身，校紀年義證，寄張亮采書，筍桐自东大研究室来谈，留午饭去。仍校紀年，夜九时许，畢。雷學淇治古史最謹嚴，其世本考證，當亦不凡，目所共睹，紀年義證近始刊行，凡朱王輯校古本，雷氏無不蒐入，而朱王所未知年世者，雷氏多為之考定，其功又在朱王之上。惜乎能繹史春秋戰國異辭诸作，供余作最後之

自由日記

30年1月1日

自由日記

論定。

三日 壬子 午前，以錢賓四古本紀年輯校補正、參校雷氏義證本上。飯後鈔錄晉語四，夜深方畢。

四日 讀晉語五卷，鄭語一卷，並鈔錄其中材料，傍晚，薛常文自韓復來談。

五日 晴，在家鈔讀國語吳越語。

六日 晴，鈔讀漢書藝文志中關于先秦經籍。

七日 晴，進城上課。

八日，在城上課。

九日，在城上課。

十日 午前為蒋伯潛了二月錢孫，遂邀馨報。延為暌騰。歸，在江老處談天，夜十二時睡，連日為號兵所擾，晨四時即醒。

月 日

自由日記　一月十一日

十一日庚申　晨起，出操，為行者辭留之餞後，乘車回，暮色蒼茫中，抵農興場。膳畢，讀左傳至桓公六年止。出考試題。

先秦史

1. 我國史前時代與蘇薩文化有何關係

2. 略述仰韶、龍山、殷虛文化之關係。

3. 略述皇帝王霸思想構成之背景。

4. 五帝學說，如何演成的，試申論之。

書志研究

1. 以史漢儒林傳略疏六藝略之師承

2. 禹貢、爾雅、周官、淮南、騶子諸家九州之說異同評。

3. 漢書藝文志分類法略評

讀印村寄發大鈞兄講代轉交注冊組。又復李小緣信。

自由日記　　1月12日

十二日醒。讀左傳至僖五年止。

十三日。晨起，又感不適，赴薛芾文婚禮，夜深方睡，月明如晝。雞犬之聲相聞。

十四日 未出門，讀左傳，終文公十八年。

十五日 約薛芾文新夫婦來午飯，到悅陪之，讀左傳，畢宣公十八年。

十六日。晨起，至操場上，待江君及何魯之兄，彼實過里慶歲，假道于此也。留早點而別。寫盤鐘跋之則。歸後寫信王毅晨，言研究部事務已由陳東負責也。燈下讀左傳，畢成公十八年。

十七日 起身方讀左傳，綿陽中學教務主任胡君及樊君等來談，至午去。寫年史彝跋，作冊宅彝跋，作冊宅卣頭命作冊度卣史卣圖大史卣甲。燈下讀左傳，至襄九年。

十八日，晴。作了卅几段题跋，并修订旧作数篇。

十九日。全静庵、陈玉书两君来谈，傍晚去。写郑伯高父甗、王子吴鼎跋。

廿日。写余冉钲、许子妆簠、甗数段、簋段、铭器题跋，读左传襄十二年。

廿一日，午晴。读左传，至襄廿八年。写叔孙使父簋铭跋。

廿二日，未出门。作史伯硕父鼎、大保鼎、审鼎、伯富盉、大史友甗跋。伯宪、富、太史友皆召康公子。复毅伯、颉刚信。

廿三日。晨，催车未成，行至大桥，坐滑竿入城，午后至，访朋友，晚又感不适，盖途中受风寒也。

廿四日。午前阅考卷，理发，午后买什物，晚在孙家打牌，夜十时许返陈家巷。

自由日記　1月18—24日

廿五日 甲戌 晨微雨，乘車返吳興場，午後到家，濤弟來約談研究部事。燈下寫谿山常慕影詩跋。

廿六日 今日大陰曆除夕也。未出门，寫上甄公遺影題跋，又寫圖君畫、仲義父跋語，惟老伯爹父畫為鄭桓之作，姑為資擬耳。

廿七日 丙子 大陰曆元旦也。濤弟、延恍伯叔、王夫婿、陸家三來賀年，留午飯，打牌，至晚方罷。桂、神珠、國俊、鏡如後印賬。

廿八日 丁丑 晨起，寫大史友詩叢跋尾，又作刻箴良友叢録跋。午後二時許出门，看曹叔、振維、濤弟家，打牌，夜十时歸。

廿九日 戊寅 晨，劉偉國伯等過吳興場，談移時去。潘家驥、方正、傅伐先等來拜年，留午飯去。讀左傳，至昭公元年。

卅日 己卯。续李传，至昭公八年。增补读史记田齐世家及孟尝君传。

卅一日。上午读书，闻介之、康徐、建珠等自城来拜年，午后打牌，未读书。

二月

一日 辛巳。闻徐方去，而袁开基、刘思常夫妇、徐大钧、沈鲁珍、朱汉新、许仲恒、田翠荣、洪先生自城来，拜贺毕而还。卢先生、打牌、喫酒，居然新年气象。留仲恒、思常夫妇过夜，作通夜战。

二日。至天明，牌罢！早点后续战，午饭后客始去。仲恒留自城来谈治史了。至夜午方睡。吴仲达来，留去。

三日。晨，仲恒回云谷井，赵晓濮东来谈了。午饭小睡，读史记。

自由日记　2 月　日

四日 甲申 午前，读通典职官篇二卷，饭后，读左传，至昭十五年，写信宋蕖甫，请代购眼镜子，交赵快带去。

五日 晴，晨，王家楼自马家楼来，午饭去，读昭十六年左传

六日 晨，偕东赴马家楼东北史地经济研究室访金静庵先生畅谈，并参观其各项成绩。午后四时回城，往袁殿臣家打牌，夜宿陈家巷。

七日，偕朱泽轩、田残东、杨盛伯家拜年，在残东家午饭，盛伯家晚饭。在残东家打牌

八日，起身，赴书农寺县体育场长处拜年。回城午饭后，沐浴。便道访蒋䜣生，谈盛伯租房子事，未成。路坐滑竿至爱与扬。写信 静刚之涵。

九日，阴。晓未起身，西野外鼓乐喧作，铜山寺结缘。结毕比，由王子驰骋

校汲冢段注跋。饭后，同览庙会。读左传至昭廿三年

十日 庚寅 阴 晴。上元，进馬灯等哥哥，尤累。未出门，午前，张泰年来，

饭后去。写信吴修明。读左传至昭廿六年

十一日、读左传至定九年。饭后，许仲煊来，留饭去。送至场上而别。

十二日 北风甚凉，未出门，陶先驿、张泰年来，午饭去。读左传毕。此

次钞录古代史料，及所引古籍，尚多脱略。

十三日 阴 寒，晴。写寄子固象纪卣、寄仲侣世讷器錢。读战国

策东西周二篇。

十四日 阴 寒，晴。读秦策第四篇

十五日 甲午 阴寒，饭后上山借书，孙叔怏来谈，读汉书列传、读齐

策又读史记田齐世家。

十六日 乙未 寒 阴 自城来，饭后去。改写寿平侯剑跋，及陈贻簋跋，写信颉刚

自由日記

2月10—16日

自由日記　　　　月　　日

十七日丙申　讀趙策

十八日　讀魏策，寫信多通。

十九日　讀畢戰國策，讀曲禮半篇。録曲禮鄭曲台氏記。

廿日　未起身，介康自城來，為之寫信致頡剛、叔平（介康令兄）及魯珍。

（借錢）前研究部書記潘燕安要求來此，不遇，頗來麻煩。回其信，

並寫信孫偉，請轉告福生雜經理注意其經濟行為。總下

補作師佳硯及心太平盦圖尚跋，

廿一日，昨夜次兒又病感冒，替雲病仍未痊，個人心緒實極不寧，（作小怪）

（西場上同出）譴燬塵康，晚出訪瞿蹤。

廿二日，天氣燠煖，潘雲客來，晚小雨，西濱灣歌，人皆大歡喜！董寫

孟鼎銘跋，又作陸辰盦題跋，乃擬寫冊即作冊逸。周家

下午未出，寫四詩書。

自由日記　　月　　日

廿三日（壬寅）晴，夜微雨，晨又晴，并備了整作物也。寫[illegible]諸器跋。

廿四日 陰，寫小臣傳尊跋，考行師田父即君[illegible]，又考行盈卣之圖生即鼓宣生，收曾子信。

廿五日 晨入城上課，後沐浴。

廿六日 入城上課，又外訪友。

廿七日 晨起理髮，上課，又後外跡，未僱得車，即往朱澤新家打牌，夜雨，晝雨也。

廿八日 晨起，冒雨歸。又家跋函皇父諸器跋。

三月

一日戊申　起身，作叔戴函、者如函稿。飯後，讀論語八篇。

二日。晨續論語四篇。午，赴東興場中心小學校長胡宗瑾君宴。飯後，至研究部檢閱書籍。晚讀論語畢。

三日　鈔畢論語史料，整齊分類之，閱漢五行志。

四日辛亥　晨起，趁車入城上課，便道之琛，忽發瘧，延宗瑤琳先生診視，晚服藥。

五日　瘧如故，勉強上課，晚宿鍾仲及賀蔭雲手於鶴樓。

六日。請假，遂至飯後始乘車還東興場，從此繼續服藥驗。

七日甲寅　服藥，瘧已止，宗大夫高之效也。讀孟子。

好仁 易

八日 晴。整理金文考釋。

九日 早起，上山借書，畢好仁來借錢，將轉學之西北大學也。並向沅泳先生借錢，並寫信給翁伯。

十日 黎明，即聞颶風怒號，天氣轉寒，在家整理金文考釋成鐘器之三篇，為殷周銘刻敘錄首卷。

十一日 風已息，氣候仍寒。整理金文敘錄。

十二日 天仍寒陰。考釋齊器。

十三日，赴[illegible]門，考釋齊器，定陶子素命即鮑牽，齊良即子尾子高彊，洹子孟姜，即陳[illegible]仲，皆可信。

十四日 [illegible]辛 晴，轉暖，寫[illegible]東[illegible]盦跋及陳[illegible]子[illegible]、陳逆[illegible]跋。

十五日 寫陳騂壺跋，竟日狂風細雨。

十六日 午前寫騂壺跋，鈔寄責善半月刊發表，寫信頡剛

自由日記　月　日

自由日記　　月　日

十七日 甲子 於陈纪斋楼，考陈独秀即为国时种苗。午后沐浴。

十八日。早起，即坐车进城。午后逢警报，未上课。

十九日 照常上课，读孟子

廿日 方上堂，又逢警报，午赴吴志骞家宴，晚归。

廿一日。晨起，急循东还灵岩寺，午抵家，读韩赵魏世家。

廿二日 黎明雨，午后风未出门，作集古缮戈录跋、陆园丛录，读史记秦本纪及始皇本纪。

廿三日 读孟子公孙丑毕，写信杭立武、董彦堂作

廿四日 读孟子滕文公篇毕，夜灯下读纪年、整理

廿五日 壬申 晨，坐滑竿入城上课。

廿六日。晨午均有课，下课后至刘儒家谈天，晚约友数人往约精便饭

廿七日。午前课毕，饭后坐车还灵兴场，读诗三家义集疏之颂篇

廿八日夜乙讀孟子，盡點至萬章上。

廿九日，讀孟子至午畢，飯後上山借書，燈下讀荀子二卷。

卅日 讀荀子，讀至王制篇。為宋路冰題兩廿寫扁額，因寫孟荀之德」集甲骨文為之。

卅一日 寫驫羌鐘跋，定驫羌即屭羌，見韓非子，其時代在周威烈王廿二年，即晉烈公十二年。

自由日記　月　日

一日 己卯 晨，坐車入城上課，課後往李季偉先生寓談天，

二日 早課後，訪毅伯，昨晚由城回返漾也。路遇警報，同出城躲避三時。飯後課，未能上。

三日，午前上課，飯後偕之泳大約訪毅伯，晚季偉囑第七號房談，談韻可甚多。季偉年五十許，留法研究工業化學十餘年，對于造紙、製革及鍊油等，均有非常貢獻。近發明以植物油煉汽油，貢獻于國家者尤重，以無經費，未能設廠製造，曾在雲大任教務長，今來東大教書。其餘力所作玉蘭紙、擊鼓記，可以平劇可以川劇，可以昆腔，以戲與時人，亦極深切。季偉亦有心有力人哉。李、彭二人。

四日 壬午 晨起，即备本课，午抵家，饭后小睡。起，读荀子富国王霸二篇。

五日 读荀子，午后小睡，起，头晕，几跌。昨午狂风，今午息。

六日 读荀子至乐论止，钞录西清古鉴及续鉴，竹状壶铭残

七日 读荀子至成相止，灯下阅隋律历志

八日 丙戌 入城上课。

九日至十六日，在城，上课外，常与李季伟品茗谈天。惟十五日午后方自公园归，有苏侍洲赵殿选之人，拥衔嚣嚷，闹至孙思从家不休，顾亭林集、甯拜鲁西多猴杰，不其能叹，不其能叹！在城只读李铉翁先生（季伟老太爷）著北草地旅行记、及段成式诺皋记。

十七日，午前上课，饭后归。读季伟著玉庵恨传奇。题一绝句云：

不恨玉庵终不见，恨他一怒为红颜。谪仙才调春秋笔，莫作寻常艳曲看。

4月11日

十八日丙申　晴暖，未出门。復黎东方信。读荀子，五卷毕。

十九日　晴暖。午前整理钞集古史材料。饭后小睡。因王作宾信，读白氏長慶集。

廿日　晴暖，读韩非子二卷。

廿一日　補读張孝生殷曆一则。飯时預備功课。

廿二日　晨，入城上课。

廿三日　去课上课，后在袁毅業卿家打牌。

廿四日　在城上课。课後阅隋唐嘉話及朝野僉載。

廿五日癸卯　晨，买什物。因買票場，飯後小睡。到快来後，煦云演太和曆

上元积年比四分術上元1337760年少2367年，適符

壬寅。夜雨淅瀝，聲比皆大欽柔。

廿六日　方读書，李季侄團偕仲彝大鈞自城来，盤桓竟日。

廿五日 乙巳 晨，寫信寄塵、僧三寄信。讀韓非子，其姦劫弒臣篇引王子圍、崔杼弒君，皆見左傳，足證當代春秋、戰國時期

廿六日 丙午 夜來狂風，至午後始息，氣候轉寒，未出門，在家讀韓非子。

廿七日 丁未 讀韓非子。

卅日 讀韓非子。飯後小睡，沐浴，收拾書冊，進城。校中通知陳部長即蒞校視察，縮短寒假一日也。

自由日記 月 日

五月

一日己酉　晨雨，進城以天陰冷，未行。返家以大衍曆步中朔術推周幽王六年十月辛卯朔。飯後，米警冰先生來談，晚雨。步十月之交朔日辛卯，日有食之，未成。

二日庚戌　午前讀韓非子，飯後演郭守敬授時曆。

三日　讀韓非子，午後上山採蕈。

四日　讀時憲曆，晚覽雪林詩集，詩中有畫，正漁洋山人所主神韻派也。絕句佳者可與抗行白石。

五日　以時憲曆術推幽王六年十月辛卯朔日食，飯後沐浴，閱紀年二卷。

六日甲寅　晨進城上課，課後閱陳遵媯天文學概論

七日、上课，之外阅天文学概论

八日 午前课毕，饭后回灵峰等，阅王维克著日食和月食。

九日、读韩非子，又阅翁文灏中国地理综论

十日 读韩非子，晚阅地理综论

十一日 病，强进午饭，阅陆宣公翰苑集。

十二日、垂以梯时磨推出五六年十月朔日食，未符、

十三日 晨进城上课，之外，阅史记探源

十四日、课外阅小方壶斋舆地丛钞，阅学蒙新部分。天陡寒不

不可耐，将雨。

十五日 课毕饭后买什物回灵峰等，嘱修杜毅伯，辞研究部

予以由到此笔进城，阅舆地丛钞，郦道元、士安陆纪略，较详实，若缄文

忠公前此日记，续见大臣肆废，不无文人同也。

自由日记　　月　　日

十六日甲子　復寫畢候，詳言研究所不備于北平研究院事。飯後，燈下鈔書、通讀

費時間，衡始剪韓非子。燈下閱陸宣公翰苑集。

十七日　剪讀韓非子外儲說右、燈下閱宋文鑑、曹彬擒李煜露布

邀禪後主及覆抗命、邀與王師、條錄撰吴王蓋志則又謂煜

悦聖賢之道、慕宋室之命，何其矛盾如是耶？然留翰苑集降

觀宋人制誥奏議，君君則鮮罪己之辭，臣臣則未諫之姿

然知文德之衰，自宋賢始。

十八日丙寅　剪讀韓非子難一二三、燈下閱唐文粹、微感不適

十九日丁卯　剪韓非子難四、飯後閱唐文粹，燈下預備功課。

二十日　入城上課，至馬家餛，始知有警意警報，如時許，始入城

晚訪陸懋軒談葛。

二十一日、上課，午有警報，晚訪毅伯，談研究部事，無頭緒。

二十二日 庚午 上课，十一时又有警报，至午后四时方解除，致课未能。

廿三日 晨[illegible]至校取薪水，买什物，罗东西（过）贵异常，炎热如暑，十二时许归家。饭后沐浴，睡。阅小方壶斋舆地丛钞第八帙。

二十四日，壬申 夜来，雷雨狂风，农田已足。但晨起，头昏心恶欲吐，到晚晋叔来谈。即请到晚代书致谢伯兰。午饭後起，复汪东信，又写信东方士选，谈研究部问题。灯下阅明文衡。

廿五日 阅明文衡毕，阅震诗纪事，又钞录舆地丛钞材料。

廿六日，阅文献通考封建门，整理方国志材料。灯下再写信东方

明日进城发。试作黄[illegible]铭之宋人墓志铭，仅成首节。

廿七日 晨赴城上课，至马家桥，遇警报，留华北史地编译研究室钞录西清续鉴，三时许入城，课已毕矣。

廿八日 午前三课，饭后小睡，午后一课，晚，至秉南家，吟其表明之痛

自由日記

月　日

廿九日　午前三課，課畢後，下午回靈峯寺，閱小方壺齋輿地叢鈔第七帙。

卅日　今日端午節也，以溥泉表哥，乃上山呼之，並約晉叔、惠樵等午飯。飯後打牌。晚歸家。

卅一日　晨起，惠桃来，飯後閱錢牧齋明太祖實錄辨證。又讀樂府詩集五卷。

一日庚辰 天氣晴朗，午後聞天際飛機聲，盖敵機又來轟炸矣。讀韓非子，鈔畢所需材料。又閱陳鼎黔遊記、

二日辛巳 赴研究部查寫蜀教育部文，飯後閱張澍黔中雜記、炯、讀圍黔紀。

三日壬午 晨，步行入城，颳風大發，飛塵蔽天。晌午，雨，天氣轉涼、

在家閱元遺山中州樂府三卷。

四日癸未 隨學生入城，已晌午，僅上午後之課，晚在東南樓打牌，夜深歸。

五日甲申 午前上課三時，飯後歸，遇張家佑，至研究部了。抵家閱陸隴燈柳紀年，頗有足取者。

自由日記 六月一日

自由日記

月　日

六日 乙酉。在家讀商君書，又閱中州集第四卷，作商君書後。

七日 讀管子八卷，閱中州集二卷。

八日 讀管子八卷。

九日 讀管子畢，材料書及全稿，燈下閱中州集，灼。連日密雲不雨，四民焦。

十日 天大晴，晨入城，上課，晚飯後在蔣秉南家打牌。

十一日 上課，理髮，晚在陸翔緝家與季倩談天。

十二日 晚有課程，五時結束，飯後回靈興陽。

十三日 壬辰 午前為研究部辦上教育部文，飯後閱中州集，又刪改並撰所作研究部二年來工作報告。

十四日 晨起，上山借書，即回家，雲腈氣動，至未時初刻，三女降地，其八字為 辛巳、甲午、癸巳、己未，戊午，甲己化土，未為財庫，命尚不惡。惜非其 祖母所望耳。天時方旱，擬名以喜雨。

十五日甲午　家務整理，不能讀書，僅閱陸游の男迎ぬ庵，自經粵冊行至夔府止，又革清叢，而小方壺齋輿地叢鈔未收，未免遺憾。寫信葛雯華，吉嶲。又寫信「陳適之論請加米貼。」

十六日　家務整理，僅鈔畢賞字史料，又閱王士性點志。

十七日　閱田雯黔書。

十八日　讀墨子四卷，又閱張澍續黔書。

十九日戊戌　方超分齋國賴自域遠寄錢付來，當即回信，並寫信致倪秀像，請為股學之先後傳也。當出考試題：

書志研究：

(一)略述度量衡法數之關係，

(二)劉歆三統曆出于太初曆，太初又襲于顓頊曆，其統母差異之故，可得而詳歟？

（三）魯隱公三年為入甲申紀 724 年。春秋所謂「春王二月己巳，日有食之」。試以三統術或四分術求其經朔。

殷周史試題：

（一）夏后氏不常厥邑，自陽城遷轉而居斟鄩，其地望可一一求諸今之地理歟？

（二）殷人文物見于殷墟者往往與載記相合符契，但殷本紀所書紀年有時違驗，以卜辭紀年是信歟？本紀是信歟？

（三）自尚書逸周書等書畧述周公之政績。

（四）殷周綜述之外患。

六、由各國校算交往冊組之值夏商兩周君。閱蔡表綠異姓興記

燈下閱墨子四卷。

廿日　陰雨。讀墨子五卷。閱劉後村集。

自由日記

廿一日庚子 晨起，方讀墨子，周謙沖、賀花雲、呂鼎自城來，復。午後方閱樓穗與文集（十）。

廿二日，答陸侃秋先生信，論中國古代水利工程之進步。臨睡時閱盤洲文集。其中內制有親征詔一首，辭氣卑弱，宜宋室之積不振，終于偏安也。

廿三日壬寅 晨進城，晤大鈞、季律諸兄，談天。

廿四日 在城，為羅、楊諸君餞行。

廿五日，離城，午與貢粹會同來諸君談天，晚在吳君毅家打牌。

廿六日，午赴黃紹緒、袁翰家宴，打牌。午後閱試卷。

廿七日 午後，適君來，閱黃族調查報告，寫信吳仲達。

廿八日 早起，頭暈，復睡，飯後閱江南鐵路五國舊事。燈下寫信交談研究部事。

月 日

自由日記

月 日

廿七日戊申。閱八路譯史，寫信頡剛。

廿八日。天氣酷熱，傍晚寫墨子箋。又閱八路叢書及紅樓夢人

續閱獨山先生年集題跋類。

七月

一日 戊庚 熱極。方起分，周介孫来，言去约季倬均往揚相庆。即往揚暢談。嗣送二人赴銘陽。回家，读墨子一卷、

二日 熱極，寫信吴君讲研究部事，读墨子二卷，又阅高丈寄金鰲退食記，令人頓憶北平三海風景。

三日 壬子 晨起，復錢旭生先生信。又寫信叔儀。田啟東夫人来，贵棠，又送香孔来，極可感！晨到粮去。

四日 熱，汗書殆不能，惟每小時比做而已

五日 稍陰，稍涼。读墨子畢，阅狄更生地理学史百葉。

六日 忽陰忽晴，炎威稍殺，李樹青自城来，留午飯去。續阅地理学史百葉。

自由日記　月　日

七日丙辰　變熱如前，傍晚縱雨轉涼。續畢地理學史，又讀墨子閒詁附錄。今日為抗戰四周年紀念日，遠東大局仍未見明朗，此後為抗戰最艱苦階段，亦距最後勝利不遠之日矣。

八日　午後入城，晚往盛伯處談天，夜宿陳家巷，蚊蟲如雷，未能成眠。

九日　晨起，送賀毅雲歸，為訪宋露冰、吳仲達、潘源來，往田[illegible]東家午飯，飯後談天，傍晚，得電話，急乘車歸，抵家已昏夜矣。

十日己未　精神不振，閒讀莊子二卷。

十一日　閱張學禮使琉球記、周亮工閩小記。

十二日　讀莊子六卷，又閱陳迦陵文集。

十三日　方讀書，唐東生家孫亮進城，赴羅復初家，飯後往田[illegible]東家談天，晚宿東濱賓館。

十四日　晨起理髮，為訪宋露冰及孫思霞，悲心畧買什物，回家。

十五日甲子　晨起，讀莊子二篇，復愛之信。又寫信與慶堂、莊雲、燈平、中錚。晚讀朱熹撰張浚行狀。宋史張浚傳完全取材于此。南宋一蹶不振，而于此篇見其委曲。以一張浚，敵史浩、秦檜之流，宜君子道消，小人道長，浚之不死于檜手，幾矣！宋史比浚于孔明，余謂浚之處境，難于孔明，其功烈亦不在孔明下。

十六日　讀莊子二篇，閱宋史黄潛善、秦檜等傳，寫信王元輝。

十七日　讀莊子四篇，閱宋史[illegible]四宗紀

十八日丁卯　讀隋書二卷，又讀莊子五篇

十九日　讀莊子四篇，閱隋書二卷。

廿日　讀莊子一篇，潘家驤自城來，進飯去。復陸坤信，又寫信愛之、燈平，閱宋書百官志。

廿一日　讀莊子二篇，閱魏書官氏志。午後大雨，復莊佰信。

廿二日 未辛 讀莊子二篇、閱晉書刑法志

廿三日 讀莊子二卷、閱晉書孔志

廿四日 讀莊子未竟篇、閱周易、餘從逸城被寄來法寶館

廿五日，晨起，訪洪友、午宴洪友子比只佳，謝小畬淩月之贈也。飯後，往袁筆卿家打牌

廿六日 往袁家打牌，至夜十時罷，仍宿袁家。

廿七日，晨起，訪毅伯，往外河茶館啜茗，忽有警報，即乘車歸，後抵家，聞機聲及彈聲，知又被炸矣！

廿八日，毅伯自城來，談西北大學事，閱唐律疏義

廿九日，閱唐律疏義畢，又閱漢刑法志，馮信下午，蔭雲、運中、文通、

卅日 在家讀莊子，餘大風雨雷電，至夜未息

卅一日 讀莊子畢，閱新序二卷、

八月

一日 辛巳 閱朱文公撰陳俊卿行狀，又校吳閔考印本。

二日 閱朱文公集題跋類，緣建珠自城來，談天，傍晚始去。

三日 閱朱集墓碑類。讀呂氏春秋四卷。

四日 甲申 讀呂氏春秋一卷，作研究部工作報告序。

五日 黎明起，至通仙橋看日出。歸，寫信：洪葉、趙剛、葉田、復之、謝堅。

六日 讀呂覽三卷，改訂研究部工作報告序。

七日 天熱甚。讀呂覽二卷，閱錢威叔書第五集五冊，中有邊大綬虎口餘生記，紀掘李自成祖墓事，最可徵堪輿之幽渺，影響政治。

八日 今日立秋。讀呂覽二卷。

九日 讀呂覽一卷，閱國朝諸將小傳二卷。寄譚仲修、嚴伯魁城。

自由日記 鄭方坤 月 日

國運決戰天下

十日庚寅　讀呂覽四篇，閱國朝詩鈔小傳二卷

十一日　讀呂覽四篇，閱畢國朝詩鈔小傳

十二日　讀呂覽五篇，閱明瞿佑歸田詩話。

十三日　讀呂覽五篇，閱陳後山詩話，其書甚崇荊公。

十四日甲午　讀呂覽四篇，以先秦諸子繫年通表校史記六國表。

十五日乙未　讀呂覽五篇，續以諸子繫年校六國年表

十六日　讀呂覽五篇，續校六國表

十七日　方讀書，李樹青自城來談，午飯後去。小崑染於劇疾。

十八日　讀呂氏春秋七篇。又熱度甚高，徹夜未能安眠。

十九日　讀呂氏春秋四篇，又讀史記趙世家、陳涉世家

廿日　接西北大學電，即寫信給道銘，晚，進城。

廿二日 辛丑 南威伯函來，商定即回電陳序經校長，並轉信詳言接洽教授經過。又因王元輝兄電，謝代向沈宗介紹教課，及無錫黎靜修同往西北大。又寫信杭立武兄請將英庚款薦往西北大。

廿三日 晨與威伯往梓中品茗點心。即出城至水觀音上坡訪蔣秉南兄，即留打撲，傍晚始偕東同靈興歸。

廿三日 以昨晚冒風寒歸，今晨起身頭痛欲裂，繼腰，喫午飯，至午養睡，晚飯仍未能進。

廿四日，寫論小雅六月與兮甲盤銘。雨不斷。

廿五日 寒疾甚劇，腳踝痛極，將即前藥交彼，竟見同睡。

夜甚鬧，不能安眠。

廿六日 丙午 寒風溼甚劇，威伯自城來，即請其代請湛醫西師

自來腦寒病、

月 日

廿七日丁未　晴爽。鷺冰携病來，為雪疾，留談竟日。

廿八日。晨，鷺冰復診雪疾，另斷定為血虧而中風濕，第二方去。午後，請醫師來復診，仍未大效。

廿九日己酉　早，開醫家會畢，十時許，赴金靜庵先生約，往東大史地研究室講演。午後二時半歸，即暴風雨，晚晴，雪病大減。蓋鷺冰第二藥之力，已遂病源矣！

卅日　雪病忽劇，晝夜不得安眠。午後醫李蔭棠先生來診。

卅一日。雪病較減，以土法高粱稭子蒸之，愈二小時，四肢痛痛立減。傍晚，手足即漸不能動。夜鷺冰自城來，改服補劑，汗亦稍止。

卅九

一日 鷺洲留港，待雷嫻進廣濟醫，因換新藥也。傍晚李醫堂先生來，據其診斷云，雷之心臟轉弱，未服藥。

二日 晨送鷺洲回城，買藥回，致研究部呈文。

三日 連夜不得安枕，今日雷病大差，又能吃東西，始得多多睡覺，恢復精神。復李子堅平函通信，又呼籲中表明。

四日 雷病稍癒，心愈不寧。復彭剛信。

五日 復許仲超信、叔昌衡、俊卿信，又寫信峨兒，秉南、國城來看雷疾，盛意可感！

六日 巳丁 雷病漸好，幸鷺洲來，復誦，知仍如故也。

七日 送鷺洲回城，復寫信五叔堂及周敬齋，又復道綜信，寄任儀叔

八日 乙未 威伯夫婦自城來，雪痛，盤桓竟日。因無車，遂留止。
九日 早，送威伯行。午後休息，傍晚，溥泉夫婦來，談判，繼將
赴綿陽師範教書也。
十日 丙申 午前買什物，並送溥泉夫婦赴綿陽師範教書。
飯後小睡。燈下，復徐旭生先生信，談研究部併入北平研
究院事，附寄預算草案一份。
十一日 午前，李蔭棠先生來診雪痛，飯後，孟博來談。即商
決辭西北大學事。即電蔭園書聯兄自代，又擬薦繼蔭
元君任教授。寫信吳子臧研究部全體人。又寫信
論中，請代購 Aldous 注射液。
十二日 寫信，通西北大學辭職。晨入城診雪痛，晚回。
十三日 寫信唁周伯文喪，吳仲超，論王棠案事。閱馬介甫廉書大意

十四日 乙丑 馬醫生來，終日收拾。

十五日 陪馬醫生上街喫茶，不能做事。

十六日 威伯來，談西北大學事，決回在野。毅伯電云：

元電悉，盼聘仲良主系務，書挪移西史，姚薪360與

威鈞偶庚將講座名。內子痊，即勉爾同行。將留。

晚，子高、賓臧來，寫信劉振東。馬醫生去，家庭稍安。

十七日 晨，送子高回滬，晤金靜庵先生、陳研究生等人赴打鼓墩，葉

飲而別。

十八日 鷺邨來，談雪病，晚去，眼忽痛癢。

十九日 寫成論小雅六月之主將，寄文史雜志，附寄頡剛

一信，得西大回電。眼仍癢。

廿日 辛未 將西大電寄威伯，請代電復。餘閱樽、天麟文

（八月一日）

日食

自由日記

漢宮要及隋書百官志、

廿二日申 起身，復毅伯信，說明不能立時赴城圍原因，送場上洪郵。復江之泳書，即致信雍長復信，請代購Atophan針藥。晴，十一時許，天漸陰晴，如朝曦夕照，於自己眼疾陰睛也。前人忽狂言日食，始設燈懷多為陰曆八月朔，三台路全食，幾稍南，不能見日中見斗，影是光耳。急歸寓以盆水影之，但見日球如新月。十二時許始漸復圓。此次日食，吾儕紀載中，始有生所僅見，未欲累及觀測。乃為雲霧所擾，惡手勤俱忘，毫無準備，未免可惜。飯後，沐浴，復毅伯信，

廿三日，晨起，寫信頭函致先生暨張雲校長及歷史語言研究所請發服務證明文件。威伯來談，決離西北矣。燈下，復立行堂書

月　日

廿三日 戊甲 今日請宋鷺冰、李蘭生兩醫師，均至，云須服藥，又用麻醉，晚痛苦稍輕。閱東漢會要選舉門。

廿四日 復惠友信。飯後休息，晚讀隋書李德林傳。

廿五日 以殷東病況不明，進城，晚宿三台病院，鷺冰處。

廿六日 自城返鄉，結束東大事。復毅伯電。

廿七日 孫家驥信，致先請携母親赴蘇常住。晚鷺冰來。

廿八日 鷺冰在家治雪庚、庚民。適王家琦言殷東夫人須進城，即偕季去，殷仍宿鷺冰醫院。

廿九日 為殷東辦理驗血了畢，分訪諸友、弟李偉侯、吳，四時許回靈岩寺。

卅日 寫信與華，復道統信，檢閱李瑞階著古代政治思想中之民主精神一本。

自由日記　　月　日

一日、壬午　校閱古代政治思想史第六民主部稿。閱何炳棣書。午後，江之泳先生自成都來，談于場上。飯即去。

二日　校古代政治思想史，封寄李璞階先生，囑其再請孫思徵鑒閱，寄西君加以嚴格校訂。鍾鷲泳及賴醫生來，談泳換方去。賴以針管太小，未能注射。晚讀林肯筆記。

三日、甲申　李蔭棠先生來注射。

四日　晨，江之泳、黃紹學兩先生來，傍晚去。讀史記孟荀傳、孟嘗君傳。羅沖買防閻方葯店一盒，收訖。

五日、丙戌　今日為舊曆中秋節也。早，彭先壎、秋中和來，又王繼曾來，皆談韓學兄弟，即寫信覆毅伯，絕紹與賴醫生來打針，晚去。

夜月娘照，從傍溪過，又動歸思。

六日丁亥，阅劳榦、答三家拟衡附考，盛伯来，晚同入城宿三台病院。

七日戊子，在城访友，望燚东及思潜病，饭时与生荣馆，今日老河口晋生来，谈西北之行，惜为时已晚

八日己丑，早餐毕，即偕重回灵岩寺，蕴麐先生已先携盒打针，饭后去。思少睡，晚阅刘廷鑾著建文逊国之际月表二卷。

九日庚寅，女佣去，家务乃安，未能读书

十日，雨，阅唐大臣年表、方镇年表，写信请帅还药钱50元（由李蕴麐先生带城汇）

李蕴麐来注射，停，晚上山，游署，少君病

十一日，阴，蕴麐来打牌，午后二时罢，饭，蕴麐回城，阅崔东壁王朝三大典考。

十二日，己巳，晴。閱吳廷燮元行省丞相表，及錢大昕元史氏族表。飯後，東大學生多人來談，又陳玉書先生來談，復咸伯信。

十三日，甲午閱吳卓信漢地志補注。

十四日，雷雨。周今齋自城來談，留午飯去。閱劉述台灣紀略、安南紀游、曾紀澤使俄書事。

十五日，雨。申方修訂新般手紀，咸伯來，談至午後去。寫信毅伯，告以行期，又寫信致快及葛蔭堂先生，請往綿陽代定北上車票。

十六日，早，魯珍與子明先生來談，晚去。寫信杭立武、吳俊升，讀李西北續通。

十七日，晉將自城來談，閱唐方鎮年表、大唐將相年表，復迺路信，寫信咸伯。

十八日乙亥 收拾家具，自王久書家遷于靈興場之上王業承先生之家。

細雨中，僅成十八。

十九日 繼續遷居，佈置家具。

廿日 佈置新居就緒。陳貴卯、杜中和、彭光墳來談，赴城關了。

寫信：仲道，由貴卯帶去。又寄信：方逵、立武、光其、沛然。

西北大學矣。

廿一日壬寅 午前鶴琳來談，霽病，飯後同進城，至陳家花園。

友朋辭行

廿二日—廿四日，居城內，應酬寫字。

廿五日 晚，過靈興場。傅孝到，悅修陪客，待結束研究所。

廿六日 鍾惠竹、杜中和、彭光墳、周可康來送行，並攝影紀念。

念、感伯今午後來。

自由日記　　　十月廿七日

廿七日 申戌　孫家整理行裝。

廿八日 酉己　晨九时偕盛伯及陳貴印自雲興場啓程、

午過胡庵溪、午後過三时過[illegible]宗丹點伴仲煊，晚七时

許抵綿陽，宿華北飯店，途中得截句一章

常笑吾生似断萍，天涯时復苦行行，不風不雨重

陽節，行李蕭條又北征。

枕中又得詩十首：

蹤出後用[illegible]眠、爐邊江南乞畫船，[illegible]陽

夢多纏繞、

廿九日 戌庚　發綿陽，晨起，路旁過安縣城，繞縣城外買古錢

十餘枚，旁沐浴，到悅博東來後，過川康銀行，訪羅

張道周先生談，買[illegible]。

自由日記

卅日 在鄱陽、雛羽街頭、珠湖。

卅一日 壬子 在鄱陽。

月 日

十一月

一日 癸丑 八时发绵阳，附西北工学院车北上，每步一停，十步一搁，

十六里之程，费时七时，且晚宿梓潼縣，象之帝文

二日 甲寅 晨四时起身，五时出梓潼城，过文昌宫所在山，俯视云雾平

铺，远望罗峙，如在琅嬛，此云海也。八时许过文昌宫，

九时抵武连驿，饭。再登武侯坡，川陕公路中之最险处

也。晚六时宿剑阁祥和旅店。

三日 晨九时，发剑阁，午一时许剑门关，路险，出剑门，峰峦陡耸，宛

如长城，车行而下，两峰险峻，其幽险胜于夔门，得诗句云，

天涯道惯逢生日，细雨骑驴出剑门，回首群峦……

汉(?)奉，無此壮(?)……

盖今日为阴历十五日，余四十六初度也。晚六时许抵广元，宿中国旅行社。

四日丙辰　来此以铁圈精不能进，前写信楚云，即由旅行社迁居交通旅馆。饭后，街头蹓跶，无聊已极！

五日　仍留广元。车需来去夫皆影就道。西北工学院押车员宋鹤卿彭端等中途出来，陷于道途，以多耗费家属旅费也。其入蜀之行难，真不容易也。

六日戊午　八时发广元，午后过神宣驿，数山通道，下临嘉陵江，可谓奇险。四五时许过416公里，川陕交界处，东即回至盘旋羊角而上西秦第一关，形势崖如壁，仅可通车，盖当年栈道之遗迹也。其时过阳平关，七时许抵宁羌，北来险境，盖已完全经过矣。

自由日記　月　日

七日 己未 八時發寧羌，九時過五丁關，十二時，大安驛尖，午後三時過（渡沔水）沔縣故城，四時過褒城，七時抵漢中，宿漢中招待所。計自綿陽至此，犍車不過二日程，為宋某所誤，七日始達，車之不利，實負其咎。用詩以紀之云，

一路拋錨到漢中，愁看蜀道去如龍，五里一傾加侖漏，此是[illegible]篇。

此次旅行，歷劍門、五丁關，皆名勝也。山高路峻，奇偉可喜。途中雖饑受寒氣，然精神收獲則又非意料所及也。

八日 在漢中，周覽市容，書店也多，有用之書絕少。

九日 在漢中，雨，欲移不得，錢俊、張貴元先生自城固來，談至夜半，知西安亦為多事之秋。電家中，告抵漢。

十日壬戌 雨，仍留滬中。

十一日 十時乘木炭車赴城固，雨後泥濘載途，斜陽如沐，十一時許抵城。卸行李于旅館後分訪毅伯、石珍。

十二日甲子 雲日 國父誕辰，放假。偕楊拱辰向查先生分訪史學系諸位先生。晚赴楊拱辰及林冠一先生宴。

十三日 早，史系同學來，午後赴校辦公。

十四日丙寅 赴校整理課程表。

十五日 赴校辦公。寫家信，晚赴校中同仁公宴。

十六日 星期日，分訪諸同事，晚訪黎劭西先生。

十七日 赴校辦公。電催王書，致仲良信，促來返校。

十八日 初上課。飯後訪盧伯璋兄。

十九日 午前上課，飯後訪程克翁先生。

自由日記 月 日

廿日壬申 雨霰，衛道淨濘，不良于行。九时许赴校上課。七时半召史四學生談話。寫信漢新，約其參保及本家書。

廿一日 午前上課，飯後召史二三年同學談話。晚閱職官表。

廿二日甲戌 午前上課，飯後二時半開系務會議，討論史學系課程。晚與楊樸農等君談天。"博生"多日向陳校長說定。

廿三日 早起，至小桑園訪張育元，吳訪雷伯璋。午赴吳志翁宴，飯後，發崔漢水、方楷、萬談多文，便道訪鄭維民及翁伯曉。資印來談。

廿四日 晨赴校辦公，遣袁肇卿900元，寫信致肇卿，紹學赴套。又寫信到晚，遣送肇卿錢。

廿五日 晨八時赴校上課。下午為新生宿舍，午前訪繆鳳林，于北平館店，飯後在校樓閱學生論文。燈下閱職官表考。

自由日记　　月　　日

廿六日　寅戌(?)　上课，访谭戒甫先生，写信鲁瑶、李俊之、函，翻阅、读城固县志食货人物宦学术门，

廿七日　早起，写信润之、彦重，上课。饭后，写信谨仲，晚在拱辰处谈系务。

廿八日　上课，晚在拱辰处谈系务。

廿九日　上课，饭后，赴安徽同学会，

卅日　晨，访石琴，饭后，至洋县考察汉王城遗址，由出土瓦砾断其方位，考之，确为古代汉垒。

十二月

一日　癸未　寫信弟韜先到畢節，飯後訪毅伯。晚閱天壤閣甲骨文存。學生十八人來談。

二日　甲申　七時警報，與之起，分出北門，繼續至田園，八時半解除。寫信致季雲，又寫信致剛主。至校，辦理學生選課事。飯後，至王聞甫先生處，借得郭沫若著石鼓文研究，閱讀未半，又遇警報。傍晚歸，始將郭著翻閱一過。

三日　乙酉　早上課，飯後警報，鄭約談天。

四日　丙戌　早上課，飯後小睡，起泡茶，茶味方濃，警報又作，匆挨屐避于西郊。敵機投彈圓通頂上。晚學生來談，衛聚賢君函請講演，予囑以考古學與數術了。

五日 丁亥 黎明，读报，游于学部，青霜蹬了，晓风浏了，身意已潜。十时上课。饭后写信十通。晚，宏来，不能读书。

六日 晨，访赵希三，未遇。午，与王泽江游。归，赴饮，遇于右任先生宴会。晚宏来，未能读书。

七日 晨，希三来，同出访友。饭后，翁伯孙、池洪了来谈，晚阅史记、

八日 生活渐入轨道，但仍觉书不下，是理性心之荒疏。翻阅四库提要史部数，又翻阅读史方舆纪要前二卷、

九日 辛卯 七时方起身，看学报，游于博物中学，九时还校，未能上课。饭后阅当学与介庵谈。今日汉中版、西京日报载倭寇向英美宣战，海空两军南东并进。我亦向日德义宣战。

十日 早上课，饭后，希三同回访刘一峯君。晚赴下家院73号听清唱瞭夷，十时许归。

自由日記　　月　日

十一日 癸巳 微感不適，仍上課，午飯後大感不支，困臥待夜，

十二日 甲午 病良已。晨上來同舍身子，不識。鈔石鼓文字，並閱程樹德九朝律考一卷 百葉

十三日 午前陰雨，飯後霽。整理石鼓文，閱九朝律考百葉。

十四日 丙申 早，威伯來約同訪胡安，午後往李家，先訪竹戩，晚閱七國考。

十五日 病後，葉田信，又寫信道緒，午，為張雲波先生洗塵。晚錄伯、維民、老錄，諸子素證。

十六日 戊戌 病痊，寫信鐵廬、鐵琳。飯後，偕孟淵、甫先生謁博望廣墓于西郊，晚，赴史學學生迎新會。

十七日 晨上課，午後，出席訓導會議，結果兩散。晚，閱洪氏地理志水道疏證。

自由日記　　月　　日

十八日庚子　午前上課，飯後理髮，即訪尹緣光于亞東巷。晚飯歸，即感不適。
十九日　病，訪家，閱歷代職官表，
廿日壬寅　病痛，强飯，精神仍委頓，沐浴。閱歷代職官表
廿一日　精神復原，讀史記項羽紀、高祖紀，飯後訪馬雅堂，偕往杜家濤參觀西京圖書館藏書，館長不在，謁樊鄭之侯祠墓而歸。
廿二日　參閱吳卓信地理志補注作秦漢郡國表。飯後，劉一峯、楊慧修諸君相繼來談。
廿三日乙巳　晨上課，與石璋如談學術多。午，過石家巷視尹緣光病，飯後歸，閱周雅藏樓集。尋房子，仍不可得。孫郎嘈擾，不能安心讀書，憾矣！

自由日記　　　　月　　日

廿四日，丙午。陰瀾、有陣雨，八時上課，下課後抄漢隸繆篆文。飯後爲俪璋寫挂屏，盛伯來談。晚飯後，方以智書，溥東來。溥東自三台到此，距十餘日矣！閱古蘭經說。

廿五日，後與郭節也、朱新來同人公宴葉教授于北平飯店。晚溥東來談，十一刻後。

廿六日，午前上課，後寫魯珍信，又寫信給濟之、漢新。天氣轉寒，夜爐不溫。

廿七日，己酉。夜雪風，晨霽雪，至午雨霽，後寫雲信。又寫兩信，方康

閱方輿紀要第十冊畢。

廿八日，庚戌。雲冷如昨。晨訪毅伯，飯後，張肯元兄派奶媽來補綴衣被。晚，讀漢百官公卿表二篇。

廿九日，閱通典兵典，飯後，劉一峯來，即偕訪第三、社第三支。晚飯

自由日記

歸，訪毅伯，談至九時許。

廿日（土）早上課，飯後在家續通典。

卅日 早課後，取月薪，匯500元給夢雲，又寫信吳仲達、論嵇康傳。王榮來了。君璞、一鑒來，與其家晚飯，飯後打牌四圈歸，月明星稀，寒氣侵人。閱通典。

月 日

自由日記

月　日

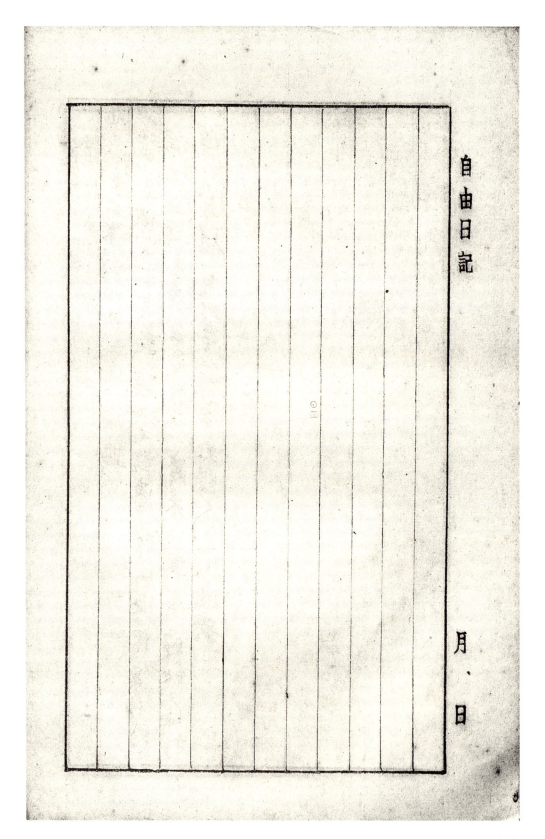

⊙三

一九四二年——抗戰勝利年

正月

一日 甲寅 日晴，從日朗照，益顯此今年確為勝利也歟。早，學生来，何樂夫兄来談考古事。午，赴張育元兄家宴，歸，過一塞家拜年。復亞東信，又寫信伍碩元。工學院来城唱戲，學生日夜嬉鬧，不能讀書，可恨！

二日 早起，出门，分訪各友，至晚方歸。晚讀通典三卷。

三日 出门訪友，即偕何樂夫兄參觀西北師範學院金石書畫展覽會，漢磚觀齋造象搨本，頗有佳者。出購到室，買得袁安碑及正始石經拓本數份，晚，又買石门銘碑各一份。

一九四二年正月

自由日記　　月　　日

四日 丁巳 早以後漢書校袁安碑，易寅來，闕。飯後作袁安碑跋

校正後漢書訖了。

五日 陰雨，寫信。寅生、劲剛，閱通典二卷，晚，溥東來談。

六日 早課，晌午，雲彼來談，晚，赴章雪村宴于青年會堂。

歸，讀社會進化史。

七日 庚申 早，上課，下午，閱後漢書補注。晚，第十二師提燈會，鑼

鼓震天，燈光如晝，德旅飯而歸，頗得軍民同樂之趣。

八日 早課，飯後，程鳳庭來，與之同至俞嶸寓，闊坐之也。

便道訪穀伯，談至晚，乃飯後與胡文朱談天。

九日 壬戌 早課，飯後至一點家談天，晚，讀花間集注

十日 早起，方欲讀書，寅生來，飯後，楊寶、志平、伯琳來，晚，俞嶸

潤約於北平飯店晚飯，竟日未能讀書。

十一日 甲子 星期日。晋叔、博东来谈。饭后，过洪江大楼，朱、西园山再过，访鲁岫轩先生，谈后至晚归。

十二日 起甚晏，阅通典一卷。卧午饭。饭后写信致龚良、傅维本（振伦）代稼长撰电聘稿。晚，汪伯赵、马元白两先生来谈，书纸数书。

十三日 早课。饭后阅花间集注。

十四日 丁卯 早课。饭后阅辽志及辽史拾遗。

十五日 病。终日未起床。

十六日 病愈。午进食。饭后，朱禄光、吴清泉两兄来谈。灯下写信复之。又复瞿平、道铭、剑伯信。

十七日 天气阴寒，复子明、鲁琼信。又写信郑心山、杨、陶郑希也。灯下阅通典三卷。

十八日 辛未 星期日，閱花间集詩，晚，由國部習學唐情芳君談天，

與中山大學黨同事也。

十九日，访由明友周鍵郁，未晤，读書，

二十日 早課，了後，访石瑛，理系務，飯後，往毅伯處，談天，標下

讀西夏紀

廿一日 甲戌 早課，了後，往趙希三處，理，晚，往到以寒家打牌，十時

歸寓，

廿二日 早課，了後，讀通典，

廿三日 早課，飯後，出席教務会議，晚，閱通典。

廿四日 瘧疾發，精神不振，決往南鄭養病。晚由胡受成談至夜

半，吳印來，收拾行李，寄博李霞

廿五日 早八时半，東發大西閣，至柳林鋪，遇汽車，了霞，易馬行，

自由日记　　月　　日

至十八里铺换车，三时入汉中，宿大华旅社。写信毅伯、撝辰等。

夜间头痛殊甚。

廿六日 己卯 九时起，病良已。读史记陈平绛侯世家。晚与唐惜芬在家谈天，夜半眠。

廿七日 早，回臧伯信。读史记中战国诸列传。晚，在惜芬屋谈天。

廿八日 辛巳 午前读史记，饭后买五经四书一部，读左传会笺二卷。

廿九日 竟日陪惜芬周览汉市，登古汉台。晚，访曾幽轩于新汉旅社，渠新自城固来也。复嵝生、写赵凡信，又写信毅伯、石珍，[illegible]

卅日 天气转阴雨。读史记[illegible]列传以下十六篇，又读春秋二卷。晚幽轩来谈。今日自楼下17号迁居楼上四号。

自由日記　　月　日

卅一日　甲申　與費晦軒先生盤桓竟日，晚，諸子資很歡，夜月皎潔。後，毅伯冠之信，煩晦軒帶回城固。

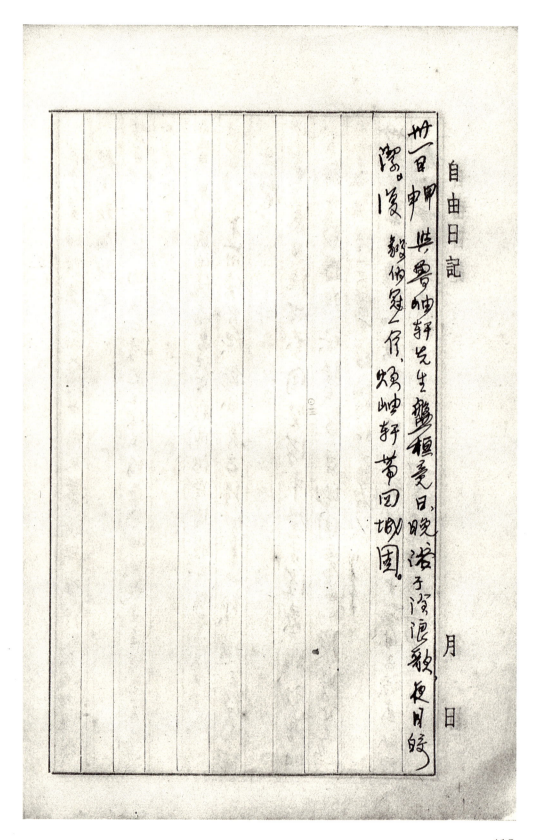

二月

一日 乙酉　病，未出門，讀畢史記游俠列傳。天氣陰晴。

二日　陰，微雪，讀札記，題的要徑。

三日 丁亥　陰晴，屋色暗了，意氣最濃。讀札記五服間。傍晚，過商務，選史學等所必需書，燈下閱容閎西學東漸記，按其書，實之自傳。中有太平天國史料，尚可一瞥。

四日 戊子　立春節也。早起，讀札記畢。閱書目答問。

五日　午前，閱四庫簡明目錄及阮元四庫未收書提要。飯後，讀周易繫辭至晚畢。寫信與新及啓東。

六日 庚寅　閱疾，未歸城園。午，睡飯，了後沐浴。精神頗適，晚讀左傳。

七日辛卯，陰，十時乘人力車發漢中，過十八里鋪，東北風，楊柳林鋪，風疾，寒不可支，五時入城，因鄉下接福海，至西城巷44号，晚飯，訪拔庭慶談天。晚博芳來談。

八日早訪毅伯、駱及孫君孫光處學棋，晚，友朋紛紛來談，未能讀書。

九日，早，友朋紛紛來談，午，赴陸詠沂先生暨翮壽宴。前許，訪雅堂未晤。歸家談天。

十日早起，赴校取十二份米貼。羅旬福海遷居大西湖44号新居，偕偶一覽所有，僅買床板二副，費38元。第三一叢讀完畢來。雅堂來未遇。

十一日，借得桌子二張，櫈一只，可以放書矣。朋友紛紛來。晚代在琮樓段立武寫之電二則，聽潔新年節。

自由日記　　月　日

十二日 晴 今日借到書十部，將書籍整理一遍。飯後方彬續書。丁塞豐一均宗來談。孫貴印來談，史西學生丁璐九為警備司令部密捕去。即往四處打聽，寫信於彭靖時、陳中，為之營救。又寫信林宰平。

十三日 早貴印來，為收拾房間，甚感！寫信士選。羅穆光來談。飯後，孫振育先。又訪殷伯西、魯峨軒。獨下閱海外吉金圖錄及羅氏所藏甲骨文，皆從哀處借來也。

十四日 晨起，積雪滿之，未出門。飯後，及晚，在撥處下棋。

十五日 己亥 舊曆元旦也。晨，雨雪霏霏，至孟雍年伯兆。羅撥處盛伯冠、武金來，同往伯西、峨軒、雍家舊諸、諸伯惠拜年。飯後，又往魯夫雲波、伯珠處拜年，晚在維民家過晚飯。晚下閱麻衣相法。

自由日記　　月　日

十六日庚子　往逛新年、到育元一寒伙家。晚往子案夫家、旋八時歸。

十七日　早、學生來。訪民苏孫光及道源，談一歸、方約要書。石珍來談。借下閱武英殿聚珍圖錄。

十八日壬寅　早、約寫王子吳彝銘跋，朋友學生相繼來。訪毅伯家午飯。飯後，由上房遷居東廂房、從此可以安居矣。燭下為丁卜一函寫傳警備司令觀弟南先生。

十九日　學生仍紛紛來、讀丁卜一函。讀周金文存第一本

廿日　家人紛至，僅讀周金文存第二本、

廿一日乙巳　鈔讀周金文存四冊半。

廿二日　鈔讀周金文存、彝器數、晚赴蔡婿弟家宴。

廿三日　鈔讀周金文存毁類、得四十器

廿四日 甲戌 鈔讀周金文存殷數、

廿五日 未起、鄒綫民來談貴印子。商之貴印，謀不再去文治辭、只得聽之。鈔讀周金文存第三卷、

廿六日 鈔讀盤鑑四篇，飯後，出席校務談話會，至晚方歸。燈下閱胡福林撰卜辭所見天神、材料甚備、

廿七日 在家鈔讀周金文存第四卷，又鈔第五卷、

廿八日 鈔讀周金文存第五卷、凡酒器多周初製、飯後盛伯拱、辰、美成相繼來談天。

三月

一日癸丑　早，鈔周金文存，來敦葉毅伯來談。飯後訪顧壽來，過錫三處談天。晚，與錫三到撰宮寶閒話。歸，閱周金文存。

二日甲寅　鈔讀畢周金文存。其中僞器甚多，皆贋；又無器銘題，文細如髮，亦未著錄。

三日　對擬稍晚，未能上課，與錫三商陸遜所擬冠一兩先生及

續作整理周金文存材料。

四日，早，上課，下午與錫三處談天。飯後，訪葉毅伯。歸，鈔讀捃古錄金文，至夜，畢二冊。

五日　上課，下午，鈔讀捃古錄金文一冊。

六日，因心緒不寧，未能上課，仍在家鈔讀捃古錄

七日，己未 早鈔讀攈古錄數千葉，午後在寓之書閣燈下閱春秋釋例。

八日 今日晨報，午前客來不絕，飯後偕錢之揆宗漢河濱小集。燈下閱陳樂素宋代職官考稿。今日匯500元寄力甫。

九日 入秋以來，連日晴朗，此為首次。鈔讀攈古錄金第四冊畢。寫信辭系主任事。燭下閱春秋釋例卿大夫傳。

十日，壬戌 早上課，了後，在系內辦公。午飯後，與學生參詢論文。燈下翻閱西漢會要，並點讀漢百官表序一遍。

十一日 早上課，飯後閱西漢會要。

十二日，甲子 陰雨，紀念國父誕辰，放假一日。早，訪錢伯。飯後，聞詢在珍，蒙其代理校長職，于前日被撤，西大已易賴景瑚為校長也。燈下閱畢上學期試卷。

自由日記

月 日

十三日乙丑，阴雨。醒了，阅谭艺途，午前上课，饭后，钞读攈古录卅叶，又读李高续狱等考证论文等。

十四日晴，午前在家钞读攈古录，饭后访友，晚阅贞松堂集古遗文补遗。

十五日　钞毕攈古录第六册，有人约出。午赴刘一峰、沈觉宴，饭后访陈谢忻先生。在均宝晚饭。所见金石拓本与字，皆精好。

十六日戊辰　早钞读攈古录第七册毕。饭后呼雅堂之女来。徒遍访朋友。晚在揽古斋谈天。

十七日　早课，课后钞读攈古录毕。

十八日　早课，课后将攈古录园金文各分为八类。晚在穀伯家谈天，盖校长易人，穀伯与蒋梦麟之流，俱为联合通、穀伯难校。

灯下写信致颉刚、涩秉，论北大同学缓推选等。

自由日記　月　日

十九日、辛未　早課，飯後寫信朱騮先先生，請援助北大同學孫修愛必入羣學過了，又寫立武論庚款講座，請調中央。

晚，公宴仲良于清華園。

廿日　繳雨，早課，午飯後，往盛伯喬問疾。晚，仲良來談邊疆學案多。

廿一日、癸酉　雨，早在家鈔黃松堂集古遺文，飯後，出席常務會議，晚始歸。滿街泥濘，步履殊艱。

廿二日、甲戌　晴，在家鈔讀黃松堂集古遺文。

廿三日、乙亥　晴，早雲波來辭行，午後與雲波小東閣橋頭品茗，晤徐石珍家叢話舊，為石珍餞行也。

廿四日、丙子　早上課，下堂，理今日雜件，飯後，鈔黃松堂十路叢，劉一峯來，晚去。晚，為雲波餞行。

廿五日丁丑 早課三時，飯後，鈔貞松堂第四卷畢。燈下，閱鮑臆園手札及篆稿筆記。

廿六日 上課，三節，鈔讀貞松堂第五冊

廿七日 上課，三節，鈔讀貞松堂第五冊，併將舊鈔材料集于一處。

廿八日、鈔讀貞松堂第六冊。

廿九日 星期日、鈔讀貞松堂第七八冊、

卅日壬午 在家鈔讀，貞松堂第九十冊

卅一日 早上課，午後到校辦理學生旅行經費事。晚鈔畢貞松堂集古遺文三代部分。

三月

一日甲申。鈔讀貞松堂集古遺文補遺兩册。歸後，校呂大臨考古圖三卷。錢國伯來談。蜀大後廿九年相邦肖往劍，定為趙惠文王時遺物所作。

二日。鈔校考古圖薛氏彝器款識畢。晚飯後借林冠一兄往季夫家借書，歸來談天。冠兮去，翻閱夢坡室獲古叢編一遍。其中真確可信者，百無一二，可謂集僞古董之大成。

三日。在家鈔校續考古圖，飯後王開夫來談。

四日。東北風，天氣寒冷，時陰。晚雨，室內生火，不溫。鈔校寶蘊樓彝器圖錄。又鈔陶齋吉金錄兩册。其所錄校彝器，雖為鐘鼎而成千四器，實只自二尊、盉、勺數器耳。

自由日記　　月　日

五日戊子，鈔讀敬吾心室彝器款識及寶蘊樓彝器圖録。

六日　鈔讀武英殿彝器圖録。

七日　改蒙椿輯所鈔材料。傍晚偕拱辰至北路上散步，方知麥已抽穗，油菜花黃矣。

八日　早上課，午後理髮。晚閔夫、廷一、拱辰來談笑，鈔集續殷文存，其中偽器不少，蓋容庚孫海波王辰之徒，勢力有限，徒能編寫而已。

九日壬辰　早課，飯後排比鈔集金文材料，

十日　因喉嚨未上課，繼續排比金文材料，飯後，櫟齋衛西蒙家續訂西周年譜。

十一日甲午　排比金文材料，爲地方士紳周趾祥君作行狀

十二日乙未　今日星期，钞绿围幼人名别号
十三日　钞录李商隐之传略文释
十四日　早课，饭后刘一峯病。饭后整理钞录全文材料
十五日　早课，饭后，整理钞集全文材料、
十六日己亥　早课，发电嘱刚，请代商借通余先生家路费来。
钞集全文材料，今日整理就绪。
十七日　早课，饭后整理全文。
十八日　连日夜雨昼阴，寒风猎猎，殊不可耐。在家整理全文材料、
提出人物时代略可考见者之部分。饭后高元白来谈天。
十九日壬寅　星期日，未出门。钞绿西围人名及别号
廿日　续钞西围人物名字、
廿一日、因病未上课，钞录西围全文所举大家中人物名字。

自由日記　　月　日

廿二日乙巳　續鈔兩周金文辭大系中所見人名。鐘時上課。

廿三日　上課。課外整理金文稿、

廿四日　學校發米貼內扣錢，遂未上課。

廿五日　於家整理金文人名索引。

廿六日　續作金文所見人名索引。今日星期日，早晚家事不斷煩苦。

廿七日庚戌　週一。於家排比金文材料

廿八日　早上課、歸後整理金文、考釋數器

廿九日　早課、歸後整理金文、考釋數器

卅日　早，因病請假。歸後訪高道天談命相

一日 甲寅 课，因病请假。午前携宸冠之来谈。饭后家之来谈。今日收到中央大学路费1200元。

二日 早起，阅王振铎秦郡县考、及王宗桂春秋时代之戎狄。饭后，沐浴，午后携子综、宝、绎访钱伯，晚饭后携宸霞谈天。

三日 星期日也。为跨生写字，刘城园云，「南山有鸟北山罗，世路从来险峨多。明日辞东京，国去江潭柳色更婆娑。」

又补成一月廿日登滕王台诗云：

滕王台上云飞扬，我自离家望故乡，华胡尘何日扫清，九州烟树绕潇湘。

自由日記

月 日

四日 丁巳 續讀元詩文研究。

五日 昨夜，疾風暴雨，屋漏，不能安眠，起甚晏。寫信賴景瑚校長，辭職。補錄隸纂考釋未成者，未竟也。

六日 立夏 完成隸纂銘釋。另寫濬縣辛村墓葬之年代。

七日 午，金校同事，公宴賴校長。三時，校長招待茶話會，晚始散。在揆宸處談天

八日 辛酉 寫成論濬縣辛村衛墓之年代。

九日 星期六，在家休息。

十日 晨，寫信盧錫先生及頡剛，告其行期。又寫信吳[illegible]，請付予費印講學子。錢俊瑞生茂來，杜鋼伯，晚同鄉程鳳庭來幫助收拾行李。

十一日 甲子 晨，收拾行李。就緒，即着程鳳庭送至車站。四時，史學系

同學錫之來阻。在茶館小座。羅楷校長偕錫伯、戴某訪兄未晤面，而東文不到，行決不可能。遂折返錫伯家後，行李亦由同學等搬返原處。中央之行，遂成畫餅矣。晚飯後頗感不適。

十一日　病，終日未能進食。臥讀梅村詩集。

十二日、病良已。仍在家休息，讀梅村詩集。

十四日　寫信　樊中雲　趙剛，晚飯後，沿河道品茗，夜深方歸。讀梅村詩集。

十五日　在家草擬下年度史學系課程及系外聘專教授計劃呈校長之閱也。

十六日、黎明起，前往東湖畔品茗。六時許，過梁夫家借書數種歸。翻閱錢清館全文及樊千楷評識一過。

十七日庚午　以攀古庐钞清彼两批金文校补笺释材料、
十八日　早起，还谭夫书。又还仲良、雷侯书。赴校图书馆再借书校猃狁考、阅瞿宣颖北平史表长编。晚饭后，至泽以处散步。雨后江山，仍带凉意。
十九日　晨起，赴校上课，晤何步陵、原。饭后，阅江永推步法解。借订殷周金文汇编。
二十日　晨课，课后出席招生委员会。饭后又参加演说竞赛评判会，晚间，客来，不能读书，殊为闷损。
二十一日　上午课，课后午饭，饭后仅将朕殷考释修订一过、前年作误为每伯殷者
又绍铭来、玉蝉方九时方请阅倪高尊跋、
廿二日乙亥　检读陈高钟具一通。九时上课，十时出席毕业试验会议。饭后，参加演说竞赛评判会。竟日会中过去，无聊之极！

自由日记　　月　　日

廿三日　丙子　昨晚饮食不良，今早即病。顺至午时起。精神稍安。得朱骝先先生信，告其决赴粤中大矣。昼访援庵伯来谈天。晚饭后，沿河滨小坐。月色明澈，潆然后归。

廿四日　星期日。早，读　朱骝先先生信，嘱其暑假可赴中山之约，但旅费太大，恐难成行耳。饭后，偕援庵同往西单图书馆看书，晚归。傅东来谈。

廿五日　写信　陈立夫先生，告其研究部图书应由第五服务团之总员负责。教部不应以该团群小之事，罢归于教。又覆萧纯锦先生信，允其暑假可赴中山，因路费过大，不能保无虞筹措耳。

廿六日　早课，之以信得郑所南心史及谢皋羽晞发集合刊，读之，愤慨无已。

廿七日庚辰　早，三课。午饭后文学楼中开会。晚，与寓张玉裘三君于清华园散步归。月色皎洁，闻有蛙声。

廿八日　早课，课后写信：谭仲、沛君。信已发矣，复读仲侪烛下再复谭仲及鲁珍信。

廿九日　阴，微雨。早课，课后阅论文竞赛九篇，题为青年生活与民族复兴。鲜辉煌之作。

卅日　阴雨。饭后，孙家整理全文。饭后会王校长取新水，搬迁出未果。读墨睇散集。

卅一日甲申　夜来雨渐大，过午方休，天仍阴阁，闻南山一带秧子已插矣。孙家整理全文材料。

一日 乙酉 星期六，陰雨，在家整理全文。
二日 早課，下午閱世界史綱，午後，天轉晴，晚飯後散步
漢江之濱，過南江大橋而歸。
三日 晴，清晨起，缺課，往家擬定招生試題，閱于中行職
史綱，六時晚飯後漫步漢水之濱，小憩，獨八時半歸。
四日 早起，監視畢業考試，課畢，歸。午飯後睡覺，晚，品茗
于漢濱茶園，九時返家。後來，寫信，寄稿聯系。
五日 在家寫書。約緑生靜安先生作文題，續讀，晚，赴史學系
歡送畢業同學公宴，十時歸，寄信楚雲，匯給老太。
六日 遂日疏懶，未繼續寫書，晚，茗于漢濱茶園，夜深歸

七日 辛卯 星期日。整理金文考釋

八日 早，撰史志研究題識，續整理金文材料。

九日 早課，之後，偕吉閑先往民安館飲茶，味極惡劣。午飯後，小睡，餘時閱春秋紀事本末。

十日 早課。之後，常睡，蓋窗西向，午後殊燠悶熱也。閱先秦天道觀之進展，及古史辨第四冊。

十一日 早課，之外，整理金文考釋

十二日 早，考史志研究，飯後作仲殷父毀跋，評完試卷。

閱卜辭通纂

十三日 丁酉 作金文考釋數器

十四日 星期日。早起，不斷客來，不能做事。飯後，遊極，沐浴，子潭江歸，復曹珍子明、李偉信。

十五日己亥 夜來雷雨，日間霡霂不絕。復顏剛信，閱西遊記。
十六日 早課，歸後，約仲賓、擘黃、冠英遊清華園，讀至黃
昏。赴三校聯合茶話會，藉通熟識也。
十七日 早課，下午，閱西遊記，偕清華園讀書矣。貴卿來談。
十八日壬寅 陰曆端午節也。赴張育元家午宴。晚，為安嶼子家
來屬畢業生安玉如女士之婚。
十九日 閱經，在家讀西遊記。
二十日 病，午，擘黃、冠英、慧修、法章、安仁、玉棟、晉叔、冊
英諸君為余餞行於清華園。扶病坐，移時歸，至晚
精神始恢復。
廿一日 畢業同學陸續返里，錢表弟辭行，就寫介
紹信。又發快信促傅作，勸其勿來。

自由日記　六月21日

廿二日 午，雨。早，學生相繼來，我送彼等升車出站。飯後，訪賴校長，談交涉要辭行。寫信道謝。晚，偕王潤夫嫂至小陳濱，談聲月色，差解煩暑。

廿三日 客陸續來，晚飯後始收拾行李，

廿四日。搭八时班車赴漢中，下榻西湖旅舍，遇史學系同學甚衆。據云明日有車開廣元。

廿五日 晨六时上車，七时過褒城，十二时入五丁關，午後二时抵寧強，即寧羌縣治也。烈日如火，饑渴不可佳。飯後，即乘冒雨開車，過七盤關（即西秦第一關）晚宿中子鋪，廣元[illegible]境也。

廿六日 早發中子鋪，十时半抵廣元，下榻中秋旅館。寫信朱騮先及郭沫若，介紹丁、江、周、王四君。

自由日記

廿七日 滯廣元待車，晴有細雨。往陣亡將士紀念碑附近，得石碑一，以"大明大順元年"紀年，惜全文已泐，不能考其紀事耳。

廿八日 以郭四維局長介紹，附郵車，別盛伯南行。晨五時半啟程，午飯于劍閣，六時許即抵梓潼，仍宿傑英旅館。

廿九日 五時半上车，途中时有濃霧。八时渡涪江，入綿陽。以百元代價僱人力車二乘，即赴三台。午飯于塘汛鎮，晚七时過靈興場故居。公園北垣，月上東山。抵城，九时許矣。借住盛伯家。

卅日 遷居上陞街蕭家祠十八號。晤鷺冰、思寬、季錚、子勝、魯瑤。惜江之泳今晨過蓉，未獲一面。

六月30日

七月

一日乙卯——十日甲子　此十日中、訪友、酬應之外、則惟臥病。

十一日　病仍未痊、在家休息、讀穆編自遣。

十二日丙寅　病痛、寫信城內、重慶各友。連日熱極。

十三日　閱吳大澂致陳簠齋尺牘七册。寫信中大諸友

十四日　天氣熱極、閱廿二史劄記、終日休息。

十五日　熱極。吳、滕生來談。閱廿二史劄記。

十六日　大雨、天轉涼、閱廿二史劄記、在孫家打牌。

十七日　時有陣雨、午後在萬隅家打牌

十八日　早、雨霧、出城看勵德。歸、閱廿二史劄記

十九日癸酉　陰晴不一、在家閱廿二史劄記

廿日甲戌 晴，熱不可耐。飯後由魯沁處再往稻米家談天，晚飯後歸。

廿一日 閱張蔭麟著中國史綱第一冊及廿六史劄記。

廿二日 連日倦極，早起理髮，過李維華家，午飯，飯後談天喫茶，晚歸。

廿三日丁丑——廿八日 除三餐、睡覺，坐茶館而外，僅讀畢廿二史劄記及元氏長慶集。後接友信。

八月

一日　乙酉　復朱騮先、顧頡剛兩先生信，又復凝一、陳樂吾叔信。寫信中舒、後買史記會注考證了。孫清來復。

讀北史一卷

二日　晴，發熱，讀北史五卷，復愛之書孫信。

三日　晴，熱，讀北史一卷，孫清借傳廣東溫湯錄，飯後玩賞，頗有意趣。

四日　讀北史四卷。熱不可耐。

五日　乙丑　晨明起，游泳畢，啜茗于茶室，讀北史煬帝紀、恭帝紀。觀北史、魏、齊、周、隋紀皆以簡略，且本紀兩帝，應紀後略，獨于煬帝紀詳錄詔文，且不循常例而錄上，轉直錄實錄

所未曾修行地也。復草路文通訊，又讀北史二卷，

六日 晨來微雨，朝而風雨驟來，天氣轉涼。鄭翔綱先生約赴宴社，蒸暑，往民眾館觀競聯，晚歸來。

七日辛卯 讀北史畢第十七卷，天陰涼。

八日 讀北史三卷，午，大雨。寫信給俊

九日 天熱，讀北史三卷，訪仲達于慧泉寺

十日 天熱，讀北史一卷。碩泉、仲達來談。

十一日乙未 晨雷雨，讀北史一卷。復顧剛、仲良、麥之信。又寫信蕃孫、彊沖之函。

十二日 讀北史二卷，飯後訪蔣宋，晚飯後因為蔡開基。颶風卒發，冒雨而歸。夜天氣轉涼。

十三日丁酉 天轉涼，讀北史一卷，孫君來談，聯極至晚方散。

自由日記 月 日

十四日戊戌　读北史一卷。修时[illegible]以去。

十五日　偕木匠来家修理家俱

十六日　木匠再来家续修家俱、

十七日　读北史五卷

十八日壬寅　读北史35至38卷、

十九——廿六日，打听船期，路边访友，谨读北史十卷

廿七日　午赴[illegible]家婚礼至午后。潘不谦君以开罗某方，颇受挑拨、抑，其夫人萧女士愤而开新生食堂，以自谋生。开幕闻书篆联以贺之。

同人于野，不家食吉

其子明先在中镇员。

廿八日壬子　晴热，在家收拾行李。

廿九日 收拾行李家具，上船。夜宿東河舟中。

卅日 晨九時半解纜，晚泊鷺鶿磯。朝來送別者寥，臨盆三處于閾。

卅一日 卯正，晨附抵太和鎮，謝上漫游舍館，潤生、顧占旅行之苦。

自由日記 月 日

九月

一日晨雨，七时抵太和镇之射洪之宾馆，靠岸，街上闲游

余饭小生，惊忘旅行之苦。

船泊于太和镇者四日，八日午后始解缆，夜泊安康。次日泊耗子陀、野

猫溪，安居。水浅，驳载过渡马家渡，直至十四日始泊合川。翌

晨搭民昌汽船至磁器口，转河坪坝，访刚伯叔觉。十五日访大钧不

遇。十六日溯江至柏溪，访静刚。翌日起，在江边待船，至十九日始

得盛伯信，知船又在[illegible]碛搁置。廿日再溯江往北碚，晤家

眷及[illegible]夫妇。次日原船南下，泊土沱。廿二日午抵柏溪。

搬运行李至市外四里许杨家院子。终日雨，屋了、上穿下流，

漏不可奈。[illegible]儿病，小敏病，小满亦病。余与[illegible]两昼夜

遂决迁河坪坝。

十月

初旬往河坪坝觅新居，无成。適鍾贽虞兄介绍石门村段吴、陈宜迳先生住宅，须币千元相让。刘伯坚、程仰之兄皆谓宜购买，又方筹新债。于十六日往小龙坎杨鹤楼午宴。毕签字。十七日，贽虞等冒雨迁入石门村，张克宽君为之照料也。余亦往劳往返一度。

十九日 往家收拾行李。

二十日 开始上课。

廿一日 上课。

廿二日 上课。

自由日記　　十月　日

廿三日　在家寫信：鷺冰、學勇、仲達、秉南、滌生、侯卿諸兄。

廿四日　今日陽曆九月望，蓋亡母千二百初度也。早起帶少敏至小龍坎買菜，歸，續寫信：繼華、穆清、潛齋、全忠、丙璘諸兄，復盛伯、蘇伯信，又寫信碩東、青峨。晚剛伯來

廿五日，早出門訪朋友，晤涵之、月坡、樂訪。留午飯，同往南開崗圕牧蔚，晚歸，便道訪吳子馨。

廿六日　在家讀函貞雅指，並草商周史大綱。

廿七日——廿九日，上課之外，應酬來賓，未暇讀書

自由日記　　月　日

十月

一日——十九日，上課，整理書籍文稿。

二十日，雨，未出門，鈔讀呂氏春秋二卷，續纂作也。

廿一日，雨止，天仍陰晴，續鈔讀呂覽。

廿二日，星期日也。未出門，鈔讀呂覽，畢。計自去年八月中旬，停滯[illegible]若干種，均告停頓，西北讀人，不謂一至于此也。午飯，蒙先生來談古籍事。

廿三日，早課，八畢，二適毅伯兄來訪，飯後同出，爲朋友，至晚十時半返家。

廿四日，早，訪毅伯，未遇，往叔俊處借書歸。飯後上課。燈下開始整理民國人名別號錄。

廿五日 上课外，作商𠭯父彝跋，灯下整理殷周金文丛考稿，𠭯即𠭯之初文，象契龟形。

廿六日 上课外，重次宗周金文。

廿七日 在家整理金文

廿八日 写完琱生毁释文，即俗称召伯虎毁。

廿九日 写完师寰毁、寰盘、师訇毁释文、

卅日 课后，写完牧毁及叔弓镈释文。

自由日記　　月　　日

十一月

一日 上课，写金文考释。

二日 上课，写齐洹子壶考释，定为齐顷公之器，管惠子之孙，恒子启方所作。

三日 上课，写散毁考释，对地理方面，多所考定。

四日 作散毁跋，又写定虢季子白盘铭考释。

五日 写定兮甲盘考释。

六日 写定不嬰毁铭考释，黄闻年来谈。

七日 写定秦公毁秦公钟考释。

八日 上课，又写定宗周钟考释，钟铭所谓艮子，殆即濮子，亦即春秋时百濮。

自由日記

月　　日

九日　課後寫定善夫克、仲義父、仲姞義母諸器釋文。

十日　應考試院聘，赴雞鳴山閱高考試卷，晚宿閱卷樓。

十一日　在雞鳴山考試院閱卷。

十二日　在雞鳴山考試院閱卷。

十三日　正午，閱卷可畢，國文成績極劣，鮮通順者。三時乘肩輿過石門坎，燈下預備功課。

十四日　上課，下午，寫定伯克壺銘釋文。晚，楊[illegible]先生來談。

十五日　上課，整理鄭國名字錄。

十六日　課餘，整理金文名字錄

十七日　課外，整理春秋名字解詁及補義。晚，赴史學系茶話會。

十八日　寫金文考釋，可確定其大師鐘伯侵鼎為楚鐘儀先人所作。須象先印楚繒錄年、襄景為匡臨所作，皆前易之論也。

自由日記　　月　　日

十九日、傍晚晴，夜月皎潔，為蜀中所僅有。鈔錄戰國策人名。袁守和還稿件多。晚大鈞兄來。

廿日、鈔錄戰國策人名畢，晚預備功課。

廿一日 上課，錢沈熙剛來談，晚陪大鈞往閔家談天。

廿二日 上課，整理商周史講稿

廿三日 [illegible]巳 上課，整理卜辭史料，晚赴仰之兄宴于杉鶴樓。

廿四日 課外，鈔錄卜辭講稿

廿五日 上課午鈔續卜辭，錢沈進城，送朋友

廿六日 返城，晤毅伯及朱澹秋，訪陳民姨。及太伴

廿七日 晤彥堂，傍晚，遊沙坪壩

廿八日、上課，課外，鈔卜辭，又為學術審議委員會審查施之勉、鄭師許著作。

自由日記　　月　　日

廿九日乙卯　上課，讀史記趙魏韓田諸世家。

卅日　上課，閱顧觀光七國地理考。

卅一日丁巳　上課，寫呂太叔斧及郘𣪘戈劍跋，定太叔即魏叔（顏），戈即魏戈，皆為確證。

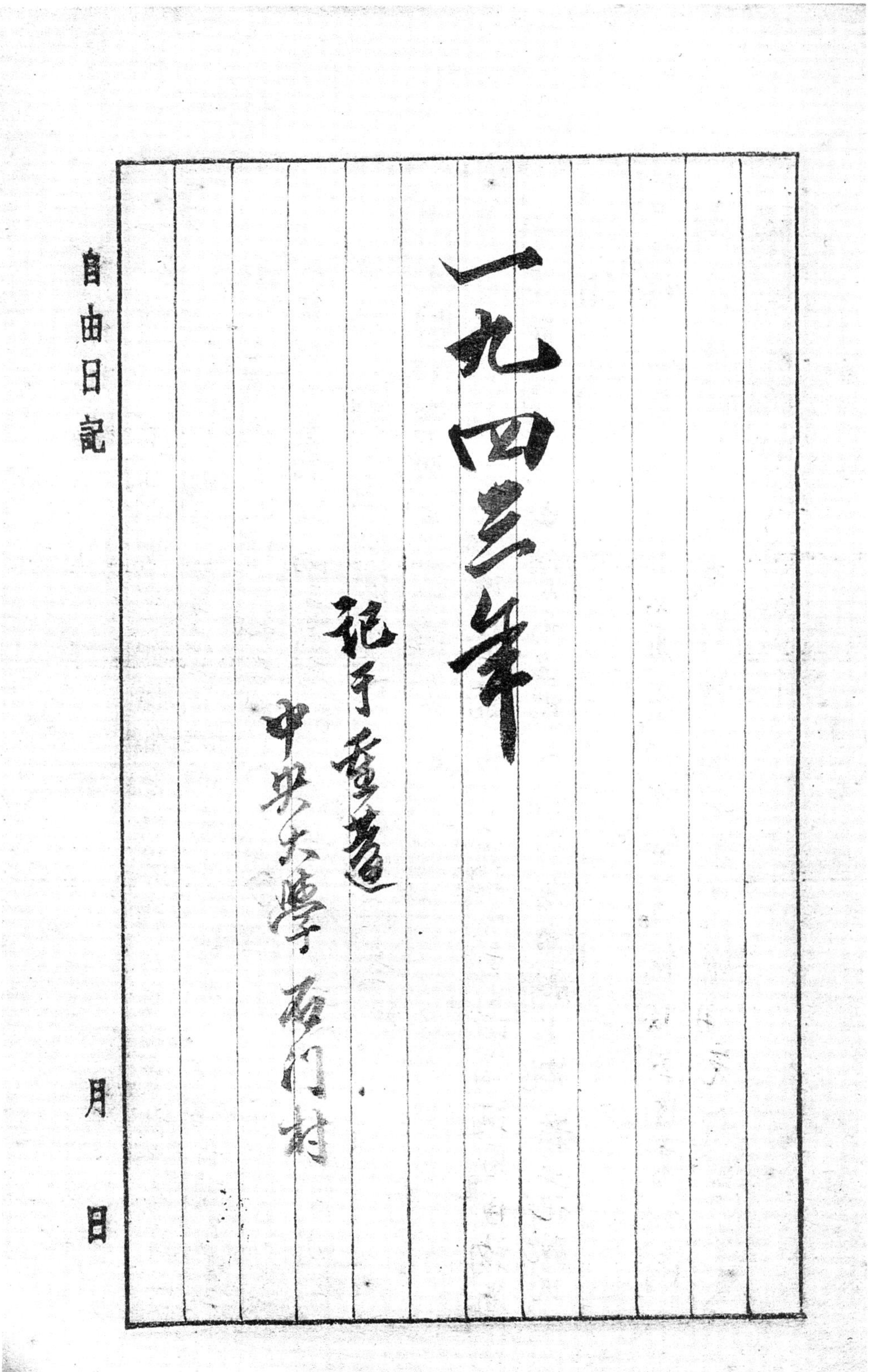
一九四三年

范予遂

中央大學 石门村

自由日記

月　日

自由日記

元旦 戊午 未出门，写完越国铜器诸器释文，并考定诸尚余卑口於赐，即越王允常，诸尚余之即无余之。姑冯昏同即灵姑浮。又论者（字）旨於赐之戟君，楚之人主之。（楚）越人名字响喝，多至六七字，中原载记，但截取两三字，所截不同，往往歧为二人。如姑冯昏同，左传谓之灵姑浮，越绝书⊙又简称为冯同，是也。

二日 未出门，整理鲁器释文。

三日 比勘六国兵器，识出上鉊（鉤）诸字即询字，古之所谓询匠。由询省而佫，更有鉊字，由鉊形近照，又讹为召，为剂，为桃，考工记桃氏，亦鉊之误。

四日 上课，隐多来，数年不见矣。留午饭去。饭后，至图书馆翻阅小校经阁金文拓本，对战国兵器略有补充。晚写金文丛考大纲，将密守秘也。

月 日

自由日記　　月　　日

五日壬戌　上課，下午寫韓鳳劍及盥卯戈跋。

六日　上課，下午審查高文《古籀篇集釋》及小學述作。

七日甲子　上課，毅伯來，同游朋友。燈下，寫趙莊戟跋文。

八日　寫建躬君劍銘跋。彥堂自城來，午飯後同出訪友，錢□。

下午審查王聞夫訓詁學講義。

九日　陰。彥堂將歸，飯後往各處索還書失。晚歸，夜續讀子時睡。

十日丁卯　早送彥堂至汽車站，歸，便道訪吳士選。出，遇，歸，整理全文。

十一日　上課，下午校閱鷹晴論林君論文。

十二日己巳　上課，寫內亘其卣跋，論定內亘其卣即越王句踐。寫信圭峨，汪琛，中國農民銀行，及袁守和，郵將跋文寄與北平圖書

館了刊發表。

十三日　上課，下午重寫毀圍全文考釋　說明書寄守和。
此□資料

自由日記　月　日

十四日辛未　上課。下午，寫第叁跋、重編次其原文。（原來點[illegible]）

十五日　午，適[illegible]陵訪在高鶴之先生處，看古玉古錢，並午飯，歸。檢示整理舊鈔戰國人名表，作太公子果戈跋，屈叔佗戈跋，皆論定戰國兩周時代、楚器。

十六日　整理金文人名、

十七日　寫第叁跋竣，識約五千字。守和來談。（文由頡剛轉交守和）

十八日乙亥　上課，下午，鈔錄戰國人名。晚將論吳第、太岳與昆侖文
頡剛爲文史哲季刊發表。

十九日　竟日為友買煤、倒煤，極疲，竟晚不舉。

二十日　上課，鈔戰國封君、將、相、人名表畢。

廿一日　上課，重寫甚卯劍跋，又將十二家吉金圖錄校文錄一遍，
補錄散錯

自由日記

廿二日己卯 重寫亞中兵族彝器跋

廿三日 寫趙孟后鳩杖首跋。閱吳卓信漢書補注。

廿四日 整理金文考釋稿

廿五日 早上課，飯後翻閱庫方二氏甲骨卜辭。晚參國文系畢業

同學之宴。未寫書。

廿六日癸未 上課，晚訪劉先生談。

廿七日 上課，抽錄殷代金文數則，加以修訂

廿八日 陰雨，上課，夜電燈不明，不能讀書。

廿九日 釋錄卜辭人名，畢。飯後往河埠買什物。晚洗身浴。聞

隆弟兄閩信，以西昌兄相助。鄞閩事可以隨去矣。電燈不明，

約檢綴遺齋彝器考釋七本。又修改論叢常太岳南

崑崙山一節。

月 日

卅日　丁亥　收政府傳薪水及補助費共千九百元，即往沙坪壩買鐘及陶器。將論黃帝、大岳與崑崙山篇修訂一過。

卅一日　孫家繡校繆遺為彝器考釋。

二月

一日 己丑 上課，鈔殷虛書契後編。

二日 晨，冒雨入城，買鋼水壺及其他用具。晚歸，續鈔後編。

三日 早上課，鈔後編，往汾埠堤買什物。晚往張蔭麟家談天。將黃衣袁之千餘元，並以獎助金千元，合物價元，交與曾道吉（代）君璐之台，還續欠。並寫信致信卿及宋諤冰。

四日 今日大雪多也。未上課。收拾家中。晚約樓石庵先生及繆贊虞、周鐵賢、陳仲瑜來家晚飯。九時許，客散。前得峨兒來信。謂潤之兄于陰曆十月間作古。兄，叔父頌武之冢子也。長余一歲。幼時同横小學同班，出入相隨，夜抵足眠。頌武于廿四年夏，逝世。之孀于前年再嫁，之叔亦于去年遭寇人之毒手。連年遭期服之喪。

而冤氣何表，終歸哭之無路，噫彼蒼天，何其酷也！潤之自小學畢業後，升學不成，隨姊便攻國文，嗣任小學教師。遭世險釁，竭我之強壯之年，為宵小所陷，繫于縲絏，逾年，事始大白，憤而經商。抗戰後，鮮通音訊，今忽以殤聞，豈不悲哉！

潤之性豪直過于余，人有饑餓者，輒施而不校，惟好較及錙銖，是其所短也。今其死矣，雖有錢田數畝，僅足贍孤孀。余之孀以青春之年，遭遇之年之喪其夫，其情況之慘，可勝言耶，死者已矣，生者何堪！余及二叔主稿誄表。如在目前，噫，何吾家之不幸若是也！

五日　晴　元旦。溦雨竟日，復乃颳風。頓覺衣單被薄。在家鈔殷虛書契後編。

六日。春雪濛濛，寒甚隆冬。在家鈔殷契後編上卷畢。

朱澤新自城來。談。
七日 晨，瞻雪證之，屋瓦皆白。澤新去，容陀侯來，借鈔殷契後編
十四葉。
八日丙申 天轉晴，容臧手帖。畢，上課。周南益、王宗桂自北碚來，留午
飯，去。讀三統術之五星紀術。
九日 上課，鈔殷契後編
十日 上課，下課後，回君叔儀宇昉。歸家，澤平來。留宿，談天。
十一日己亥 偕澤平往魯珍寓拜年。
十二日 魯珍約午飯。飯後，偕澤平入城。晤朱澤新、錢清廉。夜宿
廣播會，與周煥鑒、曾孫洪先生談天。
十三日 方起身，韓儒林先生來談。即取廣播研究費500元，至
魯伯純先生拜年，未遇。在二新池沐浴。冒雨至黃桷街，搭車返北碚。

自由日記　　月　　日

十四日壬寅　鈔讀殷契後編，理髮。

十五日　鈔讀殷契後編

十六日　鈔讀戩壽堂殷虛文字及考釋之殘本。

十七日　鈔讀殷文存殘本

十八日丙午　鈔讀殷文存殘本畢，復校錄通纂。

十九日　商周史考試，因學生反對吳文藻為教育長，要求緩考。出論文題四則。飯後進城至魯家，飯後，晤園丁明先生，承為代售衣物。取其值，以還前債也。

廿日，至新街口鹽務局訪友，不遇，於西七星園搭車返小龍坎，歸家，頭昏，即臥。午後三時起，鈔讀卜辭通纂。

廿一日，劉枕自柏溪來，暢談，未能讀書。

廿二日　鈔讀卜辭通纂。

自由日記　　月　　日

廿三日辛亥　鈔說文通纂。

廿四日　鈔說文通纂畢，晚陳某來，宿此，後去。

廿五日　錄陳某還南鄭中段校，乃鈔新獲說文寫本，乃候家莊出土甲骨文字。

廿六日甲寅　讀殷契文存及殷代金文考釋稿。

廿七日　早，宋慶祥來。君陶經由寧接其未婚妻來。導于去年十二月發薪水，今始抵渝，先後歷四月矣。

廿八日　錄陳偕劉伯莊李同往少龍坎。夜飯于莊李家。把酒持螯，入蜀來奇味也。

三月

一日 丁巳 選錄殷代卜辭全文，作先秦文講稿。

二日 為朋友閱林某博古書稿選。

三日 陳少龍攜喀壽帝。開始寫定殷周銅器銘識彙考、

四日、早叔償闡伯來、午飯，飯後同出散步，晚歸。今日蔣公到校視察、

與學生共談，借書籍多。

五日 陰雨，整理西周史講稿

六日 晚雨，夜風止。整理西周史講稿

七日 晴，日光清亮。在家整理西周講稿，再閱王氏殷、

八日 甲子 整理漢律略考講稿

九日 整理殷金文考釋稿，陳某來，陪往河埠堤談天。

十日丙寅　上課，整理殷金文考釋稿。

十一日　上課，讀獲麟年曆補。寫信陳東原、孫瑞甫、容希白、商錫永等。寫信頡剛，復寄魯大學。

十二日　寫完亞古盉、亞𤔲盉考釋。

十三日　寫完女㚸彝考，並申論斝異。

十四日　寫完亞[illegible]角考釋，論卜辭習見[illegible]諸字，疑是[illegible]字，讀居力反，近人釋羌非也。錄後閱試卷。

十五日　課後，寫完戲爵跋。戲即蔡字，象兩手共械一枝之形，從戈，戲之古體耳。戈者杖也。

十六日　早課，錄後，往仲瑜兄處談天。晚朱東潤先生來談。寫信頡剛，借代要稿費。

十七日　早課，將作[illegible]爵跋，書觀未成。

自由日記　　月　　日

十七日　晴　讀五礼通考，撰时考五卷、

十八日　午前、上課，歸後續撰时考。燈下寫呈曾及吳尚緒

寫信寄胡朴安先生，商借書也。

十九日　鈔讀淮南子三卷。晚應量宇家宴，談至夜深歸。復顧伯曾信。

廿日　早張遂吉來，午後宋廣穆來。鈔讀淮南子五卷、

廿二日　上課

廿三日　上課

廿四日　早課後，入城，出席安徽同鄉會，晚宿廣彩會

廿五日　訪周信智，歸，午抵家

廿六日　早課，歸後推定五年月食、

廿七日　陰雨，讀大衍曆議。晚應曾鴻甫先生之宴。

廿八日　讀新元史撰时考

廿九乙酉 演習時間

卅日 課外，演習時間

卅一日 課外演習時間。

四月

一日丙戌 春假，鈔錄廣書契

二日 病，終日偃臥。至晚稍瘥

三日 伯思、吳子馨來，盤桓竟日。

四日 衛聚賢寄了一本《中國之同東の域》。即寄楊聚賢

露。與商錫永，劉已有年矣。晚打牌

五日 早起，沐浴，飯後歸。家人陸續來。未讀書。

自由日記　四月　一日

六日　癸巳　鈔殷契，錄頌，劉敍原來函書，君英士及仰之來談，竟下，讀以時憲術推魯哀公十五年正月庚申朔。

七日　早課，錄時於家，鈔讀殷契前編考六卷。昨夜寒風凍雨，今晨不絕，天氣異熱，以隆冬提行夏令也。

八日——十六日，上課鈔書以外，鮮所往還。

十七日　星期六。寫信　曾先生　劉鋒山，又復澄平毅伯信。

十八日　早衛聚賢、蔣東來，入城，開說文社籌備會。之頌謂沈孟士師于學田灣寓社。師方自北平來，年五十餘，未見老態，但已長髯矣。自謂不適，從宿中印學會朱滌新兄處。

十九日　至監察院訪毅伯兄，不晤。至中央圖書館訪仲瑜，未晤，將丁衣交蔣慰堂。錄頌，乘車返沙坪埧，鈔讀殷虛書契續編數葉。寫信　天行　聚賢

自由日記

廿日、上課外，編輯周史講稿。

廿一日 上課、編殷契續編。

廿二日 編殷契續編第一冊畢，飯後，王宏程自天生橋來談，燈下完成商周史講稿、周節——

廿三日、編續編。上課、

廿四日 編續編

廿五日 編續編，晚赴錢送畢業同學會。

廿六日 早課，飯後宋廣祥來，晚雨亭來，飯後編殷契續編

廿七日 上課，編殷契續編第四冊。

廿八日 上課

廿九日 編續編第五本，赴畢業同學公宴，在蟹梁晚飯，夜歸

卅日、早課，飯後編續編。夜，電燈不明。

月　　日

自由日記　月　日

五月

一日　早，鈔殷虛書契續編畢。

二日　清理所鈔卜辭方國部分。晚編西周史講稿

三日　課外，編西周史講稿。

四日　上課，下午編西周史講稿

五日　上課，飯後至小龍坎買菜。編宋周史王朝盛衰綫

六日　編封建制度，論周禮千字

七日　早上課，飯後沐浴，赴盤溪回家畢業同學，晚歸。夜緣

伯申謝絕事業，待至夜深睡。

八日　早，送伯申經手續訪埭堰。

九日—十四日，課外編封建制度講稿

自由日记

十五日 晨起，写信岷舆、骥麈、若卿、白纯先生，又复孙俊卿及吴仲达信。钞录金文中宫名。

十六日 早饭相来，饭后，说文社以车来，遂至西路口开会。晚宿陕西街说文社。

十七日 早同广云、程仰之往宣社谒董师，午饭于聚丰园。归途过化龙桥访丕襄。抵家，于时路黑矣。

竟日阴雨，天气转凉。

十八日，在家休息，钞录金文宫制材料

十九日 早课，钞金文宫制材料

二十日 早起，警报，十时许解除。钞录左传宫制材料

廿一日至廿四日 上课外，钞殷契前编，后停电，很早眠。

廿五日 课外，钞左传宫制材料。为燕伯写信 士[illegible]

月 日

廿六 課外，鈔殷虛書契。

廿七、鈔殷虛書契。

廿八 課外，鈔殷契。

廿九 入城，謁西師及魯先生，薄暮返。到述快來。

卅日 頭痛竟日，不能飲食。

卅一日 痛稍靜，鈔殷契，間休息。

自由日記

六月

一日—四日，课外、新股契约编毕。

五日甲午 早，坐滑竿赴柏溪听顾颉刚教授之讲。午归。晚宿文史杂志社。

六日 早在柏溪访友。过午，偕焕舟归沙坪坝。

七日 今日端午节，购肉而已。聊作纪念。——

八日 早课，为学生讲前编。课外，校录契约编。

九日 中大成立纪念日放假，钞校后编。

十日己亥 早，杨倪来。写信，理手稿，又复刘子植书。

十一日 早进城，访朱骝先先生，与之同午饭，迄四时归。又印

十二日 肠痛。

月　日

自由日記　月　日

十二日辛丑　頡剛去九时起，午後進城，了從訪女讀天。晚季龢遜先生来談、覆羅子為、孔肖雲及白純先生信。

十三日　接讀兩鈔齡廉書，要余編

十四日癸卯　早課，晚與剛伯、孫雲鐵、靜安于松鶴樓，請王耘深歸

十五日　早課，歸後不明。緣健珠、謝景英德相繼来談

十六日　早課，歸後整理全文參釋稿。

十七日丙午　早，至沙坪壩銀行，歸後整理全文，試編總目次。覆騄驥信、三舅信。

十八日　陰雨綿綿，課後，整理全文稿。子明来，先生不在。乃撰些研究生畢業試驗題二則。晚，電燈又不明。

十九日　李龢遜先生以紙索書，為書沙坪壩竹枝詞云、

夫話嬉嬉師不師，影文喪者像何疑。文王既歿仲尼老，試問

乃翁馬上治。猢猻猴辣死特性，有陶藉席上珍可惜。中天好月色，照他螳螂遁流人。何須箭上擂台，總務分由麻將牌。不掉東風掉龍鳳，江郎妙筆洗郎才。鳳樓梯秋宜氣多，春風櫻了[illegible]如何，吳山吳水理媳亞，桃李盈門踏了歌。絕學無憂了絕糧，閉門卻掃自清涼。樹人樹木[illegible]千年樹，[illegible]研究實踐。

廿日己酉　理散全文目次。出研究生畢業試題六則。

廿一日　課外，讀新字，理全文。

廿二日　課外，理全文目錄。

廿三日　課外，補錄散全文。

廿四日癸丑　早，理全文。午後，往圖書館，翻諸家五灣天籟其修也。

自由日記　　月　　日

廿八日 甲寅 早上課，午後補課，商周周于思結束。劉毅原忽借得善齋彝器圖錄來，燈下翻閱一過，印刷精良，裝璜美觀，釋文則毫無創見，甚矣作書之隨如斯也。

廿九——卅日 陰雨綿綿，鮮出門。校讀善齋彝器圖錄

自由日記　　月　　日

七月

一日庚申　早，考商周史，至图书馆检范五。録孙星宇家晚饭，复课归。

二日辛酉　钞读小检续阅全文摘录第一册。

三日　钞读小检续阅全文第二册，复静安信。

四日　钞读小检续阅全文第二册毕。

五日甲子　早刘敦慧送全文书数种，当即检读，顷喜其全图录。晚孙明友来谈天。

六日　小病，终日不能进食，至晚稍可。

七日　病愈，精神不佳，检读小检阅全文三册60叶。

八日　早步陈彭来同续检，流连至午后归，检毕全文第三册。

自由日記　月　日

九日戊辰　鈔校楞嚴經終文、

十日　晴　鈔校楞嚴經閱全文、

十一日、果寄方東美在圖書館洪範五處請朋友吃八便飯晚。

鈔讀楞嚴經閱全文。

十二日　鈔讀楞嚴經全文第四冊畢。黃紙

十三日　鈔讀楞嚴經閱全文出黃紙

十四日　鈔讀、楞嚴經閱全文、夜大雷雨。果、龢伯來談、

十五日　鈔讀楞嚴經閱全文、

十六日乙亥、鈔讀、楞嚴經閱全文、背熟畢。

十七日　閱試卷、午後雷雨、天氣轉涼。

十八日　鈔讀楞嚴經閱全文、

十九日、大稍經平相繼來、盤桓竟日、

廿日乙卯　閉戶靜坐，霞翁移居來，竟日不能做事。

廿一日　早，閉戶赴北碚，霞翁到，晚自粉壩來。小病，不能進食，至方蘇醒。

廿二日　鈔讀少穆經濟全文十餘葉，晚飯後稍覺疲倦，設定。

廿三日壬午　連日酷熱，大汗淋漓，鈔讀少穆經濟全文，進度甚緩。

廿四日　熱極，疲憊，鈔讀少穆經濟全文。

廿五日　熱極，鈔讀少穆經濟全文。

廿六日　病，竟日未食，而天炎熱如昨。

廿七日　病癒，鈔讀少穆經濟全文，撰評若干。

廿八日　鈔讀少穆經濟全文。

廿九日　天氣炎熱，不可耐，仍鈔讀全文。

卅日　雲層漸濃，至晚而烱光灼灼。晚飯後，疾風雷雨，至天亮

錚，天氣乃轉涼。校讀《小穆經》全文，其點斷畢。讀史周本

紀。堅吾來，談考北大學聘書事。

卅一日，庚寅。續讀《善齋彝器圖錄》。

八月

一日 辛卯 早六时，赴校監試。君輝來，孫家琇來。午後，觀風雲變，對雨如瀉。至晚未休。

二日 早，天陰，攜進孫朱謝。至訪魯白純先生，即晤其家，留進午餐，與魯先生閒談。到校午睡。

三日 早，到東道沙坪壩，道遇查大，訪周紹濂、潘尹樓西叟先生。抵家午飯，飯後小睡，讀史記汲鄭傳。

四日 上午至南開，助監東北大學入學試驗。歸，校讀善本書影圖錄。

五日 校讀善本書圖錄，午後校範子足傳。

六日 校讀漢劇詩考全圖錄畢，讀史記劉項兩紀

七日丁酉　读史记汉初侯王传、

八日　读晋郑世家，写作册矢令殷释文、

九日　读楚世家、写令殷释文。锡永遍读甚快！

十日庚子　病，读史记汉开国[illegible]传。

十一日　病，读史记列传。

十二日　痊，读陆贾以下诸史稿。

十三日—廿日　云及昆仑两儿相继病，居家照顾服侍，甚不堪言。

廿一日辛亥　连日发热，不能读书，仅钞十二家吉金图录数十器。将来聘书、傲信静安跋录。

廿二日　仍病，不能钞书，读河梁手迹书。

廿三日　晨九时许，张荫里、宋广祥二君来，为警察搜报，避入第五時其間。閱發彈帮。十時，敵機袭。方知陳家灣落彈所居僅以江之陽，不過半里耳。竊觀敵人惡毒，以彩毒手中大而未逞也。錄十二家吉金圖錄畢。

廿四日甲寅　陰雨，早六时許即遭緊急警報，八时許解除。早飯後乘馬車赴化龍橋交通銀行，訪企襄。晚歸，借其帶千元，以維生活。

廿五日。讀史記禮書樂書。寫快信傳平、靜安、雷瑨也。鈔錄𠂤字的字材料。疑即自字象人有所抱持形，驗以辭則或讀為褱，要也，或讀為係，屬也。

廿六日，陰雨，天轉涼，作釋𠂤、釋不[illegible]。

廿七日，早雨，傍晚晴。在家改訂所作釋𠂤篇。又作釋嵩，字為嘗新之嘗。

廿八日戊午　修订亡尤释，晚西樵山馆。

廿九日　重写𠀠侯考，宜𠀠即宜之初文，宜侯即句吴前系殷时旧国，本在山东安邱潍水流域，周初殷迺南迁，句吴与中国之关系，决非一族。此多年所疑于吴世家者，今得宜侯为证，涣然冰释矣！

卅日、　昨晚起，头痛，不能午饭。写释朕释处凡二篇。

张逢吉将赴西康筹办直接税局，来辞行，借送千元，寄意，盛谊可感！

卅一日辛酉　修改释处凡。

自由日記　　月　　日

九月

一日壬戌　寫釋無、俠印景字。

二日　寫釋大丈、定為跡字。

三日　開始寫滕先齋先生集別冊。

四日　寫曳弟、鴻弟、鑄弟、為弟風節。

五日　寫酈契、照明、桐生節。

六日丁卯　早起、赴校取錢、又赴沙坪壩、郵局取黃季蔭、劉附匯千元。至午歸。復毅伯、靜安、企襄信。嫂昌若、曹園，玄冥節，寓告北海神也。

七日　陰雨，天氣轉涼，秋意濃矣！釋季甫王叔玉恒節，快信，將靜安來電轉呈手。

自由日記　　月　　日

八月七日——十七日　寫嘏先生之刹考國，紛幾言。

十七日晚　重寫土方考及商岩考。

十八日　寫舌方考，定為盧方，即蒞京之戎。

十九日　寫戉方、孟方考。

二十日　寫馬方、林方考。

廿一日　寫羌方考

廿二日　寫[illegible]考，定為米藏國名。

廿三日甲申　寫衛方、基方、虘方考

廿四日　寫[illegible]方考

廿五日　讀予馳騷，未終篇。

廿六日　寫參林、林方、莽考，擬具論淮水流域古代民族之南遷，僅寫成大半。

自由日記　　月　　日

廿七日　上午完成象郡牂柯方考、考，天陰雨，

廿八日，寫駁王征上象郡所經路程考，仍陰雨

廿九日　寫成交糜、上象郡、沛虞考。完自廿四過字係

即沛字，習自地理上認定其字形。

卅日　寫麋方考，燈下開始寫象方考

自由日記　　月　日

十月

一日　壬辰　將卜辭所見征東方之月日全部排次為曆譜，決定一部所能容。

二日　寫東方考，論其地望，皆今山東東部。

三日　寫東方考，寫來不斷，不能結論。

四日　完成東方考。復剛伯、靜安、咸伯、拱宸信，又寫信陳來。新年稿二絶云：

萬物相吹互再埃，群賢喜逐笑顏開。州堂有長年樂，河西文章到上台。永靜安

玄霜搗盡即天台，寶園向頌花雨開。葉之好來本有樹，阿嬌長住軟紅埃。和拱宸

勉君

五日 丙申 晨起，乘车游城，购张荣樗，取苏如历来二千元，买药及什物，访锡永，谈天。午后到西南路口，在曹家午饭。下午即归。

六日 丁酉 早雨，赴校借书，复理年信。晚写二半方考。

七日 戊戌 阅骨与刻辞。

八日 病，未进食。

九日 写氏与族，成四千字。

双十节 辛丑 连日阴雨，今未放晴，国运如此，天亦为之剧变乎！续写氏与族，仅成千字。 十一日，写负未终章。

十二日 癸卯 阴，早，写氏与族六节，饭后访先蒂，归下翻读史记。

十三日 甲辰 开始上课，饭后小睡，以阴历计，今为九月望，家の三弟庆生也。遥想蜀中，生活艰难，无足度者。仅寄下引数年，岂为三宽一时耶。

自由日記 月 日

自由日記　　月　日

十四日乙巳 寫氏族一節，傍晚天轉晴。連朝秋雨，傍為十日，驟見皓月，不覺神馳江左矣！

十五日 晴。早課、午飯、沐浴，小睡，回訪量宇，彼適歸自中山也。寫氏族僅一葉。

十六日 寫氏族，

十七日 寫氏族又頗未竣

十八日 寫氏族仍未竣

十九日庚戌 閱殷契遺珠以遣。

廿日 早課、讀龍吾。竟日細雨，沈悶異常

廿一日 寫氏族三節

廿二日癸丑 早課，寫氏族、

廿三日 寫氏族、

廿四日 卯乙 早，寫氏族，楚氏節，君毅偕來，三時許去。小睡，出，煙光好甚，讀山海經。

廿五日 竟日陰雨，寫氏族

廿六日 巳丁 寫氏族，[illegible]柳翼謀先生來談。日間雨霽仍陰寒。霢霂之雨，瞬已兼旬，悶煞人也！

廿七日 寫氏族

廿八日 未·己 讀三傳，摘錄左氏50九

廿九日 上課

卅日 上課

卅一日 寫氏族上篇畢。

自由日記

月 日

自由日記　　月　　日

十一月

一日　哭　病
二日　病
三日　病良、随食、
四日　強勉上课
五日　強勉上课
六日　強勉上课、
七日　往朋友處談天
八日　往朋友處阅读
九日　翻阅去秋我國畧詞
十日　上课

十一日 癸酉 上課
十二日 國文談晨、放假，訪士選，飯後歸。
十三日. 偕靜安、修吾和其淑靈峯寺覓懷詩云：
前年遊趣懸無處，曾是華嚴暇學讀心。（廿八年避[illegible]轟炸，遷靈峯[illegible]）
寺，曇山一名華嚴山。狗尾偶攜續太史，（時攜至鴈宕犯）龍池不厭對多
林（三台西門外龍池軒，吳山常臨西落一處門對牛頭山）。亂颯平地出，懷古、荒蕪
江山猶夢爲，我來去來飛蹤跡，滿目題壁情深。
十四日 星移日昇，友人來約過江至化龍橋第十五工廠
查子明、晚歸。逅袁信儀來，未及暢談，可惜。
十五日 在家看書
十六日 攜寓史學之新趨向，至宗桂老談，留
午餐後。

自由日記

十七日　雨，上課。

十八日　雨，上課。

十九日　病，休息。

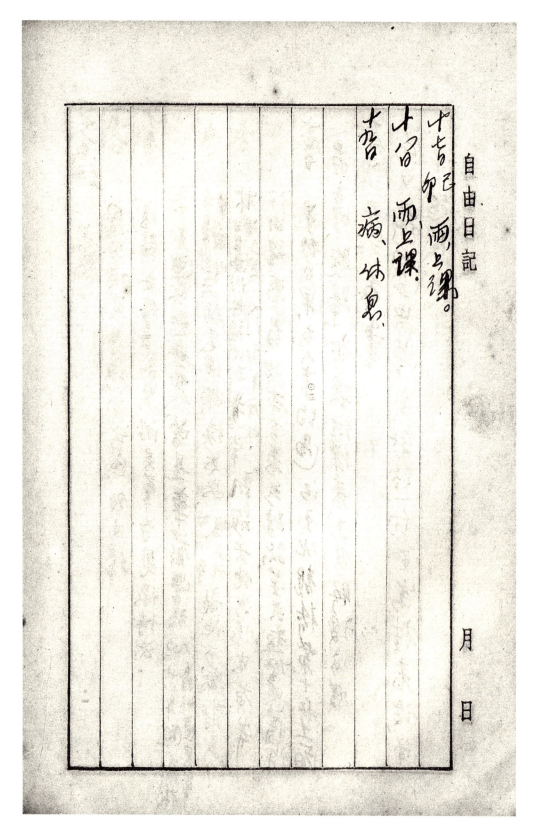

月　日

十二月

一日—卅日、腰痛、不能做事、

卅一日 癸丑 多风日。多病、未能作日记。

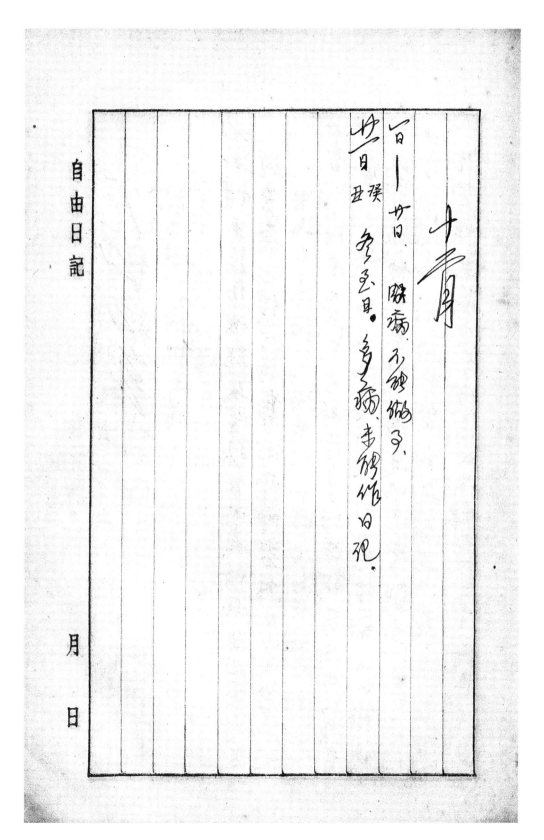

自由日記 月 日

一九四四年

一月

元旦 甲子 早起，約讀般若遺珠百廿餘頁，餘暇出門訪朋友。燈下寫家信，又致蜀謝蔭階老伯。

廿五日 戊子 陰曆元旦也。寄朋蔣生往遊蘭州，考外，未能讀書。

廿六日 上課，為訪友，燈下讀鄧石如傳家父子鐵硯此等稿，傳世甚鮮。踵尾以還，遂罕觀矣。

廿七日 課外，閱蘇先典全粟齋遺集。之升當時先生時務。蘇字斌卿，合肥人，魏默深先生之師也。

廿八日早课，饭后进城。过化龙桥，晤[illegible]庚人来会，访孟海。晚往[illegible]先生家谈天，夜宿[illegible]寓。晤黄君，将为南[illegible][illegible]也。谒骝先先生，[illegible]付[illegible]，后调东北大学。

中秋[illegible]春[illegible]猴[illegible]狼狈为奸下，决定可为，遂于二月十九日离沙坪坝，往化龙桥待车。廿九日午后离渝，宿璧山。翌晚宿遂宁西南饭店。休息一日。三月三日晚十时，戴月而抵三台，即闯入城，即下榻龙王庙研究所。尚纪以诗云：

三台曾许五年住，土[illegible]三台即故乡，[illegible]米[illegible]
[illegible][illegible]观[illegible][illegible]，[illegible]来如[illegible]遂阳。蜀江之水
江城[illegible]无[illegible]情

辣手油，說者專屬女才猾，如此尚林堪以方儆，[illegible]何如何迎於稍為

何毛老去，上課而行，其所了了，英雄酒辯，自豪逍遙，翻聽且健，象世日[illegible]蟹。當年詩云：

登壇說聖諭，預定大有年，宜商來一證，教授幾文錢，米貼數千紙，歪詩三兩篇，樓館逍遙，也算活神仙。

為諭新民報，當以「漲了漲了漲了」訓限價，又戰局為平律云。

已經的強烈，宣傳日月新，人修好命運，物價更遭逆：漲了平了漲了，貌了貌了貌了，山家長嘆貴。

何如問民神

四月九日，得裘子原兄訃，為之痛悼者久之。子原曾長歷史博物館，成績昭然。北伐成功後，併于史研所。子原遂常相過從。廿七年冬，渝市把晤，情加親切。前年過渝，見予經設。遷離渝時，猶殷殷送別。曾幾何日，子原竟作古人矣。哀之以聯云：

西來生活，每見益親，曾是謀生笑我拙；
東望故鄉，歸期如夢，焉須剪紙召君魂。

四月十日，閱大公報，見顧頡剛與張靜秋女士訂婚啟事。賀詩云：

自由日記　　月　　日

北方有靜女，今日影美儀。眷顧桐婚晚，張皇毋佇遲。佳期逢迴々，倩影自遲々，勝利東歸日，兜郎為汝艤。

五月十八日　川北鹽務局長學川[redacted]先生召宴，偕靜女參々學長贈鐘山隱韻謝之：

一天風雨失歸雛，熱捨相書攬稍遲，胡馬騰長入滄雲翻算彈冠，雪歸于懷天之道，能令終朝今所難，飯顆山頭漫川子，漫將隱語壓江淮。

前夜警報，戲為一律：

子夜之聲雄，人驚好夢回。實皇城外去，偉業

自由日記　月　日

見機来。肉食皆中飽、空勞来洞澗、仰天以長嘯、

明月湧三台。

聞今夏蘇夏令營十八所，地以五千萬元計，將費六萬〻

元以上；而公教人員饑寒逾昔，因作是云：

物價騰〻漲、夏令營〻多，有錢塞狗洞，無術盜

銀河，覺國糟糕〻精神訓練何。滄闊闌上望，

一晴〻羅〻。

廿四日　連日陰雨，悶損之極，因改謝玄暉以詩為四律。

（一）以作艸堂幾度春，鏡中忽〻之毛人，江南未遇哀時賦

劍外誰憐兒活身，以口東西怨彩散，九州望幾望新陳

蓬〻蒿萊蘭〻雨，病枕驚魂畫角聲。

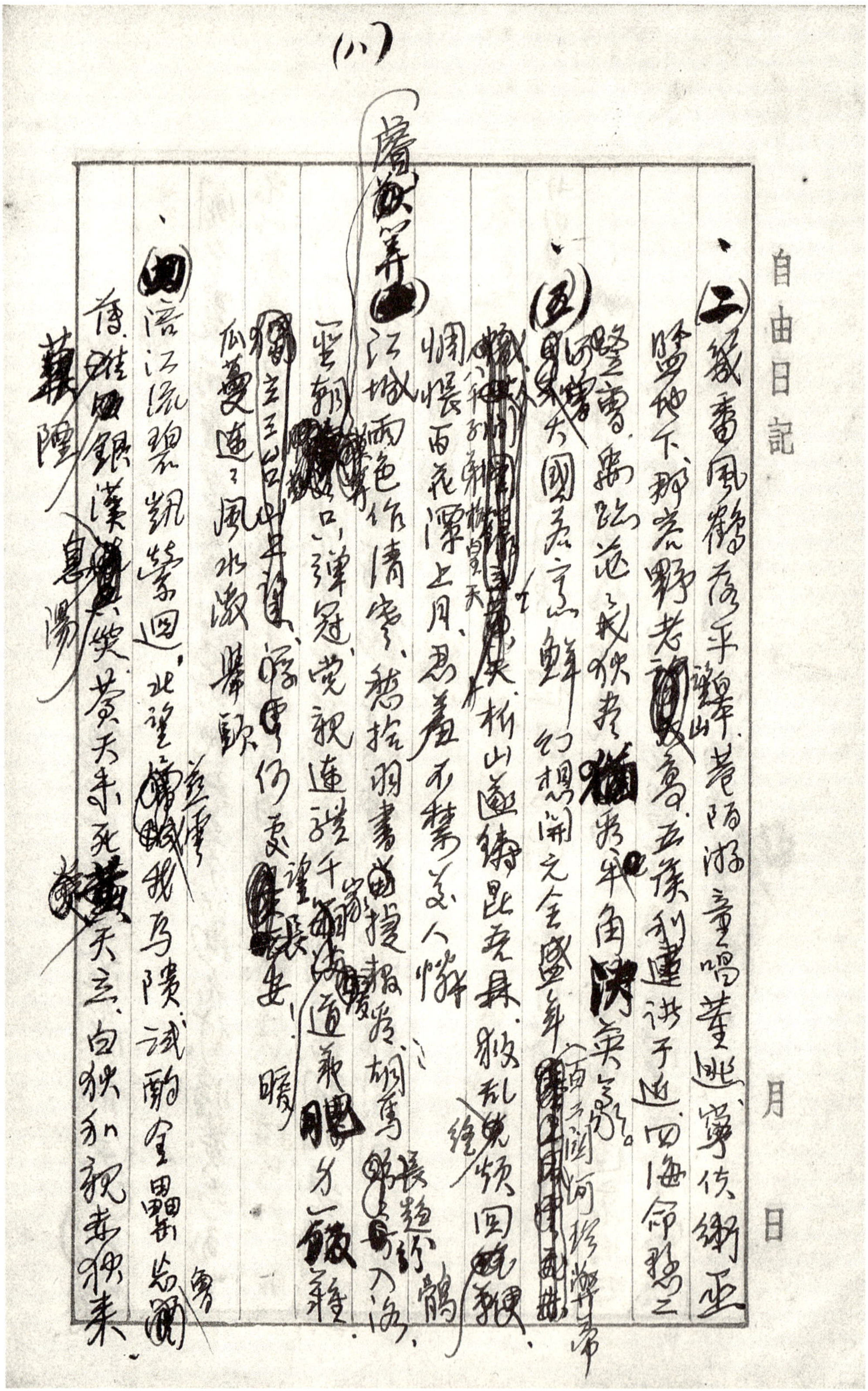

自由日記
月
日

自由日記

四國不寧民殿屎。因鄰鳩篤春書云。亟營 比靈

五月31日 孫鷹若先生以西行日錄百餘首見寄，賞以詩云、

百首西行賦日錄，勞予觀者逊風騷。關河滄海天淨，賴、

有吳兴爾破解嘲。

還攜奇句裡行程，世路何如蜀道平。我亦飛金閘渡去

新亭未敢淚縱橫。

月 日

六月

一日　丙申　讀剛伯信，因念去月下旬國家大事，戲為賦十二

晨書寄之。

(四)試見妖氛霧紫宮，貧塗有象馬牛風，雞鳴狗盜三千履，虎嘯龍吟夜夜雄。狡兔窟分馮社鼠，沐猴冠好舞羊公，人間何世蛇添足，天道可憐十二終。

七日

得要人書來。

(七)聖人一出海無波，可度終歸沒奈何，北首變之成貝錦，南風怒之吹嵯峨。燎揚晚見宗周滅，腰仕誰湖家南歌，我本能河恐鶴料，[illegible]逢[illegible]學範覺羅跪

八日、得天下四了集、

、（三）吳下兩了溪堅儒、乃翁為上駿驪、除家字安比司職且

師法但留種樹書，海外軒渠疑怪誕，聲中人物必

還隱，章緣三絕身三省，[illegible]羞高陽酒徒。

十日晨七時初，戌六時末，小植生于植庵廟。遂日晞

也，妳將息，晨起，而子胎動，將入醫院，車未及催，而嬰

兒隋地矣。急請丁子威太太來洗兒。母子中幸皆

好，遂完成。自通三七，即住研究所。子為植庵廟。晚生于殿

右，故錫小植名以望　植庵庇護此兒，深其忠義

之氣，為國家棟梁也。擬算八字為：

漚、字子商、

自由日記　　月　日

彭公子翁

自由日記

甲申 食 才杀

庚午 劫伤、

丙午 劫伤

壬辰 印食官

癸卯 杀才食

是为倒冲格，驿马在申，子与巳合，

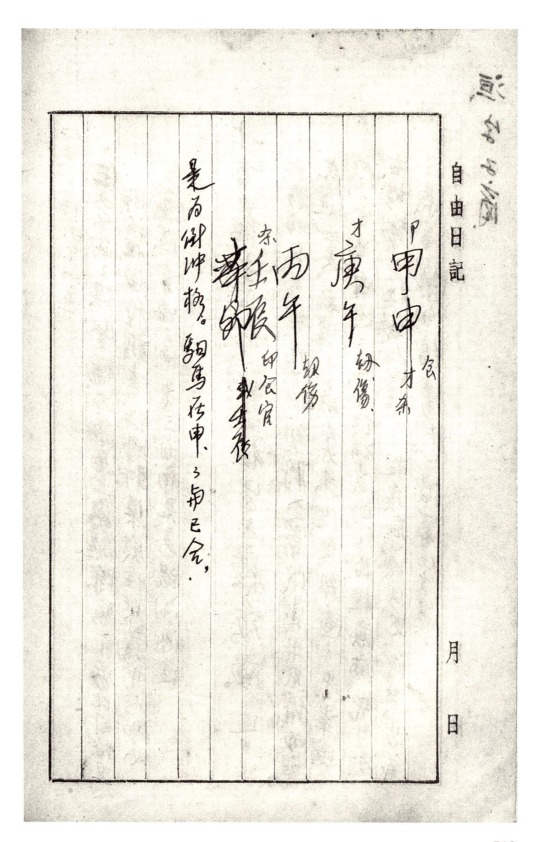

月　日

七月十五日 得能傳一律

能傳天策便除郎，爛胃羊頭腦滿腸。富貴毋忘嘗沛霸，危亡日出美新來。府民人謳歌歸田氏，曾代風流貴孔方。既自倒懸天自破，過江名士總淒涼。

廿七日作《三台州光書院緣起》

十二月初東大發生校潮，初校學生群起驅逐教務長白世昌，東北籍校友乘機橫擊法學院長左仍彥，旨在擴大，幸教部易長，朱騮先先生復位，羅斥所薦校友三人，職校先先危而後安。於東北籍教職員因風潮慘敗，無顏留校，紛紛離校。我因風潮結束，卓然先患難之交已盡，即於翌年一月下旬應中大聘，將

自由日記 月 日

經成都而返蓉渝，為川大及齊魯諸校朋友所留邀，于三月致函校聘，暫住成都矣。妻子繼之亦于四月中旬來蓉，移居川大留青園之第一宅，僅容膝，但野有桑麻，宅有園蔬，長堤翠柳，江水活活，有城市山林之趣。成都圖書館藏，甲骨金文之書，均可借讀，此亦留蓉主因也。暑假僅寫成由卜辭論商代銅器年代、一篇。

倭寇因八月七日蘇聯參戰，加之美國發明原子彈一身擲于日本之土，死數極鉅，遂于八月十日接受無條件投降。遂延至九月二日在東京簽字降書，倭首岡村寧次亦于九月九日午前九時簽降書于南京。八年餘艱苦抗戰，今獲完全

晚飯後盛錢也。彭寅現任大亞製藥廠經理，亦山大特

出人材也。

十七日　早上齊魯課，飯後歸，埋下讀漢書敘傳。

十八日　洹兒連日發熱，心緒不寧，不能做事。

十九日　晨，偕洹兒至華西醫院看病，至午方歸。飯後

客來不絕，未能看書。

廿日　今日陰曆中秋節也。洹兒病大癒，寫信與寅

及白純先生，又復頡剛先信。

廿一日　午前往齊魯上課，飯後訪楊祐之兄，談是中三幾元

請代匯交白純先生。晚往蘇明兄家談天理髮。

廿二日，往之兄誕辰，約午飯。至華西壩，盤桓至晚

歸家。埋下讀徐乃先生著作。（八月十七日）

自由日記　　月　日

廿三日　同鄉宋光燦君約午飯。飯後歸，寫信白純先生，詢以匯款之故。

廿四日　陰雨，上燕大課，飯後讀漢書，復思齊及王仲一男信。

廿五日　午前，上川大課，飯後小睡，閱通鑑紀事本末。

廿六日　早上齊大課，飯後訪黃炳圖先生，不遇，歸。

廿七日　為新中國日報寫「軍隊、國防化」社論。上川大課。

廿八日　早上齊魯課，歸後，擇錄詩經中所見官名。

廿九日　川大課外，繪商周秩官表。

卅日　星期日。寫陸續丞，鈔錄周禮中秩官材料。

十月

一日　上斋大课，读周语鲁语。得侍绶信，岳母病故苏州。

二日　上川大课，读斋语及晋语四卷。

三日　上斋大课，归，读晋语及郑语。

四日　读楚吴越语，午后上川大课，归，阅逸周书。

五日　上斋大课，整理斋周务官表。

六日　得骏庆自秭归来信，谓　母亲大病已痊，不觉欢喜欲狂！黄天　诸佛，锡　老母以康宁，有生之年，永加顶礼。当复骏庆信，并嘱请自纯先生代汇之款元家去。

七日　晨，入城，出席北大同学会月会。会毕，同萩之便饭，飯後沐浴。歸途遇欣因，談至夕陽西下。燈下寫信朱騮先先生，為陳寅恪事，寅恪辭。

八日　上午大課，敬來，至晚歸。替生中錄來談，未寫書，譯之寒信，寄王藻光來。

九日　上川大課，閱文獻通考。

雙十節　約民中錄來舍午飯，未能做事。

十一日　上川大課，閱林惠祥中國民族史。

十二日　上午齊魯課，閱民族史。

十三日　上川大課，閱中國民族史。

十四日　今日星期日，寫騰續五，遂見電燈失明，又不能複閱讀書，可恨！

十五日　上午大課，下課，訪海東文通，談至傍晚歸，剪燭

阅华民族史。此书分类甚繁，事未通贯，且材料多
涉及资料，而编自之手之系也，强谓之中华民族志可
也。阴历九月初十日。

十六日 上下午大课，读汉书。

十七日 上午大课，归而倦卧。灯下，作冯太夫人铭曰：
慈母也，励母也，秩冯氏母，今继续，义方教，惟居易，
之雍英绳方策，掌中珠六人杰，遵女诫，懿德
懋懿有馀，法之积，念乃祖，貌朝奕，外方松，桐
柏之，母之作，慨且顾，母之泽，斯无数。
太夫人，冯君学长之母，河南唐河人也。先生所作
行状，无溢美。兹者据录状文，不敢铺张也。

十八日 上下午大课，阅五礼通考。

自由日记 月 日

自由日記　　月　日

十九日 上兩大課，往吳氏家午飯，飯後至東門大街買什物。

廿日 陰曆九月望，余之五十初度也。日暖風和，於之城造像，未果。飯後訪啓，適楚生來，步至水津街茶寮談天，傍晚歸。回憶抗戰以來，流離蜀道，忽忽七年有餘，而鬢髮斑矣。兩袖清風，今雖勝利，而舟車票價，動輒數萬元。加之長江水當季淺，而陸上軍隊龐雜，難民之羣發國難財之難民、腰纏千萬、萬萬、家鳥歸飛，隨之溯之。而我輩真難民，所謂窮苦教授者，有家無路歸，有路無錢行，流落蜀中，將不知胡底。今日生辰，念及倍閔老母，益足歎矣！

廿一日 星期日，閱通鑑紀事本末。

廿二日 早上兩大課，由城內返家，燈下閱沈維賢西藏[illegible][illegible]表。

廿三日　陰雨，上四大課，閱沈維果五胡表，

廿七日　得書林、剛伯兩兄電，約赴南京歸時大學主講，弟即結束川大功課，籌措旅費，復電定十日內到渝。

廿九日　結束各大功課，各處辭行，復剛伯、書林信，送多處借書，

東歸記

十月四日晚，偕妻子將李赴東門外牛市口汽車站附近山旅館寄宿，次日晨隨眾登車，賴鄒家駒、洪廷彥、劉毅忠諸同學之助，始得成行，夜宿內江中國旅行社。六日午後四時許抵重慶，換宿寓白純先生處，次日晨往沙坪壩，訪剛伯、衣遍之、師之夫人。知歸時大學設辦事處于清華同學會也，遂職，晤書林、周穀賢，知最近有船東下，遂遷居清華同學

自由日記　　月　日

會。逢春九日晨，登民康輪，無鋪位，擁擠異常。船午後解纜，宿玄黑地。夜泊長壽，翌晚泊萬縣，率蘇兄上岸晚膳。十一日泊巫山，十二日午抵宜昌，四日之間，便溺不靈，飲食不潔，曼雲遂得河魚之疾。上岸，住青年團服務社。逢春十八日，仍無船搭民康客未下，遂附民萬輪行。十九日離宜，廿一日泊涪市，廿二日泊城陵磯，過昌陽夜航，廿三日晨十時抵漢口，初為黃葉彬賣，宿德雲旅館，費用昂而居處陋，乃于廿五日遷揚子江飯店，雖嫌質而昂，飲食極不便，而曼雲因勝濕轉風濕。病日重，而予女寄照。幸賴蘆建高畢留遂之諸友探人，得稍進稀飯耳。船訊無消息，電滬招商局陸仲瑜，請囑漢口經理設法購票。經理姚鳴皋先生得仲瑜回電，允為儘量幫助，逢春十二月四日始購得江安船

522

案。六日離漢，夜泊九江，買瓷器數套。七日泊蕪湖，八日晨十時抵下關。夢雲以飲食不調，又轉為心臟病。一路叫哭，無以慰之。臨大派崔先生來接，遂驅車往校中。校故金陵大學舊址也。晚延廖若，為夢雲診病，病稍痊。十六日增熹弟自秭歸來，敬先表弟自滬來，夢華姨妹自蘇來，衣服漸集，侍疾亦有人。請鼓樓醫院陳祖蔭大夫同學鍾英中學來診，注射藥針七，夢雲病乃大可。蓋敬熙侖三兒先為夢華攜蘇，夢雲循得安調靜養也。恒兒因斷乳而瀉腹，又出水痘子，晝夜哭鬧，不能安枕者三夕。廿二日，恒兒夢雲病均告痊，敬先增熹即送彼等往蘇。頓覺生活，遂得暫寧。晚，大姊率山兒自秭送被來，道及八年間家中困苦艱難，不覺悲喜交集。廿四日增壹還，次晨隨大姊回家。計此次東歸，路上忽停忽進，費時卅五日。雖未嘗風餐露宿，而船少客多，一路擁擠，至于坐臥無處。加之二女竹樓破壞，狹窄已極，狼狽萬狀。而夢雪登舟即病，群兒須我照顧，待至殘羹冷炙，一飽不易。余之不病，亦天幸也。過宜昌時，嘗得一詩云：

勝利終歸我，東歸人多地，艱難先出峽，落拓好還鄉。只合獨風雨，孤舟易鬢霜，傷心江上路，瓦礫孫宜昌。

本擬作東歸百吟，阻于人事，遂擱筆矣！

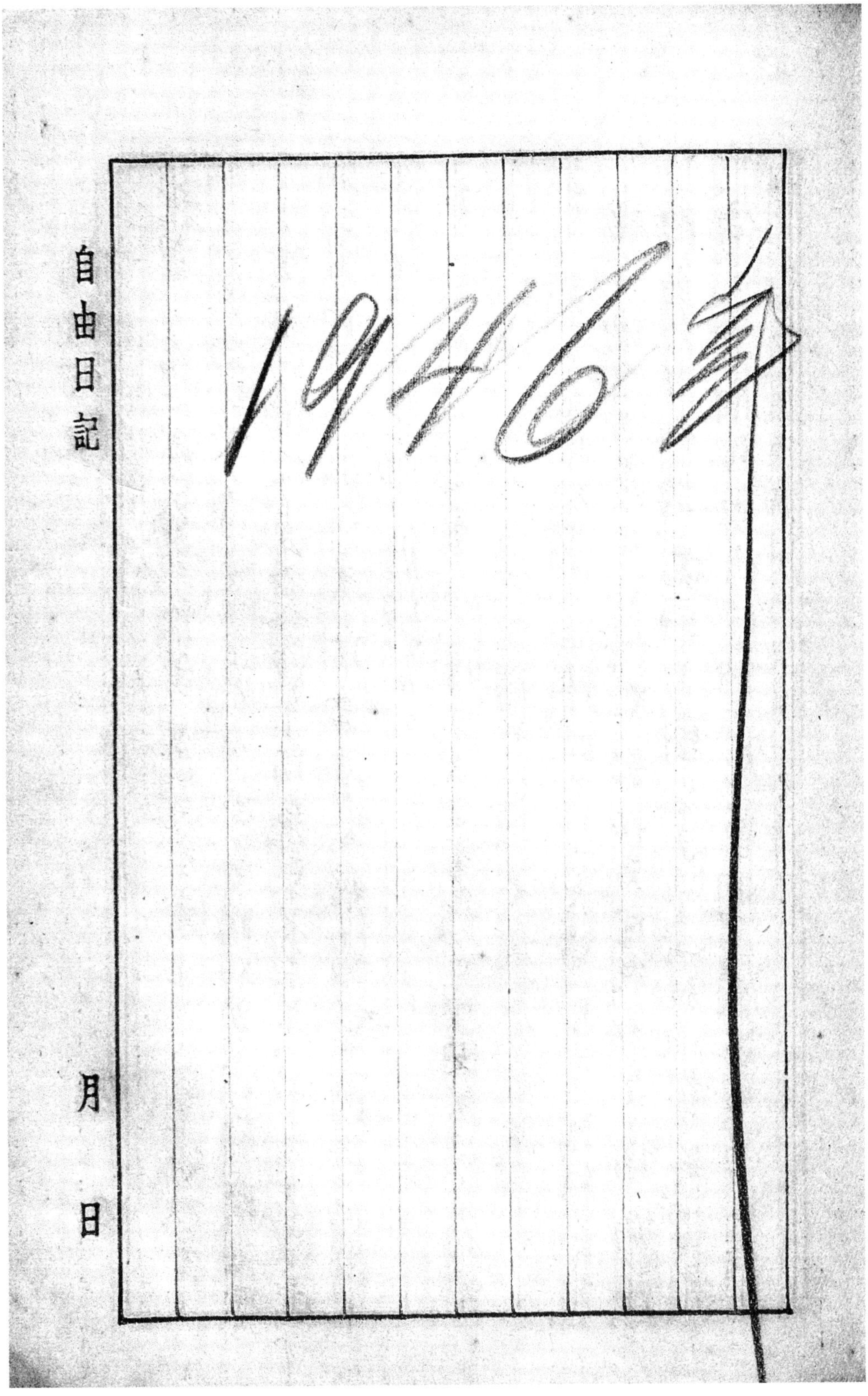
自由日记
1946年
月
日

元旦　东北風、天氣陰寒、早起、赴魯伯純先生家拜年、未遇、訪趙方偉先生于蒙藏部、與剛伯尊行軾吳洮君會該門酒家早點、過午、同遊東夫子庿、晚飯于新華園、歸已八時許矣、閱甲骨文錄數葉、因該門酒家茶水未沸、腹瀉三次、

二日　未出门、復夢華信、請其代售書籍也、寫安祭徐老伯母文（中舒兄太夫人）寄袁天民兄請為代讀、孝廣玄武來證、

三日　晨至鼓樓醫院看陳祖蔭大夫、留二千元請轉交劉護士、謝其為慶雲打針也、轉往老虎橋26号謁謝蔭階老伯、午飯歸、過郝昌衡兄子澄、一别八年矣、談至傍夕、與剛伯尊行晚飯于新華園、閱甲骨文錄

四日 阅文献通考，晚增瑞、秀甫、和舒来。

五日 上课，阅通考。

六日 今日星期日，补习班少数不良份子蹿伪三书林、金强动员，议决罢课。

七日 晨起，赴编了于中央博物院，拈往吴北堂开会，讨论对于峰生光恶状况，一致之态度，[illegible]闻书来于钟楼阅览院

八日 阅文献通考，饭后沐浴，晚饭于新华园，晚应之约看电影。

九日 清晨骥尘来，又鸣衡来，韩铁生君自苏州归。夜衣来。今日天转凉，即着上身，至城南，看赵增林及芳椒、峨宽等，傍晚偕骥尘谒萧先生于财政部，归而写信，夔重。又为拟中子写信汪少伦厅长、

自由日記

月 日

十日 未出门，阅通鉴，書林貝份送校，决明日復課

十一日 阅通鉴，钱穆来

十二日丙戌 阅通鉴，归後课，为赴教育次长杭立武先生约谈，临大行政改革事，後歸

十三日 阅通鉴，午赴白純先生宴，归，趙沛霖表姪送書來。抗戰期间，沛霖任鄉長，与敌伪奮鬥，幾遭不测，真有志青年也。自余流亡遠道，家中亦颇得其资助，洵佳男子，风範尤足多。

十四日戊子 阅通鉴，莊伯来谈，偕孝書林子醫院，並请陈祖蔭大夫治便血

十五日 阅东洋天文學史，人多约集，未能终篇

十六日 翻阅景印講義，考古學論文輯錄，飯後上課，晚，易樂

約往金鉞鑑便飯，夜深歸。

十七日辛卯 讀史記，飯後上課，晚間擬。

十八日 晨，往金鉞鑑喫餚點，由交通銀行匯撥款至蘇。午後開會。晚飯于甘子斯，觀西游記劇于中央舞台。

十九日 課外，斟酌潘鯉庭先生家傳。

廿日甲午 晨，赴玉泉路，偕向純先生。飯後，至貢院西街買書。若卿、蔚如、向和、稼來，談至夜深。

廿一日 晨，鈔書。飯後，至莫愁路買竹椅一只。歸，魯子卿先生來，談至晚飯，送之往夫子廟旅舍。

廿二日 晨，方欲鈔書，鄧先表弟自滬來，同至城南午膳，道四象橋鍾文齋書店，買十通歸，費法幣七萬元。燈下題某君畫像云

自由日記　　月　　日

自由日記

绝世聰明絶世姿，風塵淪落猶是破瓜時。[redacted]花外荼蘼春正遲。[redacted]玉籠鸚鵡幽惆悵

回憶家庭狀況，心緒不寧，聊寫此詩，以解吾悶。

廿三日 丁酉 閱東洋天文學史，飯後，出席史學系聯誼会，晚赴玉泉路。陰。致光焘曾先生信。

廿四日 午前，整理衣服，飯後上課，晚沐浴于文新池。

廿五日 己亥 早，至二郎廟喬家送東歸，曾祥和女士來，史家五钊先生、單紹開、伯城與同往華春午飯，晚歸。曾仁蔭來談，閱通考二卷。

廿六日 庚子 陰，午後微雨，未出門，閱通考。

廿七日 陰，寒，上午出席教務会議，飯後至四象樓錦文齋買南史，讀史方輿紀要，春秋戰國異辭各一部

自由日記

廿八日 雨，饭后鲁子钦先生同出，访白纯先生、将曹仁镫修眼镜家去。晚归，微倦。

廿九日 阅东洋天文学史，复敖恩天民信，又写信中舒、文通。

天阴晴，有雪意。

卅日 甲辰 早起，到上海银行取款，午后，写暨大风潮真象数，晚检行李。天转晴。

卅一日 晨偕鲁子钦先生出中华门，乘江南铁路赴采石，十时发开行，十二时许到，渡江，坐黄包车，五时到家。

月 日

二月

一日丙午　陰曆除夕也。寫春聯、會客。

二日　族人皆至，晚午始休。

三日　親族至其家，不得休息

四日　親友皆至。買檀默齋殘書籍。

五日庚戌　晨收拾行裝，由增壽、增默二弟攜至河口，默弟即偕登飛泰輪，七時抵下關，馬車入城，十時許息。

六日　出門，訪朋友，午飯于書林家，沐于西新池，晚飯于六華春，歸已十時矣。

七日　早，復譚坤信。西風甚峭，至中研院訪濟之，已赴滬矣。至謝蔭階老伯家拜年，歸，閱通考四卷。

八日 癸丑 起身已八时，盥洗毕，往白纯先生家拜年，未遇，归阅通鉴七卷，今日始得安心读书，亦快事也。

九日 甲寅 九时，开学生救济金审查会，阅通鉴四卷。

十日 乙卯 午开班务会议，三时散，阅通鉴三卷。

十一日 阅通鉴二卷，饭后至四象桥买习学记言一部，归灯下补春秋大事表都邑篇。

十二日 往白纯先生家午饭，四时归，阅通鉴二卷。

十三日 戊午 早，阅通鉴一卷，饭后上课，晚，教授会筹备会在果园集议，起草章则，夜深归。

十四日 早，龚麐来，同访敦先，不遇，往朱雀路为大姊买白敬宇眼药。吴裕厚君（中山同学）约往六华春午饭，饭后上课，傍晚，敦先、龚麐来，晚写文章，未成。

自由日記　　月　日

十五日庚申　晨，召学生谈论文事。午，刚伯约往大华午饭。聚谈至晚，归，倦极，早眠。

十六日　开学生转系全案审查会，饭后上课，晚至白纯先生家晚饭，月下归，阅通考一卷。

十七日壬戌　九时，开教授会，晚往东美家晚饭，今日阅毕通考选举考，又校毕揆古录全文第四册。

十八日　早，至白纯先生家祝寿，晚，往弘农室开历史系会，阅通考学校考三卷。

十九日甲子　阅通考学校考二卷，饭后沐浴，晚，早眠。

廿日　阅学校考二卷，毕，饭后上课，课中抵京；阅完功课。

廿一日丙寅　午前，赴书林，阅完杂事，及饭后，赴下关乘二时快车赴吴，夜九时到，自是留吴共十余日。

三月

一日　甲戌　連日陰雨，滯留吳門，除觀前街喫茶外，別無消遣。讀，惟覺得家請看全史及倪雷續明紀事本末，惟足讀耳。遲至三日晨，雨止，即買車票，乘午後一時一刻快車返。誤點時許，遂至九時始抵下關。坐三輪車入校。

四日　丁丑　陰，寒風怒號，如屬冬令。早出席教授會理事會。午，錢先生、道南、殷賡同餐於新街口同慶樓，歸寫信向純先生，家來絳緯，不謂安徽歲不適，早眠。

五日　陰雨。早，至出納組結算旅費及借款，飯後至交通行匯款新元往蘇。理髮，便道看翟毅夫、薛慰寰，歸，殷賡及霈淋來談。寫信致錢先生，請代為購史記乙，閱雷辯廿本。

六日乙卯　九时开经济会审查会，饭后上课。午后张玉之先生自江浦来谈。晚，偕李潘、蔡梓钺、贾少山等至中央舞台观张翼鹏演《齐天大圣带四猴》。阅毕世来，又阅《通考·职官考》一卷。

七日丙辰　终日烦扰，为教授会事也。无聊已极。饭后上课。

八日丁巳　寒风，午后阴雨，晚飘雪。谭仲来上课。晚于书林家开教授会理事会。

九日壬午　阴雨，为教授会草上朱部长书。饭后谭仲来。晚至书林家，与同赴安乐酒店访谭仲，送谭仲至下关车站，归。

十日　阴寒，九时开教授大会，到至午。饭后罗刚伯自武汉归，谈至晚。阅《通考·职官门》二卷。

十一日甲申　阴寒如昨，饭后雨，阅《通考》三卷。

十二日　寒稍杀，天亦转晴。饭后至夫子庙买书，便道访友于财政部。

晚與剛伯談天。

十三日、閱通考二卷，飯後上課，課後應王武次長之邀，赴教育部商談改善教授待遇事，頗有結果。

十四日 丁亥 陰雨，閱通考二卷，上課，精神殊不振，胃病又發也。

十五日 陰雨，讀漢書王莽傳，覺甚佳。

十六日 陰雨，飯後至太平路修筆，讀王莽傳，箋行約往中央舞臺觀夜劇，劇為珠痕記，至極頹艷，主角顧正秋，曉華博士為第，藝不如色耳。

十七日 庚寅 天氣還暖，但雨脈霖綿，終日悶人欲死，飯後與剛伯沐浴于又新池，讀王莽傳畢，新朝制度詭變，以傳考之，頗有未紀此後，莽傳亦推僞作。讀史者鮮能瞭然。

十八日 陰雨，閱通考二卷，何以靜待一卷，晚赴畫林宴于梁園。

十九日 壬辰 晨曦微晃，浮雲微散，天氣有晴望矣！寫信謹沖、企襄、而洪、蔚友，為止戈夫人郭女士謀事也。閱通考一卷，上課。

廿日 上課，閱通考一卷，傍晚，至夫子廟換書。天氣晴寒。

廿一日 甲午 早晴，夕陰，寒風尚峭，上課，閱通考三卷，晚宜門畢，讀何水部詩，為孫燁翠來了，同鄉會聚餐于城南。

廿二日 陰雨，閒始整理史記，刪訂田齊世家，閱通考郊社一卷。

廿三日 閱通考一卷，容韓、小當至，晚開系会，故未能修史。

廿四日 丁酉 聞濟之自滬歸，晨起，約剛伯訪之于中央研究院，彼已早車赴滬矣，登雞鳴寺茶叙，飯後歸。

廿五日 東北風寒雨，閱通考一卷，讀蔡中郎集，不稱意，讀漢書趙充國傳，文筆樸厚，異于雕琢句者遠矣！

廿六日 陰雨如昨，閱通考郊社门四卷，讀漢書傳介子傳以下二卷

廿七日庚子　早起、聞雷、雨遂止、閱通考二卷、讀漢書、霍光及王吉貢禹傳二卷、飯後考閱圖史。

廿八日　宿雨轉晴、午、陽光甚耀、影里無雲、至新街口買煙、便道看影戲、讀漢書韋賢傳眭孟傳二卷。

廿九日　晴、讀漢書二卷、閱通考二卷、

卅日癸卯　早起、閱通考一卷、收拾行李、飯後一時赴下關、搭二時車赴蘇州、要未晴洋、致票誤九時車、坐待下關小菜園、無聊之極！

卅日　晨四時來抵蘇、待天明進城、至陶家、飯後沐浴、

自由日記　　月　　日

四月

六日　在蘇、陳、張覽書錄，購書，閱錢文子補漢兵志畢。
七日辛亥　搭早十時車返京，昨夜失眠，精神不快。
八日　早起，看澤平。飯後閱試卷，晚沐浴。
九日　時雨時霽，上課外，整理文稿。澤平夫婦來，晚談天。
十日　早起，試賢來談，昨日大公報載財政部政務次長魯佩璋先生歿于滬紅十字會醫院，為之驚痛者久之！當即買車票，定夜車赴滬，願視明日大殮。即作輓聯，不能成句，因借尊行共成之云：
立德立功，澗于世道
戕手戕足，懷赤駢親

十一日 乙卯　晨七时抵北站，雇汽车至海格路中国殡仪馆，治丧会多人孙即柏、孙仲瑜、金襄、罗复堪、汤濬、刘，十二时再往殡仪馆照料，友甚众。六时大殓，殓毕行礼。礼毕，下榻西藏路大中华饭店，金襄所为预定也。罢，至三马路[illegible]书店、孙晋斋书社，买得缩印本清史稿一部，即返寓休息。

十二日　搭午后三时车赴苏，盖沪市物价奇昂，一日之居，耗费数彰也。[redacted]

十三日　在苏，偕云及洹儿等游观前大街，买钞本明通鉴残本四册，有汪琬印，清代抄本书也。

十四日　早起，至观前买东西，搭一时车返京。

十五日　终日客来不断，精神异烦乱。嘱咸素电约魏阁，开大学发书、简询详情。并复王贤侯、

十六日庚申 續日來客、談天、不能做事，至為煩悶。晚赴劉蔚先、劉道生兩君宴于六華春，復講課，便道回訪汪少倫廳長，談中錄屢見閣為君子。

十七日 午前客來不絕，飯後，往李陵衛74軍訓練班講演，五時至安鄉，代表發援會訪朱先生，晚在書林家閱明朝務會議，人多紛繁，不能讀書，至為悶！

十八日 午前又客來不斷，飯後上課，晚，查嘯仙先生來談。

閱通鑑一卷。

十九日 閱通鑑，郭秋孝來，讀漢書二卷。

二十日甲子 成果，客陸續來，飯後，74軍訓練班以車來迎，至李陵衛講演，晚飯于六華春，談謹也。

廿一日 晴暖異常，西南風亦猛，閱通鑑一卷，讀漢

家之。經中來，同飯于蜀中飯店，鈔居瑣中下辭十八，

十一日乙酉　早起，赴夫子廟參加台端張館長孫臨仁、陳蓀庵、張君、

商緻軍米子也。飯後返校，大雨，蘇澤平之宴。今日長女

吉峨于歸曹君仁譜，不舉行儀式，但登報啟事而已，

可謂節約之至。值貧窮之家，惟此節省酬應，乃可

翻身，余固深惡今之虛偽奢侈，勞民傷財也。

勝以詩四章：

吾兒今日慶于歸，夙夜慎毋姑命違，勤爾服勞倚爾

柔，一生敬戒則家肥。

江南五月雨聲寒，憐爾嬌柔衣袂單，玉食鮮衣多幻

夢，調如欽布子果寒。

八年兵火陽西東，家計累兒奮女紅，自笑歸來無長物

神将镜台图腾

[illegible]清风。

吾家谨厚自平阳，我独贪经史，本乡颇以治续成大家

读，[illegible]眼缘，[illegible]芳千载有余。

十二日丙戌　读汉书司马迁传。

十三日　阅清史稿，孙陆平家晚饭，与兹生谈天，夜深归。

云等已自苏来矣。

十四日　终日烦躁，不能读书。

十五日　早，访涤了，孙陆平来家午饭，归，阅黑格尔了罢。

十六日　写信洪传炯，阅圣武亲征录，饭后回访李哲生于中政校，与潘教林、伯家，至大子扇等叙，晚归，读汉书一卷。

十七日辛卯　终日混了，未读书。

十八日　写完白纯先生行状。

自由日記

談家鄉事也。飯于迺甫家，歸，周仲良適自安徽來還來，談二時許去。晚約李珊散去便飯。

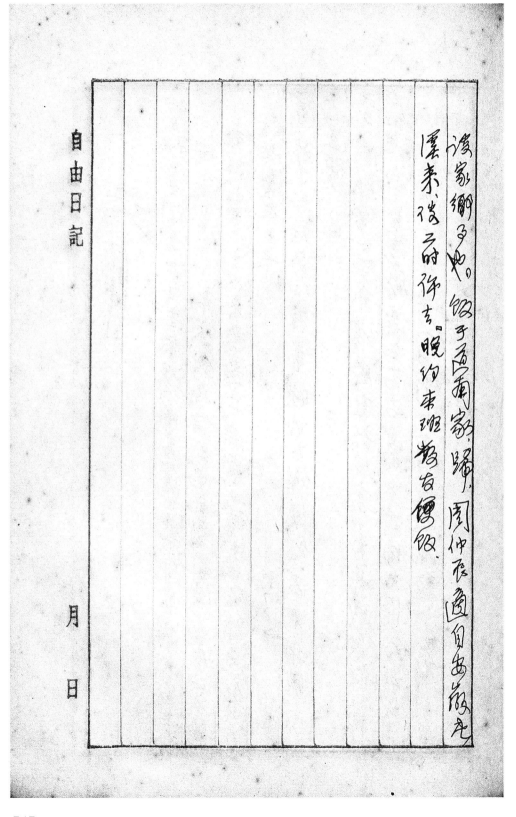

月　　日

六月

一日丙午　早，閱史記會注考證，此書濟之新自東瀛代購來也。陶環卿先生來談。飯後，偕效先至蔡家灣看房子，不協意，歸。學生多人來索題字。將每日讀史記雜錄，過錄會注考證本之上。

二日　因事未能安心看書，晚約太華便飯，並過書林家，不遇，歸。

三日　閱曾文正年譜，晚赴效先家於大集成，夜深歸。

四日己酉　今日陰曆端午節也。家中嘈鬧不淨，為教育部留學生考選會擬中國通史試題十四則，閱清真先生遺墨了。

姓名	字號	住址及通信處
頡剛		蓉北郊崇義橋賴家花園、齊魯國學研究所
彥堂		昆明、青雲街靛花巷三號
子明		新繁、正東街38號、
效先		滬、蒲石路、杜美新村23號、
易衡		滬法界、福履理路、金聲坊十號
中舒		峨眉水西街17號
莊伯		北碚金剛碑正中書局編譯所或北碚、北溫泉、杉林十號
魯之		成都、長發街16號
乙泓		成都蘇坡橋、科學儀器製造所顧務常轉。
許仲煊	右宗煜 川大學書	綿陽、重谷井、北门外
彥堂		四川、李莊、五號信箱。

姓名錄

姓名錄

姓名	字號	住址及通信處
陈匡耿		北碚信箱一〇〇〇号、（正中书局总局）
太侔		北碚教育部教科用书编辑委员会、蔡锷路卅四号
旭生先生		昆明黄公东街十号、
瑩平		广东、坪石 管埠 中山大学 桂林、中央银行 蒋伟之转
爱之		成都华西坝、四川化工服务社 颜蕃学转
谭冲		蓉、[illegible]
子明		乐山、铁门坎五号 黄耀先转
禹衡		上海、福履理路 会群坊、十号
彬伯		北碚、北温泉、松林十号 正中书局
刚伯		宜昌、三斗坪、总园坡
[redacted]		

姓名字號	住址及通信處
郭錫鐸	滄縣北門外十字街西首郭宅
劉子楨 青藜	渝南岸、黃山路口川江旅館14號
羅子璗	蓉、純陽觀街靜安别墅
雲波	蓉、茶店子、省立教育科學館、電話1932
叔彝	蓉、純化街78號、
仲良	崇慶、金華街16號
江鐘嶽	渝、李子壩時事新報編輯部
陳耀洲	西安五曲七分校政治部王益齡先生轉
王文澂	合江桂溪園國立六中學

三字

姓名錄

昆明、興仁街、拓東路、48號

昆明、實業大樓四二五號律師事務所

姓名錄

姓名	字號	住址及通信處
袁守和		曾家岩求精中学二楼五号
濟之		南溪李莊第三號信箱
康光鑑		内江富溪鄉達生堂（自流井）
晏光第		榮縣杜家井（南開）
舒[illegible]正		武勝走馬鄉（市中）
鄭文		資中蘇家鄉（市中）
陳夢霖		南川官園前街一三一八口号
朱啟賢		重慶新生路四十五号五十年代社轉學報社
劉敦愈		磐溪國立藝專（中大機械系四年級蔣洪志君轉）
馬院長	叔平	海棠溪、南子橋、敦厚上段、四号故宫博物院

姓名	字號	住址	通信處
何敏求		史地系（信与藝文一録 1112 兩本）	
張信之		通遠門對過、保節院街1号 油市街（中華路）中國茶葉公司	
吳菊亭		中大理院化學系（女生第二宿舍）	
李蘭		上海愚園路608弄53号	
錫永		桂花街107号	
曹仁坤			
孫靂		新都、大南門外天泰生藥号	
表兄胡希卿		鄂加口小學校長、	

姓名錄

潘源來 南京老虎橋26、謝芳太太 蘇隣階先生。

錢李鎮（長沙大西門外正街、正興花糧行）

姓名錄

姓名字號	住址及通信處
濮平	菜園壩絲廠巷四十五號鄢樹乾轉
蕭慶蓮	成都南府街二十號
万明	化龍橋第十兵工廠患者部109號宅
〇泳	菁外南、華西後壩、御營碾44號、
朱唯一（兜安）	林森路50號（附天之光）民治紡織公司
劉公鐵	國府路249號新居
沈錫棠	菁上城永興街25號

姓名字號	住址及通信處
馬瑚華瑞	白沙鳳鳴街14號轉
蘇崇駿	四川，納溪第九號信箱 資中、下西街16號、沱江實業公司
羅子為	桂林廣西教育研究所
楊昇祥	（[illegible]弟） 三台城隍廟巷9号
謝蔭階	南門城北老虎橋26号謝廣
陳茂盛（[illegible]）	和縣城橋鎮

姓名錄

姓名錄

姓名	字號	住址	通信處
羅子為		重慶上清寺特園廿三号鮮公館（中四路）	
宋彬毅		成都民政廳	
印維廉		重慶米子堪18号、勝利出版社、白踐	
楊雨貞		蘭州國立甘肅學院	
錢張一貫、		蘇州齊门、小新橋巷10号 為寄回照片。	
卞振鐸		上海、天通庵路保華里17、18号。	

姓名	字號	住址及通信處
蔡希人		巴縣南岸長生鄉
蘇崇勤		鄉三公子
廖[illegible]		
洪廷蓀		川大史系 浙江慈谿人
毅先		滬、南京路20號、大來企業公司 墨園路608弄53號
道南		利洲橋南首白塔巷6號

姓名錄

姓名	字號	住址及通信處
盛郑珊	平	京、中華路許家巷41号
盛鐵生	[illegible]	金陵中學
仌台		门西五间廳15号
宗洛		沪祁齐路中研院
鄭崑	號珊 小山	沪巨潑来斯路284号
陶環中	因	京珠江路592号之二
張毓銘		京太平路34標监察院
鄒衡	杵	南京城南磨盤街49号47号

姓名錄

姓名字號	住址及通信處
陽采	鐵陽池明德新村4号楼上丁少宅
謹沖	上海南京路241号中華財報館
李建安	南京小營新村三號（中政校附近）
易衡	江都通運街一号（農民行匯所）
致遠	寧波應家巷43号
羅子為	滬、虹口、司高塔路純中醫醫院巷内40号
謹沖	滬、虹口、施高塔路千愛里28号

姓名錄

姓名字號	住址及通信處
陶玨中	鼓樓二條巷内二條巷小學
袁莊伯	南京昇州路洋珠巷（三茅坊）23号
頡剛	蘇、袁家花園（懸橋巷）、顧家花園十号
志韋	京、玄武门内大樹根85号
勤之	京映陽營23号
余亞平	武進西門外湟里鎮裕德堂轉
王[illegible]	上海愚園路愚園坊38号王宅轉 蘇胥门盛家帶24.

姓名字號	住址及通信處
子瑾	滬、新聞路、三元坊98号
顧蒨常	滬、姜緣路100弄10号、同濟大學
刘懷璞 笠篁	南京 屏瓦廊二十の号 中醫學校教官 陝三原人
	地理與中華民族之盛衰 穆文之
刘忠宏	南京门東特虎車七號
孫麗	采东昌胡同一号
仁芳生	京、淮海路、聯合徵信所
米星如	滬、天津路271号、電话、94238 神州電讯社

姓名錄

姓名録

姓 名字號 住 址 及 通 信 處

上海九江路の十五號

清華同學會

丁兆興

鄧漢英、

子鐘

王唯一 滬四川路120、二〇三室

北京路、金山貿易公司

姓名錄

姓名字號住址及通信處

南开于35年7月29日由昆明金城行汇来420670元路费，于十一月十日函该行退汇天津（汇条寄"南京交换行庄17号"）

收信表

日期	姓名	地址	事由
月 日	植兜先生白呀雲賀礼		
月 日	周連潞先生仟元	三台初中總務主任	
月 日	洪秉堅先生仟元	三台鹽場科長 川大同學	
月 日	封[illegible]德先生仟元	川北鹽務局主任（川大同學）	
月 日	秦耀先先生仟元	三台青年團主任（川大同學）	
月 日	藍蔚達先生仟元	東大化學教授（川大同學）	
月 日	黃周平先生仟元	三台初中校長（川大同學）	
月 日	楊拱辰先生仟元		
月 日	楊威伯先生	糯糖一罐、雞一隻、紅沙糖二斤	
月 日		雞旦廿个 約值仟餘元	

收信表

日期	人名	地址	事由
月 日	宋鹭冰先生		鸡一隻、鸡蛋廿、白鸡四十斤
月 日			白糖二斤
月 日	刘金君先生		掛麵八筒、鸡蛋五十
月 日			
月 日	单慧轩先生（演飛）		鸡蛋20、小雞一隻
月 日			
月 日	陈时伟先生（逸山）		陈伯元 化学系教授
月 日			夹山関鄉
月 日	李瀚生先生		仟元（退还伍百）
月 日			
月 日	宋文蔚先生		捌百元
月 日			
月 日	斯维至（西北大学）诸暨人		鸡二隻（约九万元）
月 日	何使 安和中学教员		
月 日			

83100

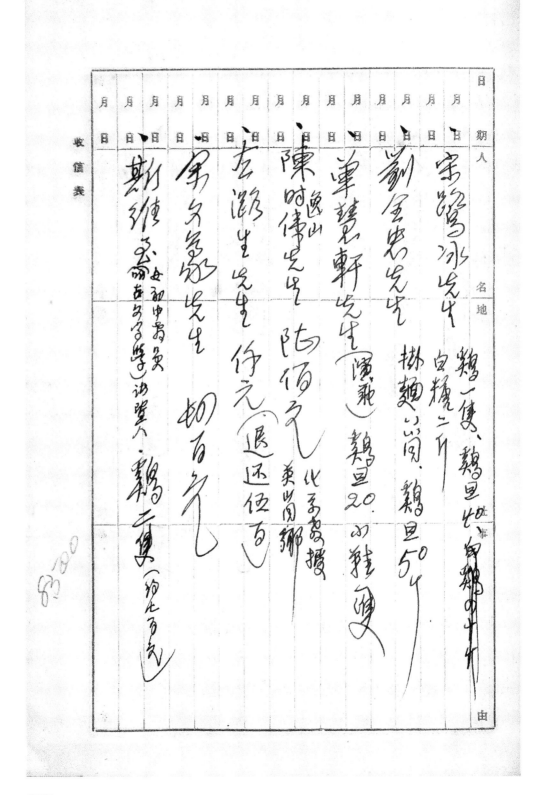

收信表

日期	人名	地址	事由
月 日	楊雨美		共仟捌佰元
月 日	劉叔鶴 楊太太		另送小衣四雙
月 日	劉俊卿		
月 日	王衡芷 劉太太		
月 日	宋雨生		
月 日	鄧季雨		
月 日			
月 日			
月 日	牟樹蕃先生	中行 英山南鄉	四百元
月 日			
月 日			
月 日	王穀孫先生	鶴山集	
月 日			

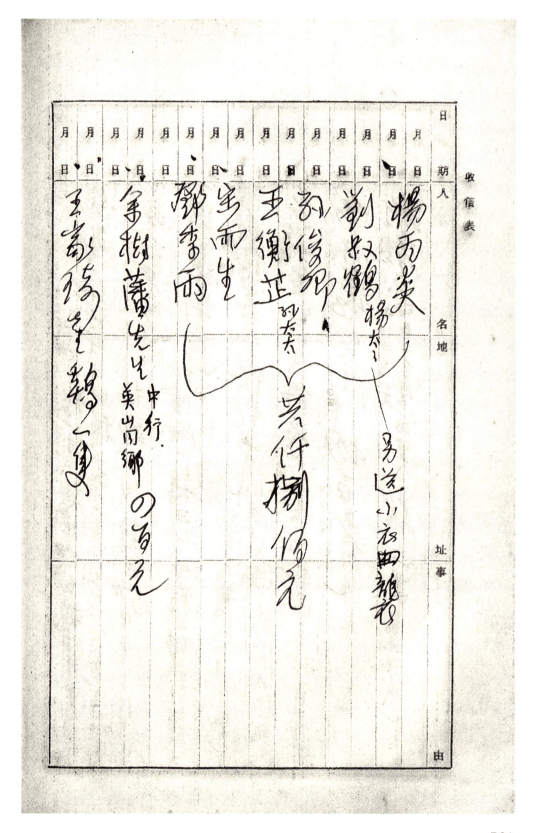

收信表

日期	人名地址	事由
月　日	金静庵先生	仟元
月　日	吴振英女士	蛋百枚
月　日		
月　日	曲公望先生	鸡蛋百枚
月　日		
月　日	谢冠生先生	伍元
月　日		
月　日	刘有栋先生	伍元
月　日		
月　日	鲁自纯先生	伍仟元
月　日	张德居先生	肆百元
月　日		
月　日	陈玉书先生	鸡蛋一筐

10.6.00

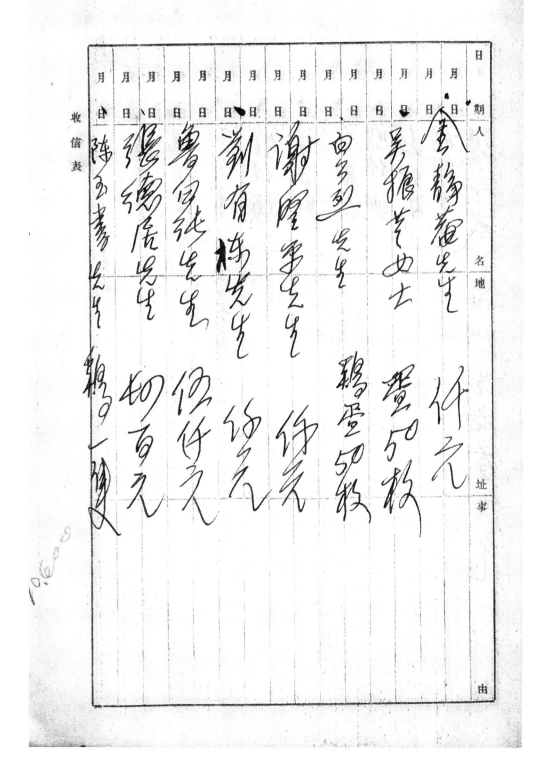

收信表

日期	人名	地址	事由
月 日	陸侃如		
月 日			
月 日	馮沅君		
月 日	孔肖雲	又二百元	
月 日			
月 日	霍纯璞		
月 日			
月 日	董每戡		
月 日	金曉邨		
月 日			
月 日	滕仲珊		
月 日	趙纪彬		
月 日	胡顯东		
月 日			
月 日	張亮采	以上諸位先生各叁佰元	

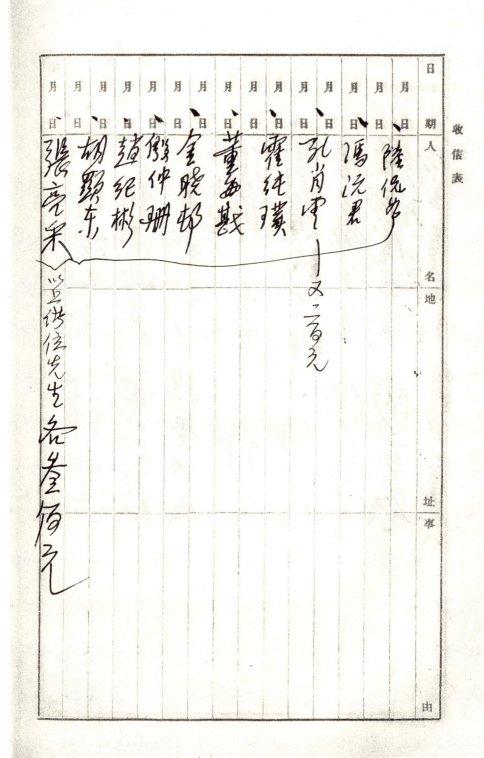

收信表

日期	人名	地址	事由
月 日	杨浚白		
月 日	赵寿光		
月 日	史西民		
月 日	王书民		
月 日	隋觉		
月 日	金缘		
月 日	吴振湖		
月 日	阎景程先生		鹤雪印数
月 日	臧哲先先生		捌百元
月 日	吴希庸先生		三百元
月 日			
月 日			
月 日			
月 日			
月 日			

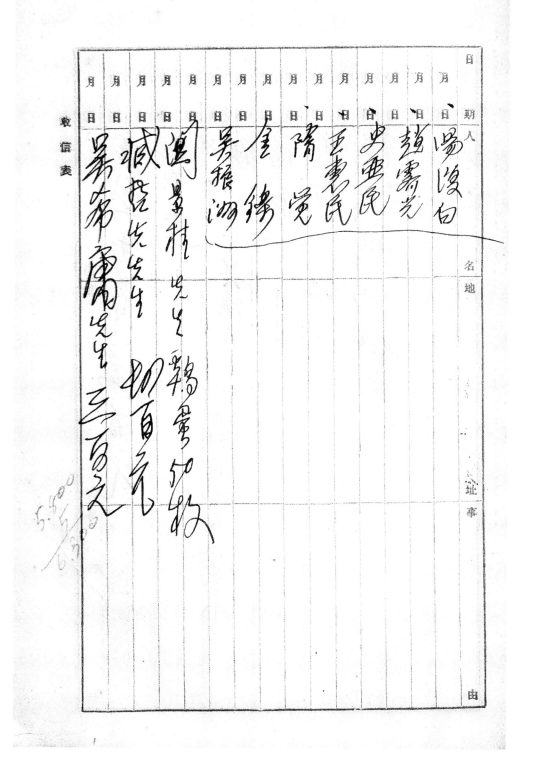

收信表

日期	人名地址	事由
月　日	田我东先生	伍百元
月　日	吴协庸、林贤、傅东、李毅	共伍百元　自铁团西大汇来
月　日	赵翰九	伍百元
月　日	郭子述	伍仟元
月　日		
月　日		
月　日		
月　日		
月　日		
月　日		
月　日		
月　日		
月　日		
月　日		
月　日		

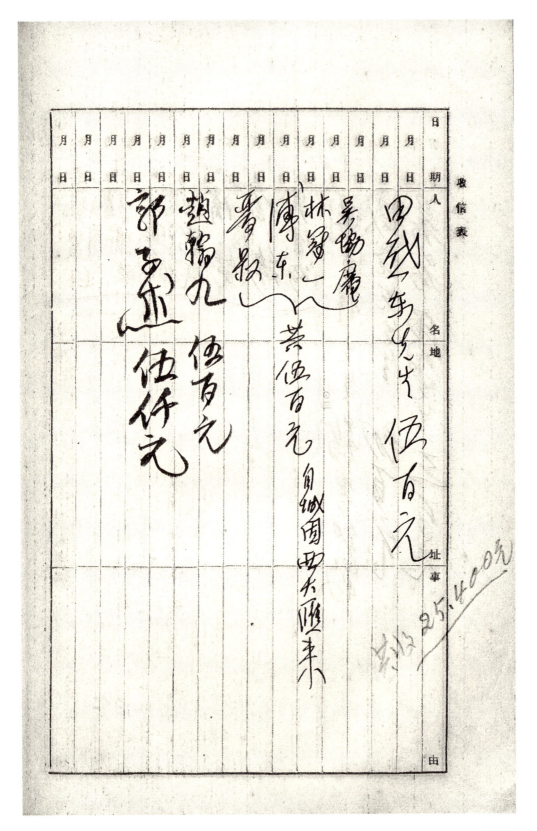

共收25,400元

借閱書館所備書

書名	冊數	摘記
頌齋吉金圖錄	一本	
貞松堂吉金圖	三本	
三代吉金文存	廿本	
春秋戰國異辭	卅本	
春秋世族譜	一本	
戰國策釋地	一本	
七國考	三本	頌齋手還四月十日，由讀史紀要圖過
春秋圖	一本	潘借去
戰國圖	一本	
西漢郡國圖	一本	

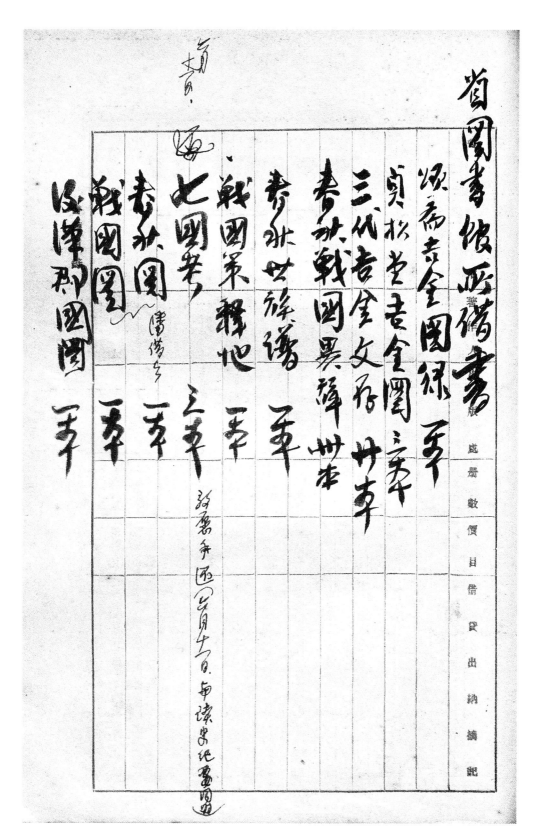

前大貞、頌

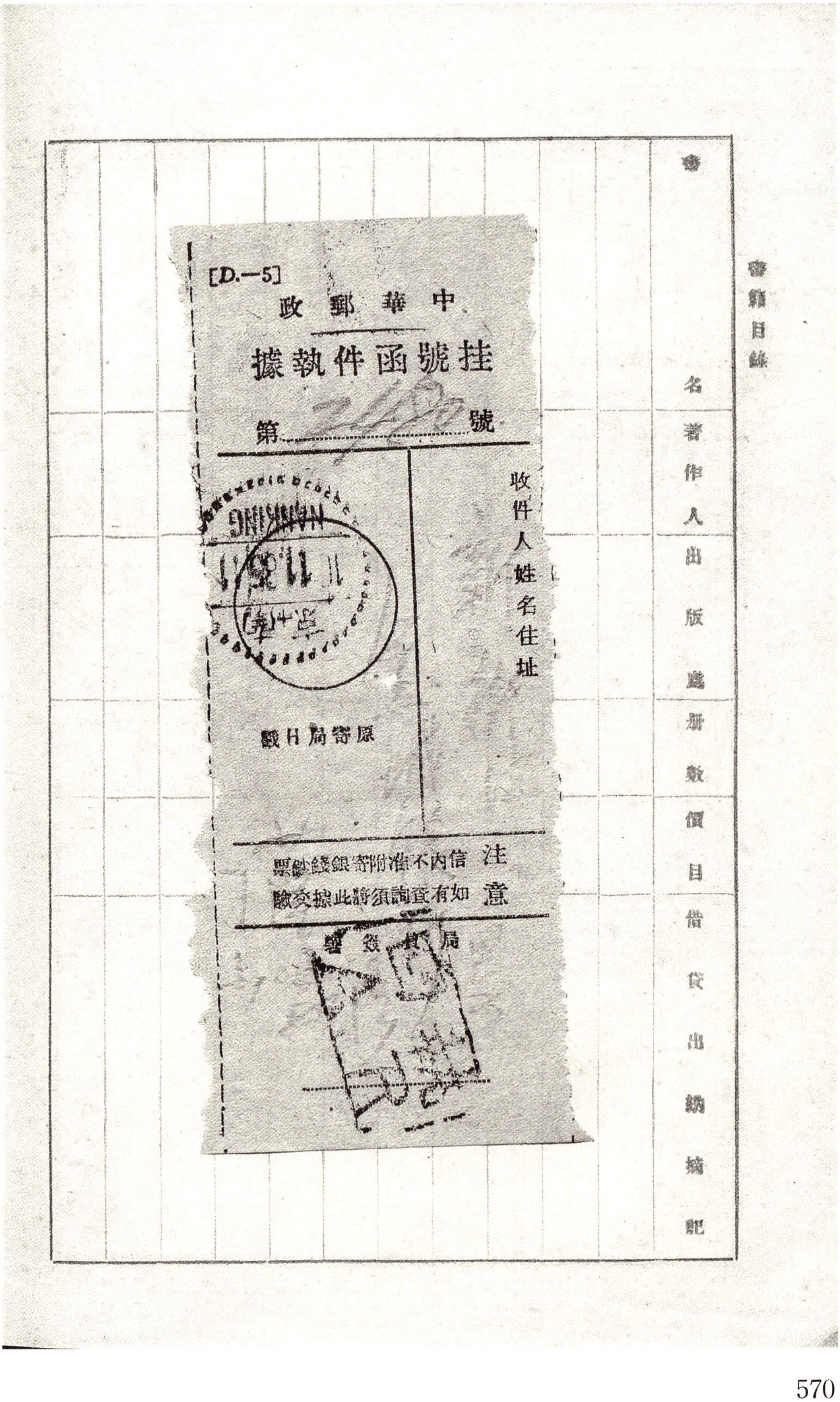

書籍目錄

書名　著作人　出版處　冊數　價目　借貸出納　摘記

[D.—5]

中華郵政

掛號函件執據

第　號

收件人姓名住址

原寄局日戳

注意　信內不准附寄銀錢鈔票
如有查詢須將此據交驗

寄發局

書籍目錄

書 五十年七月前修五嶽攘寫春(?)歙自律歲(?)表 納 繡 記

冊 65 陸私

山 40

雪 37

吉峨 17 紀中讀書

峭 13 盛小讀書

小敍 6 於家讀書

筐 3

崙 1.

丙子年闰三月初九辰时

南张居正八字差二字，彼生丙寅年、辛亥日

	官	个		个
干	丙	壬	辛	壬
支	子	辰	巳	辰
	食	财 印 食	官 印 杀	印 财 食

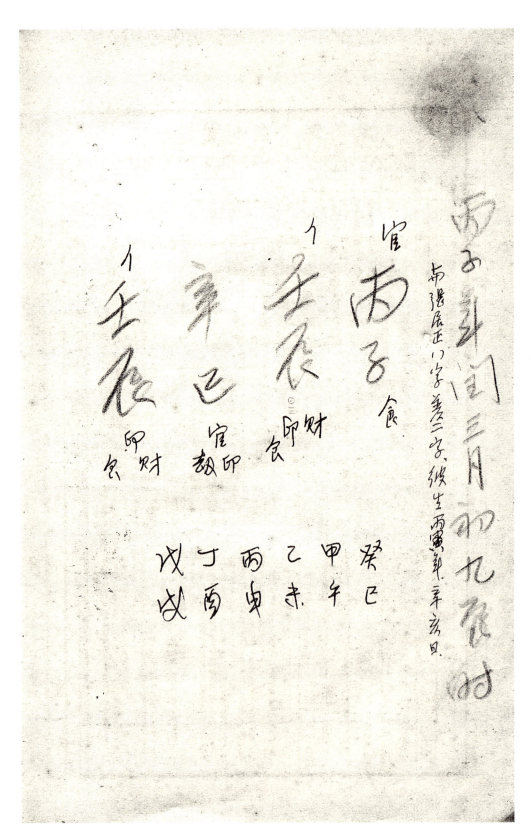

癸巳　甲午　乙未　丙申　丁酉　戊戌

8存 22569

小兒夜哭方

炙甘草二钱 大陕枣破五枚 陈小麦一两

治噎嗝方

竹沥二钱 竹茹二钱 竹衣二钱 桔梗三钱 麦冬二钱 法夏二钱 炙草二钱

黄中明润 文明外照

白圭偶洁 松竹为心 集北史句

广州电报挂号数 2949

大夏公司（中山东路272号）

Tel. 23305.

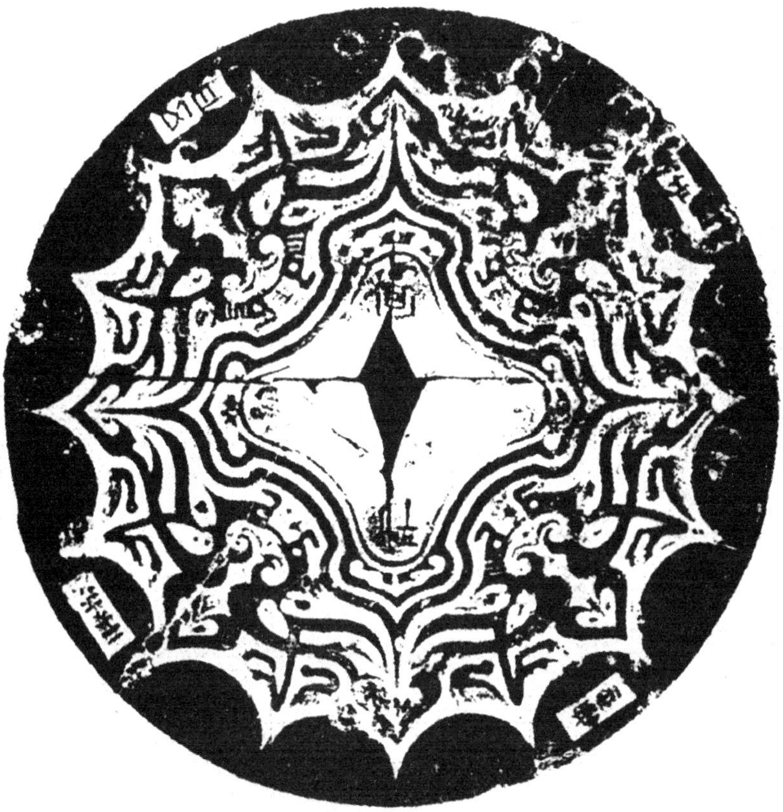

古代民族與文化試題（二月九日本星期三）十至十二時用

(1) 山川氣候與民族文化之關係

(2) 釋華夏

(3) 畧述太皞少皞風嬴之分佈情形

（任作二題）

用劉院長韻送別

此行直上休回看更莫人間記苦酸得志當為天下雨乘時幾戴楚人冠白門一水蒼茫外六代流風破碎間遙待春歸生野草青青分綠到闗山

謹上

丁山甫師誨正

受業陳擬瀋敬呈

用　劉院長韻有懷

鄉情月色戀窗前　讀破殘紅紙一箋　京口山南燕不語　武昌城外柳如煙　茫茫海水流難盡　嬝嬝春風去有邊　明鏡今宵寒照我　夢中尋徧五湖船

謹上

山甫師　誨正

受業

陳振藩敬呈

國立臺大學便條

用劉院長韻亂後

八年烽火漫天涯欲語還休意未除十室九空飢雀、鼠百無一可漫鶯花下事小吏催租賦落日愁人感歲華、欲待玉衡寫胸史長空莽莽又翻鴉

謹上

山甫師誨正

受業陳振灝謹呈

中國通史試題　　題號　公專32

西洋史學門文學院各系，圖書館學門歷史系，博物館學門歷史系，人文地理學門歷史等系應考

一、西漢兵制，在中央，地方及邊塞者，試述其要。

二、試述唐代折衝府制；在盛唐時，西北地方各折衝府之分佈大略如何？

三、何謂（1）彩陶文化（2）黑陶文化（3）仰韶文化？

四、試略述下列各人事跡：

劉仁軌　張騫　法顯　郭嵩燾　于謙　王保保　石介

鄭和　王夫之　鄒容

五、試釋下列各地在歷史上之重要性：

廣陵（南北朝）　歷陽（南北朝）　江陵（南北朝）　宣大（明）

船廠（明）　沙州（唐）　西河（春秋戰國）　河西（漢晉北朝）

泉州（宋）　旅順（清）

六、試釋下列各名詞：

「封駁」　「百二山河」　「各直省」　「漢人」（元代）

「大秦」（漢晉）　塢主

七、試述義和團亂後之東北（滿洲）形勢，及其後果。

八、文文山正氣歌下列各句之史事：試略述之。

「在齊太史簡，在晉董狐筆。在秦張良椎，在漢蘇武節。為嚴將軍頭，為嵇侍中血。為張睢陽齒，為顏常山舌。或為遼東帽，清操厲冰雪。或為出師表，鬼神泣壯烈。或為渡江楫，慷慨吞胡羯。或為擊賊笏，逆豎頭破裂」。

九、下列各書，內容如何？如有佚者，今有輯本否？

世本　魏略　五代史記　通鑑考異　國権

十、試釋下列各名詞：

興中會　戊戌政變　九龍新界　東南保安（庚子年）　舊國會

新國會

以上擇作五題

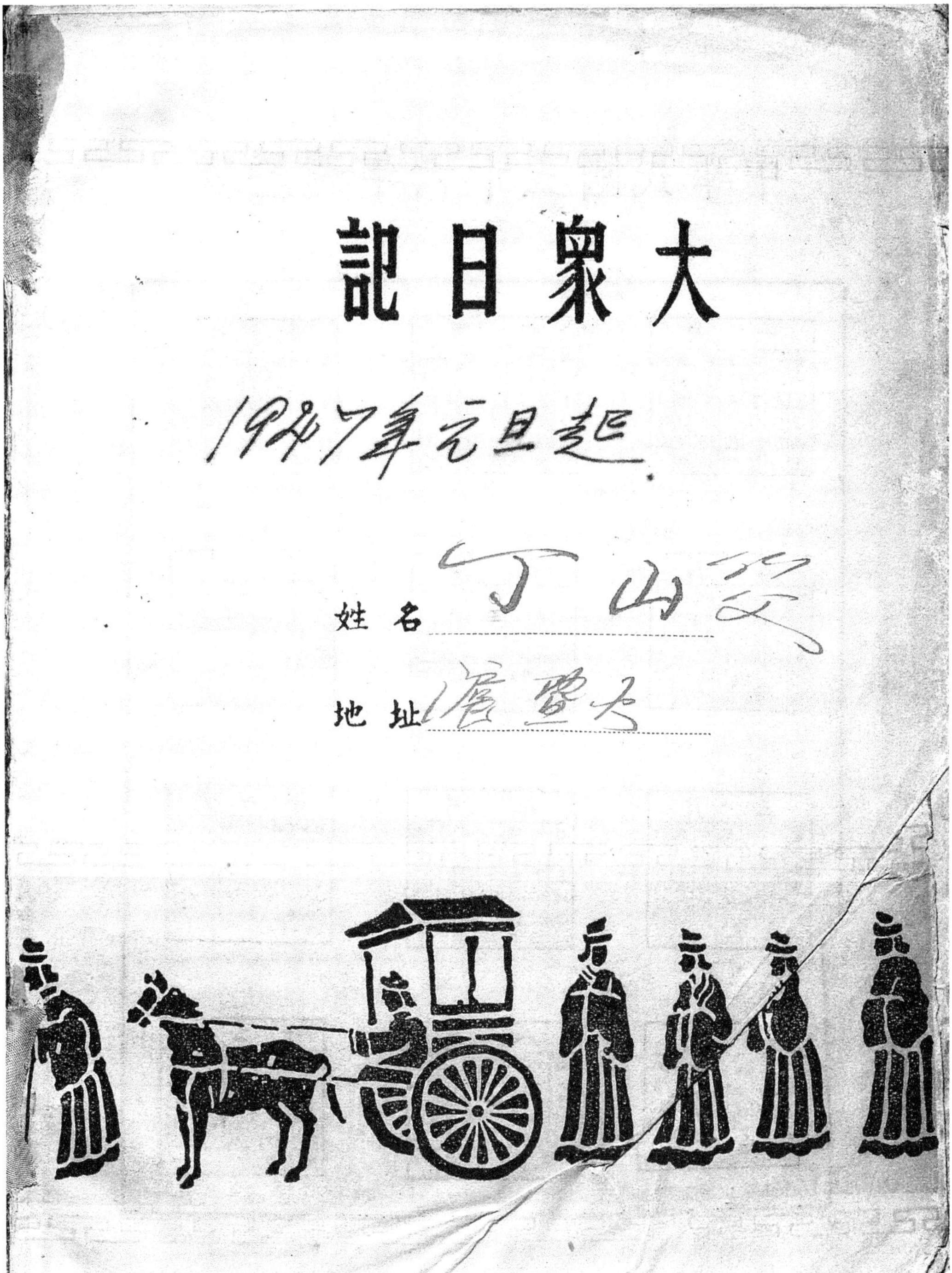
大衆日記
1947年元旦起
姓名
地址

卷首語

紀昀自挽聯曰.

浮沈宦海如鷗鳥.

生死書叢如蠹魚.

如易"宦海"為"人海"，可為自贊.

卷首語

36年1月1日星期三。庚辰。

天氣晴和，雲而不涼。玉書來談。校讀林泰輔編龜甲獸骨文字，畢。自去年十一月來滬，忙于遷居上課，學業多廢。十二月下旬始計劃鈔校各人跋書。俟今年能將甲骨文論文完全寫出，然後即以一年力量，整理全文，着手寫商周史記矣。

二日 辛巳。起身，閱路史國名記六卷。路金波先生來談。與偕內子至辣斐德路郝陽衡兄處午飯，後至晚歸。閱春秋大事表列國爵姓表。

三日 壬午。鈔校殷契徵文天象篇。飯後同訪路金坡先生于千愛里。在譚沖家小坐，歸燈下閱殷文存。

四日 癸未，陰雨。鈔讀徵文地望篇。晚，在平山處談天。

年　月　日星期

36年1月5日星期日。甲申

晨九时，至宝山路上中国通史。十一时返寓。钞校徵文帝系篇。以火柴日罄，买打火機一具，费法幣萬五千元。

一月六日。陰雨。钞校徵文人名歲时、貞類。午后四時，参加四川大學校友會。晚即公宴黄季陸校長于新生活俱樂部，夜十时歸。

七日丙戌。早八時起身，即赴校上課。飯後读五经異義疏證。

八日丁亥 晨，朔風，飛雪，是天氣轉寒。钞校徵文典礼及征伐篇。燈下閲五经異義。

九日戊子。早晴，晚陰，八時上課，飯後，钞校徵文游田篇。晚读五经異義。澄平自京来談。甚快！

十日。己丑。陰雨。未出门。钞校徵文畢。续钞殷契佚存考釋。读五经異義疏證。

36年1月11日 星期六。庚寅

晨雪不雨。在家钞校殷契佚存300余版。

十二日辛卯。九时赴校上课。饭后与王书走海宁浴室，沐浴理发。晚阅五经异义。复而细加案，各行钞写。

十三日壬辰。转冷，转晴。钞校殷契徵文毕，读五经异义毕。

十四日癸巳。早课。饭后，借车访杨公达、李玄伯。杨赴金华。

十五日。甲午。大雨竟日。钞校燕京大学所藏殷契卜辞。

十六日乙未 大阴。早赴校考试古代史。至东子营育会路领一月薪，与震东、钱嘜谈兄论校务不能进行之故。晚，阅春秋大事表

年　　月　　日星期

36年1月17日 星期五、丙申

草子论标，未暇读书。晚与澂生往不禅宋于文及华宝，谨冲玉书相陪。

18日 丁酉 方震巷、颉刚与蒋大沂先生来。萼谨冲送钱来。以地理与中华民族之盛衰篇已请颉刚卖与文通书店，算谨冲的。谨冲周急之意，厚于云天，不可忘也。饭后，至校为沈鍊之先生考该国史，晚归。在澂生家谈天，夜深归。

19日 戊戌、昨晴，今又转阴寒。早，颉刚请蒋大沂先生送稿费50万来。留午饭去。钞校益大卜辞300则。

20日 己亥 冷而阴。钞校益大所藏殷契卜辞毕。续来私大子表。

21日 庚子 阴历除夕也。约孙以悌余逊平二人来守岁，得诗一章：

蒼檐跳珠灯影妍，学仙学佛总缘悭。

春申江畔愁如许，风雨明朝又一年。

年　月　日星期

36年1月22日 星期三，辛丑。

阴历元旦，[illegible]道近爆竹、警惺，戏成一诗云：

~~手提与1派克笔，试贺豬儿幸运年；~~
~~官上加官爵上爵，小民不敢怨皇天。~~

手提派克五十一，试祝豬儿幸运年。吃尽
小民汗与血，官商日进金條千。

报道今年豬肇年，羊胃羊頭尽委员。四萬萬人
齐拜谢，民生不讲讲民权。

檢碗聯珠送舊年，依然殺氣騰幽燕。羊頭
猪肉皆民主，盗憎主人只党权。

孟嘗失位也光星，子貢多財傳大賢。但願千官人
候長袖舞，物价萬倍到来年。

人多罢有往还，未能读书。

23日壬寅 失震东招宴于凯福饭店。饭后，访易
衡君璞、应三诜君于辣斐德路。

24日癸卯。访周谨冲右幹臣诜君。至上海市
博物館，同沈藤大沂、杨宽童丕绳诸君。
盘桓至晚归。钞校郑中医羽卜辞，二而
二集毕。

年　月　日星期

36年1月24日星期六甲辰

陰雨，未出门。鈔校鄴中片羽卜辭數十則

25，乙巳。午後，封鎣、望雲、洪廷彥來拜年，跪拜，學生，猶古道也。近來師道掃地，以學生為政爭工具，視師界無愧然。

26日丙午。鈔校鄴中片羽三集卜辭畢，多新材料。晚，公宴震東于鴻禧飯店，夜深歸。

27日丁未。大逵招宴于亞爾培西餐社，飯後，至燕園訪彥堂之兄生，欣聞談之。晚，楊寬、童丕繩來，食便飯，夜深去。竟日未讀書。

28日戊申。晨，易衡夫婦公子同來，留午飯去。閱後漢郡國志。晚在陳倫年先生打牌，夜半歸。

年　月　日星期

年1月29日星期己酉

早晴，轉温，晚陰。鈔校卜辭摭佚，誠齋卜辭，甲骨文七集三書。晚閲漢書地理志

30日，[illegible] 早，羅北辰以車来，約至中心區訪友。暨桓至午後歸。晚至筱宋處談天。夜深，玉書来談。

31日庚戌。晴和，看春意。復小夫信。飯後，至金門浴室沐浴。周谷城来約為復旦講沿革地理。閲郡國志一卷。校録甲骨文録百餘則

年　月　日星期

36年2月1日星期日 辛亥

早，携昆侖、雨兒至青雲小學報名，頗費唇舌。校録甲骨文録三百則。晚閱郡國志。

2月2日。壬子。校録甲骨文録三百則。午後，唯一夫婦來談，彼將赴漢皋也。閱漢書地理志一卷，

3日 癸丑。骨節寒冷發痛，蓋氣壓實低，且降大雪也。同门劉詩生偕魏建猷君來談，以精神不佳，未多所言。晚，積雪盈寸

4日。甲寅、尻骨痛，精神不振，閱郡國志

5日 乙卯。精神仍不振。閱讀史方輿紀要。

6日 丙辰 打起精神，校録甲骨文録，畢

年　月　日星期

36年2月7日星期 丁巳。

读方舆纪要。

8日 戊午。阅郡国志

9日 己未 阅地理志。午后赴恒安医生家检视身体。

10. 庚申。阅水经注

11. 辛酉 阅水经注

12 壬戌 以卜昳所见地名注于水经注图上

13. 癸亥 以卜昳地名着于水经注图。

14. 甲子 以卜昳地名着于水经图"

年　月　日星期

36年2月15日星期六。乙丑。

嚴寒。堅冰。以陰冬。午前閱水經注。寫信
立武、中舒、天民、鈞侄、招待驊之。並赴
东體育会路。晚在震東家談天。

十六日丙寅。早。李冠山兄以车来接至徐家匯
午飯。之（？）偕朋友数人歸。感冒如昨。
未看書。

十七日丁卯。感冒如昨。閱水經注。寫信
致先。

十八日戊辰　天轉晴。感冒稍癒。開始上課。
飯后，至九江浴室沐浴。

十九日己巳。鈔校殷契粹編七00則

20日庚午。　鈔校粹編百則。飯后偕玉書至
江灣復旦大學回訪東南合城兩兄。
談至暮歸。

年　月　日星期

[illegible]

36年2月21日星期五. 辛未

今日咳甚. 右肋痛. 勉强看書.

22日壬申. 右肋仍痛. 服药. 咳. 努力背誦. 家信来.

23日. 癸酉. 道绪自来. 京饭后, 同访北辰, 傍晚归. 咳渐止. 但筋骨仍痛. 午前通史, 未能上课. 为道绪写信秉南.

24. 甲戌. 星期一. 天气晴和. 肋痛. 未能做了.

25. 乙亥. 有课. 请假.

26. 丙子. 钞校金璋二氏甲骨卜辞毕. 赴辛树帜兄午宴. 谈至晚归. 肋痛稍舒

年　月　日星期

36年2月27日 星期四，丁丑。

晴，东北风劲。早李雁晴先生来谈，留午饭去。道铭兄自来谈。钞小辞地理篇至饭刻。

28，戊寅 晴，西南风甚劲。补钞小辞地理篇。

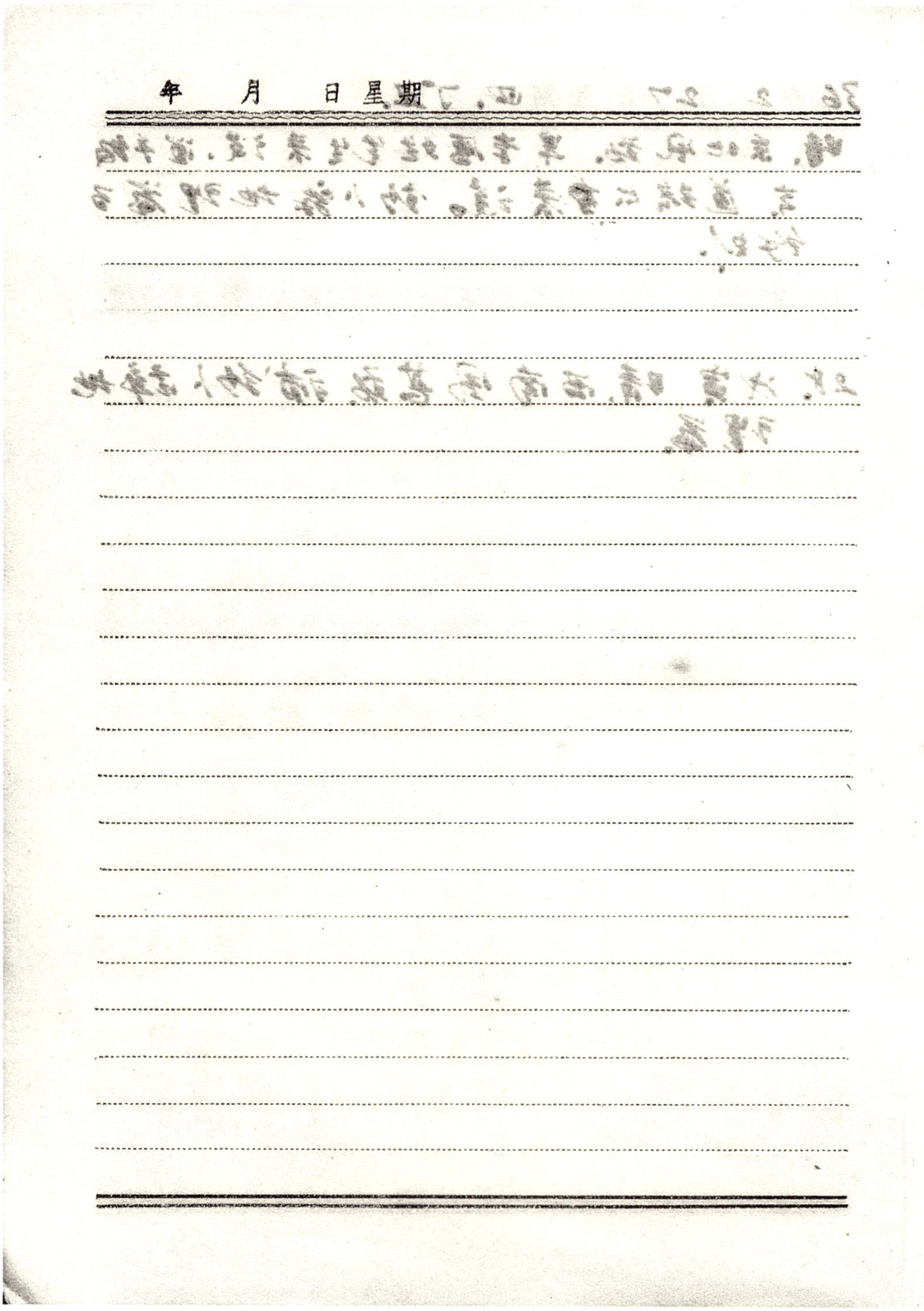
年 月 日星期

36年3月1日星期六. 己卯

寫給鐸兄. 未暇工作

2. 庚辰. 早上通史課. 鈔校八紘譯地理篇.

3. 辛巳. 鈔校八紘譯.

4. 壬午. 上暨大課. 領俸至後里. 開始讀歷史地理學.

5. 寫來鈔墨叢. 鈔八紘譯地理篇

6. 早課. 理髮. 至達中家午飯, 之後, 與諸友譚天, 晚歸。

7. 乙酉. 開始修訂商民族之研究

年　　月　　日星期

36年3月8日 星期六、丙申.

胁痛之疾，有转肺炎之虞，天民兄嘱少工作，多休息。于三月廿九日，仅写成土批判书之批判，以友人之请也。

三月卅日.(戊申) 晨，三弟来。午，李费三兄以车来接至其沪西寓所午饭。归后来董浏、殷桓至晚归。

31日. 暖。午后飘风转凉。竟日阴。三弟访友，买票。夜十时，送三弟登锡麟轮。始归卧。

年　月　日星期

36年4月1日星期二. 壬戌

早至校上課. 飯後閱試卷. 寒風兼雨, 不暖, 甚寒.

2日 癸亥. 閒始寫商代氏族篇. 理下預備功課

3日 甲子. 早上課二堂. 歸, 瀋陽郭錫銘世恩同晚來. 留午飯去. 禹衡來談家務.

4日乙丑. 早課後, 出門訪友. 至晚歸. 程晨堂粟得商器摹本及影片. 極可珍視. 呈董師一緘

5日 丙寅, 風霾, 仍有寒意. 飯後沐浴, 晚寫子央氏篇.

6日, 丁卯. 霾. 略寒尚峭. 寫子畫氏篇.

7日 戊辰 霾. 南風轉暖. 寫阜氏 鄭氏篇.

8日 早課. 客來, 晚赴何魯之先生宴于蜀腴. 歸已深夜.

年　月　日星期

36年4月9日星期三、庚申。

翻阅殷文存。写亚东节。

10、庚申。早课，重写亚东节，定为亚蠹氏。又修订旧释夕字的本谊。

11.庚申、写丮氏遂氏节。

12.辛酉，早课，召集四年级生指示论文纲领。继续写雩氏、冒氏节，甚慢。

13—16.上课，看书。

17.丙寅，早课。午后翻录殷契菁华。云将分娩，于夜十时住第五医院。

18.丁卯。昨晚带洹儿睡，不能成眠。竟日为家事，又往医院看云，不能安静。傍晚候苏州来人，殊少读书矣！

19 戊辰 子旭。未上课。继往医院看云。晚谢刚主兄来谈。

年　月　日星期

20年4月20日 星期日 己巳

由暖而凉，朝風洌洌。寫竝氏，尤族、邑氏之節。

21——25. 甲戌。自重入醫院。生活失軌，不能安心作事。上課以外，僅寫氏族若數節。

26. 乙亥。早課。北大同學会聚餐。至晚歸。增錫自和来，談修族譜事。頗深暢。

27. 丙子。翻閱族譜序録。將詞句不當者畧加潤色。

年　　月　　日星期

36年5月4日 星期日 癸未

连日，家事纷纭，不能安心读书。今日始写完和县丁氏族谱序。

五日。甲申。今日午时（新钟十一时）云诞一子于老靶子路市立第五医院。大小均平安。亦家门之喜也。此子八字为

伤丁 亥（甲比）（长生）月德禄

胎丁亥

比甲 辰（劫、财、印）

甲 申（财、杀、卩）

财己 巳（食、财、杀）

厚重聪明。惟寿运将不逮恒儿。

6日。早，写切其卣考释。午至医院。饭后小睡。连夜带恒儿寝，不能安眠。精神殊觉困顿也。

21日。学潮汹涌，动辄罢课。乘暇写成切其卣三器考释。

36年10月10日 星期5.（壬戌）

自本年五月下旬全國學潮洶湧，暨南自不能例外。自命左翼教授策動青年，長期罷課。我輩純粹讀書份子，既不該于左翼，復時為貪官污吏之校長所責，遂不能安心學術工作。無賴之徒王以中為風潮主動份子之一，業經停聘，而託其同鄉政客疏通挽回。嗣要其師友之張翼說項，校方均不接受。遂一暴其無賴面孔，並唆其潑婦殷氏，盛氣咆哮。我雖居校舍，迄不得安身。請校中另為租新居，一再通詢，貪官污吏集團，均置不理，乃決去暨南矣！于九月十九日挈眷登華聯輪，廿一晨登青島岸。初寓歐陽路山大第二公舍，旋遷魚山路第一教授公舍。背山面海，有花木之勝，且距課室不百武，生活雖苦，精神甚安！故即完成"中國通史簡編之批判"。

今日國慶，朔風揚沙，頗有冬意！閱博古譯"論一元論歷史觀之發展"250葉.

十一日。閱畢一元論歷史觀。飯後出席系会，会後攜兒女海濱散步。燈下讀資本論。復乾英、耀漢、以綱、亞平、信，又寫信許正趙、蔡秉中，謝其在沪多照顧也。

年　　月　　日星期

36年10月12日星期日，甲子。

風冷如昨。先至德河路晤吳梅亭夫婦，再至武定路醫學院晤孫思白，劉景虞歸途遇公潜兄次公子，邀其至家晚飯，把酒持螯，友朋歡叙，今日得此，斷推盛會矣！青市煤荒，今日開始停電，惟餘小时半，始放光明耳。

13日，風息，天氣轉暖，午前，在圖書館翻書，飯後，批改素讀，晚讀資本論第一篇第二章。

14日，晴，暖，閱圖書集成經籍典。

15日 上課，讀資本論，復顧剛文通信。

16—20。連日上課，外頗傾國史邃深研究將往後生產計劃，——將寫一部通史乎？抑從事古代史工作，以其完成乎？最後考慮，還是不放棄古代史工作，繼續續作殷代氏族篇。

21—31。每日晨上海校課，飯後上山大課，疲於奔命，研究工作遂多停頓。

年　月　日星期

廿八日，为余四十七岁初度。杭州劫余图书，赖洪传炯先生屡转曲经沪运青。整理残余，损失过半，幸甲骨文及金文书籍，尚存半数耳。揽卷怅结，悲喜交集。手稿亦多散佚，如周易集解稿，今则仅小半册耳。战争之罪恶，谁实负之？请以问此世界独裁者。

36年11月1日星期六、甲申。

上课。翻阅卜辞书籍。

二日乙酉。早莲弟以车来，同往东镇买小米地瓜。饭后，出席山大校友会暨子会。晚赴山大同学迎新会，在偕宴殺樓于新新公寓。夜深歸。

三日。连日精神不振，不能读书。午后小睡数時，精神恢復。復鲁之、建猷、子達、亚平以编信，又写信颉刚、星如。

四日丁亥。早海校课，饭后山大之课。写信德冲、澄平。

五六日。课外，续写卜辞例外甲骨刻辞研究

七日庚寅。午前，完成甲骨刻辞研究，约萬四千言。课后，阅史通内篇。

八日。上课，阅毕史通。

九日。应学生会约，早在校講中國史學史學之特徵。饭后散步至中山路。復丹堂、到快博东信。

年　月　日星期

36年11月10日 星期一．癸巳．

早起，復中舒信。釋卜辭。

11、课外，修订例外朝祭研究。

12．乙未．今日放假．修订例外朝祭研究為殷商氏族試探。飯後，抄讀正續殷文存。夜深畢。

13．朔風怒號，寒氣如冬，小病，至晚始起進食。

14．丁酉．午前至中行取錢，飯後上課。得吳士選兄太夫人訃，輓以聯云：

徽音暢于神明，景命不居，永垂女憲；
護穆存——乎寒素，墓川之下，敬奠生芻。

士選以寒素起家，皆太夫人之教也。

十五日，陰雨，飯後上課，々後赴學生迎新会。

十六日。己亥．早弔拱辰父喪，便道訪諸友。盤桓至午後歸。寫輓聯寄南京。即寫信弔士選。復陳一孝信，寫信天民、小夫，

年　月　日星期

36年11月17日 星期一、庚子。

早海校课，饭后，遣弟以车约往四方买书！寒风如割，归已暮矣，买山芋五十斤。

18日：早，照相，至中国行取鲁之壁来之粉，凡百系。饭后上课，晚读礼书纲目，寒冽如昨。

19日，壬寅 上课，写，早眠

20日 癸卯 上课，明晨有早课，早眠

21日 甲辰，上课，阅林春溥古书拾遗。

22日，午后上课，重写氏族考王氏殷节。

23日 丙午 早，访公诸，午后雨，夜无云。论殷代三师制，变为周之三军，太仆来，谈天，未写成。

24，早海校课，课外完成三军节

25，早，写武丁二后见于卜辞节。

年　月　日星期

36年11月26日 星期三。己酉

早，海校课、写萱民节、及小臣从节。

27日。庚戌。阴雨，至写子央民节，饭后上课，灯下阅汉地志补注。

年 月 日星期

37年6月26日 星期六

完成卜辭所見民族及其制度.

27. 休息，復多友覆信：三曼、士選、耀琳、李建安、陈振藩等.

28日. 寫古代民族神話 正中書局.

年　　月　　日星期

37年7月1日星期4.

上课。开始整理商周史略稿。

2日　午前阅海校试卷。饭后出席山大校务会议。晚季璠先生来谈。

自四日开始写商周史略，至卅一日止，仅成140叶，约四万字。

年　月　日星期

37年8月1日，星期日。

昨得岷兒信，謂母親久病，不思飲食。為之徹夜不眠！歸里侍疾乎？所費不貲，無力籌措。不歸，則親老堪虞。即函懷平叔光，速請天民至和彩診視。晚間，精神稍恢復，續寫商周史五章。論五霸，即五彭，小霸作畫成。尚未竟。

2日。早渥熱。傍至倫校上課。傍晚頗爽，至中山路買什物。[illegible]燈下寫史第五章。寫信致逸。

年　　月　　日星期

1949年2月9日星期

回憶返青，忽兩年矣！人事擾攘，游蹤屏絕，埋頭讀書，猶難免鼠牙雀角，意外之中傷。薰蕕異器，芳常不排斥佳常，天道之常，何足怪哉！自去夏暑假開始寫商周史稿，半年餘，僅完成殷商一段，蓋家庭煩囂，加以未來問題，令人無從安心工作也。新年人日立春，率占二律云。

天涯已慣逢人日，佳節今朝喜立春。燈結不開盡哭，枯魚又見海揚塵。稱王稱帝總賢聖，呼馬呼牛有賤民。彼兩雌雄君莫問，淮南歸去樹巢身。

明年人日知何處。此日齊東作野人。十載辛盤甘疾苦，一盞柏酒醉洪鈞。未知天命種華髮，坐擁書城學養真。聞道太平漸有望，也擬買牛賣刀歸田畊。

年　月　日星期

1960年 1月17日 星期二。

自李華上課後，開始寫商周史的宗教思想篇，至昨告一小段落。今天復靜剛、王書、吳衡、恕之及夢雲信。晚七時起政治學習，十時半歸。

年　月　日星期

庚寅年四月　日星期

戏咏

一阵寒流一阵雾，三月青州不见青。闻道饿殍满沟壑，五都歌舞庆升平。

劳监才生到上庠，三生有幸喫公粮。蓬蓬勃勃向前进，谁问苍生闹饥荒。

年　　月　　日星期

1960年4月23日星期日（戊子）

晨起，子青来，同结仲纯处谈天。[redacted]四时回校。

6.26. 读绝句若干

（但仅留是纪昀）

夏来送气纳迎新，粉墨登场卖贵身。白头牛头冒烧尾，~~先生掉地谈斯文~~。

注了嘘嘘生剪栈[redacted]迎白裘。昨日身犹似射虎，居然今日挂羊头。

虎尾蛇头妙入时，奉承几句鼓吹词。哥儿拍手姐儿笑，一部齐宫中大师。

[redacted]

三五西王三五霸，霸王之烈接秦皇。[redacted]成新政，朕即国家百姓弟。

尔宅尔田一饭难，郡闻数洛馥如山。苍生福命纤手缯，戮了鸳鸯老梗顽。

整俗

朝闻大义觉迷书，夕使萧风[redacted]鹦鹉。能言犬解提，识时最有星堂头领。

商英死急要官做，司马大贤论小碑。道学久为天下装，居然真伪闻禅师。

既要做官莫做人，元长一点尽忠臣。兹云厘报宝城后，童贯封王史绝伦。

年　　月　　日星期

50年8月28日 星期一.

[redacted]

千家歡歌彩舞衣、四大金剛得意時、
腦滿腸肥狼狽走、妖人逃竄快遁遁、

五十生日,集東坡詞自壽:

天遠夕陽多,(滿庭芳)誰道人生無再少(浣溪沙)
酒闌清夢醒(臨江仙)自覺功名懶更疏。(南鄉子)

集古諺句:
百尺竿頭望九州,幾家歡樂幾家愁。陽春踏盡西風起。惟見長江天際流。

年　月　日星期

1950年12月15日 星期五。

今日完成商周史、宗教與神話篇，約四十萬言，自去年九月初起草，至今年七月底停頓，於本年十月續作，今日脫稿。適仲華兄來談，約出晚飯，冒雪歸。政治經濟史何時允許起草？惟有待耳！

1950年12月21日 星期四

一個半月不曾理髮，一個月不曾洗澡，自頂至踵，無處不癢。今天跑到天浴堂，[illegible]擦沫、洗澡、修腳，大痛快一場，費去叁仟元，算是豪舉！

1951年1月21日星期

讀 元史

色目漢南下蒙古、九儒十丐

何嫌猜、至元間國多奇

蹟、俄然江湖酸秀才。

年　　月　　日星期

1951年3月28日 星期三

自山大校内文學館遷居金口一路16号三樓,幫忙者,同學張恩榮、史紀言、伍縵揚、王文平,皆中文系四年級。可感!僱臨時工人三名,次日又一名,計費三萬貳仟元,而添置修理之費更多。今日又囊空如洗矣!

廿九日記

遷完後公達來談,今日恩白來。晚為恒兒補課

廿九日再記

年　　月　　日星期

年　　月　　日星期

治水腫方。

田螺、大蒜、車前草研為膏，作大餅
貼腹上，水從便旋而出。數日愈。
（見仇遠稗史。）又見宋趙溍養疴漫筆

走馬疳

用蚶子蓮肉，火煅存性，置冷地
覆以盞子，候冷，研為末，乾摻患處。
又、荸薺燒灰，入鹽少許，摻患處。

治破腸（傷）風

黃連五錢，酒二盞，煎至七分，入黃蠟
二錢，同煎，和滓服。（均見鉤玄）

鴨血

凡人溺死者及服金屑未死者，以鴨血灌
之，可活（宋趙溍、養疴漫筆）

治鼻衄方

以手摘石榴花，燒灰，调酒，塞鼻中，其血立止。（"雨亭雜録 2.）

治水蠱方

乾丝瓜一條，去皮，剪碎，用巴豆十四粒同炒，呈黄色，去之，以陳倉米炒丝瓜，至米黄色。去丝瓜，研米为末，清水和成桐子大丸子，每服百粒。数服即愈。（説郛53引鉑玄.）

治耳凍方

説郛四引晓日记，"耳凍，熬姜汁為膏，塗之，即瘥。"一切凍瘡似可用之。

治產婦肩背反張方

獨活湯及大豆紫湯。（見千金翼方。説郛八引葉夢得避暑録）

仙桃艸、治重伤

艸，四月间，在麦田中蔓生。叶绿茎红，实大如椒，形如桃。中有小虫如蚊，即是。宜小暑节前十五日内取之。先期则虫未生，後期则虫飞出。趁虫未出，採之，焙乾，研末，藏贮磁器。一切跌打损伤，服一二钱，可以起死回生（酒水调服）（见梁恭辰，北东园笔录三编，卷三。）

防风一两，水调服，解砒毒。

（见同上书卷二。）

治癞疝方

（一）荔枝核煎汤。（不甚见效）

（二）薏苡仁，用東方壁土炒黄色，然後入水煮烂，放砂盆内，研成膏，每日用无灰酒调服二钱。（此方名"薏珠"，此二方均见梁章钜归田琐记卷一。）

經濟預算表

洗眼方

用厚朴五分，滑石一錢，黄连五分，煎之。未洗之先，须斋戒沐浴，将洗之際，须迎日光焚香，一日三次。日期为正月初三，二月初六，三月初三，四月初五，五月初五，六月初四，七月初二，八月初八，九月初十，十月初三，十一月初四，十二月初四日（按此上之日，系取月初。见归田琐记卷一）

折骨伤方

以开通元宝钱，烧而醋淬，研为末，以酒服下，则铜末自结而为圈，周束折處。（按但取铜末，非必用开元钱。见归田琐记卷一）

小儿吞铁物方

剥新炭皮，研为末，调粥与小儿食，其铁自下。（归田琐记引苏沈良方）

收支統計表

治喉蛾方

斷燈草數莖，纏指甲，就火薰灼，候其焦燥，將二物研末，更用臭蟲十個，一併搗入為末，以銀管向所患處吹之。數吹之後，則使瘡自潰，口內吐膿痰。

止血補傷方

生白附子12兩，白芷、天麻、生南星、防風、羌活各一兩，各研極細末，就破處敷上。傷重者用黃酒浸服數錢，青腫者水調敷上，一切破爛，皆可敷之，即愈。（驗方瑣記．一）

治喉蛾方：

蝦蟆衣、鳳尾草，洗淨搗細，入鹽末、梅肉、煮酒各少許，和之，再研細，用布絞汁，用鵝毛掃患處，隨即吐痰。消失。（周密志雅堂雜抄）

收支一覽表

治積受潮濕四肢不仁方。

諺云："十大功勞三兩重，八稜麻根五錢輕，淫羊藿與千年健，紅花，當歸，五加皮。陳皮六味俱三錢，一共八味煎濃汁，配入陳燒四斤足，再加紅灰酒十斤，封置七日隨量飲，一月之後見奇功。（歸田瑣記一）

治痰迷譫語方。

鮮豬心一具，將辰砂一錢，甘遂二錢，合研為末，裝豬心中，外用牛囊煨熟，取出藥末，和作兩丸，再將豬心煮汁，和丸送下，即愈。

（歸田瑣記卷一）

收支一覽表

月	日	摘要	收入	支出	結存

痱子，用黄瓜擦之，即消。

治金瘡及刀斧傷，

用獨殼大栗，研为乾末敷之，

或用生栗（嚼碎）敷之。（上均见志雅堂雜抄）

炒原蚕蛾，敷刀傷血涌立止。

（見宋俞文豹續吹劍錄）

暑痢，乾葛、烏梅、甘草，濃煎服之。

血痢，新採藕细研，以熟蜜湯調服之。

收支一覽表

月 日 | 摘 要 | 收入 | 支出 | 結存

治目赤障、

取田螺一殼，去掩，掺以黃連末，置于露中、俟取，則螺化為水，滴之赤障自消。

治嗽、

香栗（即香橼）去核，薄切作細片、以時酒同入砂瓶入煮令爛熟，用蜜拌、睡中嚼咽服之。

向南桑藤條一束，寸折之，內鍋中、用水五碗煮至一碗。暑熱，遍濕飲之，一服愈。（宋趙溍、養痾漫筆）

（抄見元、佚名稗史、說部21引）

收支一覽表

月	日	摘要	收入	支出	結存

耳暴聋方，

用全蝎，去毒，为末，酒调，滴耳中，闻水声即愈。（宋赵溍《养疴漫笔》）

骨鲠，用犬涎。

穀送，用鹅涎。

李村镇河东村东山信箱头号

親友團體通訊表

姓名	地址	電話
于思泊	平.大佛寺西街	
	平琉璃廠18号来薰閣轉	
劉晦之	新閘路西摩路1321号.	
陳膺清	福建莆田西門宝奎樓	
徐華三	江西,廣豐,永巷8号	
蘇忠	温州州高樓十九號	
陈寓春	滬海寧路(北四川路口)449,四樓,南	
	南京东路.慈淑大樓501.中央製藥廠	
劉寄萍	上海.江西路200号	
(影銘)	金城銀行總經理處	
中國人文研究所、沪,愚園路、久安坊12号.		
孫蘖廑	平.东廠胡同一号	
楊寬正	上海,四川北路博物館	
童丕繩		
劉朗泉	上海滇池路中國銀行大厦215号	
源来	長沙,湖南大學	

親友團體通訊表

姓名	地址	電話

親友團體通訊表

姓　名	地　址	電　話
王惟一	戈登路昌平路口新餘里47号.	
仁蓋	京.淮海路聯合徵信所	
頡剛	蘇.懸橋巷顧家花園10号	
袁莊伯	京.昇州路.弓箭坊.洋珠巷23号	
志希	京.玄武门内.大樹根88号	
蘇叔玄	京.映陽营23号	
致遠	寧波,方家巷43号	
沈鍊之	溫州民族路193号	
顧頡剛	上海北四川路,南仁智里118大中國圖書局	
	上海〃〃〃橫浜橋北魏美福里19	
劉詩生(文輿)	蘇.乘馬坡巷14号	(畫師寄呈)
魏建猷	狄思威路1177号新滬中學、	
鍾道銘	上海,施高塔路东照里86蕭一山先生轉	
〃(新甫)	南京,雞鳴寺中研院社所嚴中平轉	
陳桑	京鐵湯池明信新村4号丁宅	
	上海北四川路景盛里19号	
朱東潤	無錫,學前街國專.	
宗孟琛	四川,三台,韓康市藥房	
許仲煊	四川綿陽.雲谷井北門外	

備忘錄

預記事項	預定日期

備忘錄

預記事項	預定日期
諸信炯　杭州電氣股份有限公司、	
上海(巨籟達路565弄6号、)	
又、經農路393弄6号	
卞柏年、滬(19)軍工路，沪江大學.	
丹豈　沪(5)狄思威路1269号.	
溧陽路	
陳霞春、南京东路慈淑大楼501号	
中央製藥廠	
貫之、京中山東路利濟巷、耕心里6号	
譚沖　沪，虹口，山陰路，千愛里27号	
亞書　平、西四、礼路胡同45号	
星如、沪四川北路1374号，神州電訊社	
天民、南京、顔料坊31号	

備忘錄

預記事項	預定日期

毅烈，镇江、华东三野卫勤干校 ~~文化队~~ 文工训练队。

备忘录

预记事项	预定日期
锡锋、浙、北门、十字街23号。	
郑鹤声、南京、天山路、北极村5号	
张恩荣　江苏溧阳南门公和號修	
郑笪里、	
效先、沪、南京东路~~75~~ 70号、大来公司转	
三宝　北京、西城、小将坊胡同20号	
又、东城、锡拉胡同18号、林太太转	
沈寂宗、沪、北京路、647弄、12号　立信会计师事务所。	
易衡、沪、复兴中路1195号	
蔡[illegible]修、北京、东皇城根、阎家大院、北大宿舍。	
谢元璐（蕴山）北京、团城、文物局）	
李青、渝、江津、七贤街60号附2号	
刘念和、蓉、青羊宫、横街、梅园、华西人民大学。	

備忘錄

預記事項	預定日期
趙家法　上海南京東路53号	
顧乃章　蘇州富郎中巷49号	

備 忘 錄

預記事項	預定日期
池田秀傳 ~~集刊、蔡先生等~~	
三统曆衍式	
~~[illegible]傳 东洋讀史地圖~~	
鲁翁 成都、官營子新29号	
天民，京、颜料坊31号、	
敦先、京、鼓楼、唱經西街65号	
尖角营40号 大夏建築公司	
張右文（叔明弟子）	
北京西城、大帽胡同6号	
張基園、濟南、院西、惠中營造廠．	

毅 生于民25年2月10日午时、在上海伯特利医院

昆 民28年12月17日卯时生于四川三山口、陈小湾

渝 民30年4月14日未時生于四川三山口靈峯寺下

須 民33年6月11日辰时生于四川三山口禎侯庙

淞 民36年5月6日、巳時生于上海第五医院

祖朝举公 生咸丰二年九月初八丑时

卒宣统三年八月十四日申时

妣陶氏 生咸丰四年九月十一日

父清桥公 生光绪二年七月十四日未时

卒光绪廿九年九月廿二日酉时

母赵氏 生 光绪二年闰五月十六日亥时

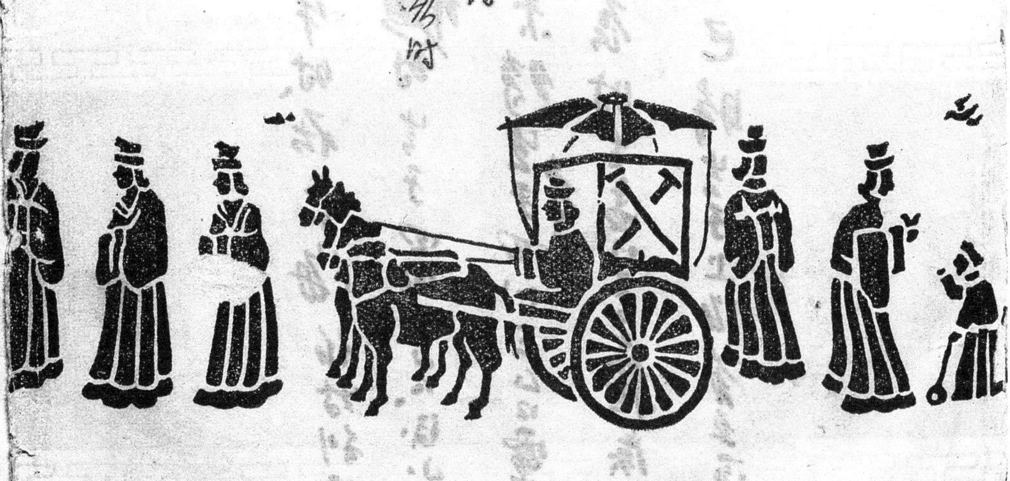

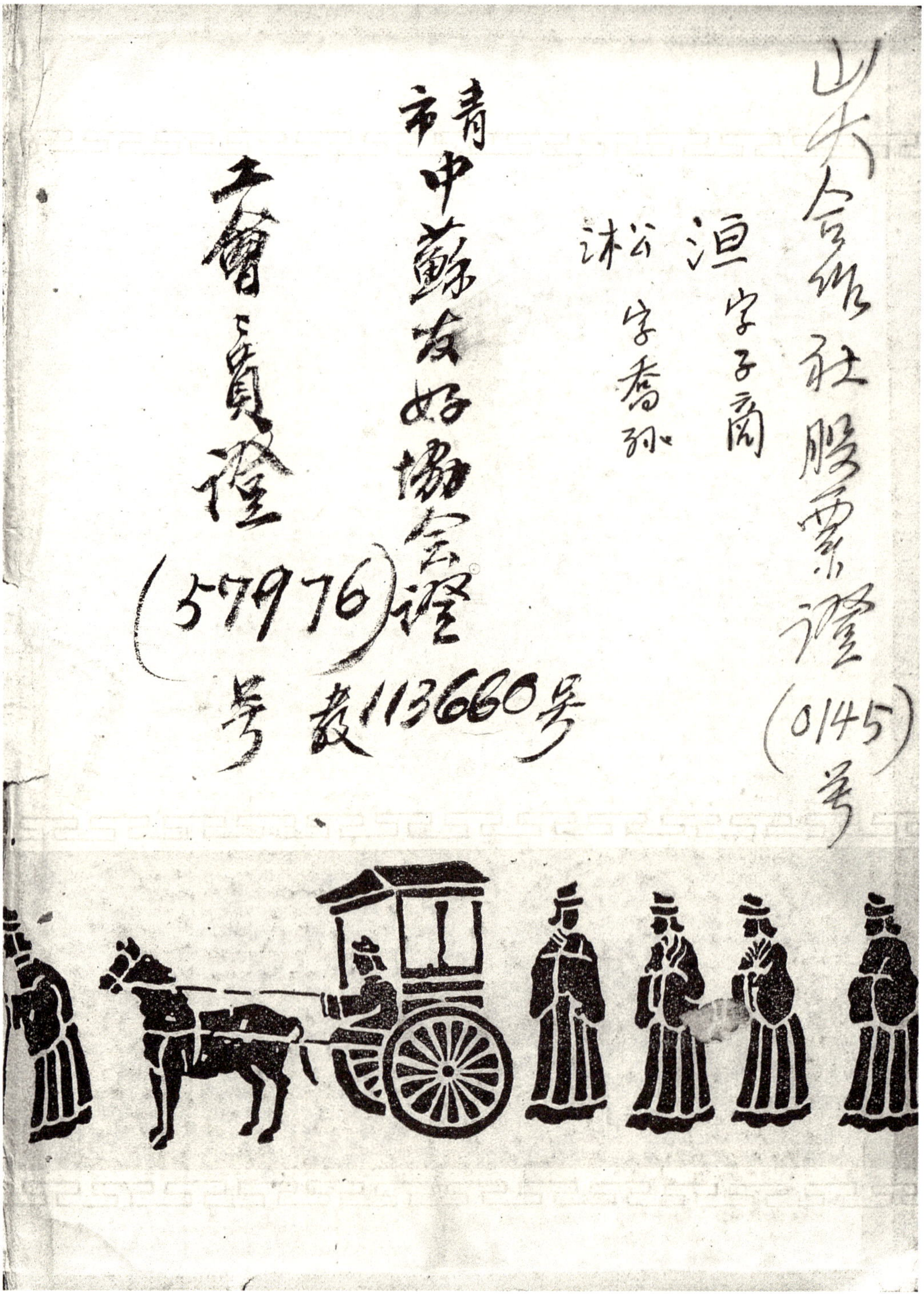
山大合作社股票證(0145)号
洹 字子商
淞 字喬孫
青市中蘇友好協會證
表113660号
工會會員證
(57976)号

靜生先生：昨從修齊處日接誦
惠書，藉稔
尊駕已返吳門，並蒙　枉顧，未克奉迓，
至以為歉。
山如兄惠書閱悉，擬急未識近日已離平否。
香港各國立大學文學院已完全停止，
復旦據報擬遷下清旦方面人高量，
北晴諸校西遷甚困，不識先生詢志為
方中古史及地理沿革史均諸未開，未知
山東先生擬任，函可聘請，事須應

高教函于青岛高教会商量，此次系当时稍欠矣。该校史学系主任为周予同兄，日内当晤，再当与谈，惟还来氏之人，互开会忙，请之不易，还再耳。令郎、令嫒寄托处，好在现在放假，该当急急。寄在京日日为生活所忙，故已两年不回家，今年寒假内倘得归来，只当趁茶叙良佳。另无他说。

学祺！

颉刚
张静秋　同启

中华九五〇年一月五日

丁山先生有席：接奉十三日
明片，敬悉。將所寄書籍，按一切安好，甚為快慰
念。王靜安先生年譜稿，上半年曾由上海寄來，當
請漢偉鈔印二三千，以特請一位寫出來排印
副稿不清楚，而尚未寄出。此事當俟機再得
太平洋戰事，何堪擱置矣。將來定當翻印，以副
雅望者。嘉兄由中西來滬，則由國粹扎
月初寄閱學），齊魯叢書目錄已寄來不及，故在上海付排
先生再議也。歷代藝文志，將如何？為盼。
古籍校讎學，將擇要印行，擬將藝
其校勘以後之文字，又以對勘古文字者，
當向世界出之。以弟所讀之證，女子之如此，而我
古後人不敢輕信人。顧先生交到東大，擬

私立齊魯大學國學研究所用箋

好，東大兩校對于史學方面殊少用心，自
當發憤以厚其勢，使一般從間之人認識我
輩自有努力，自造風氣，洪水猛獸，書惟造之
生事。其研究及陳垣一派錢賓四十餘年研究之來
氣。諸君於古代史方面，此間有一劉興，所事撰研
究，自是不多，相此從資。請弟來信，予弟兄，已寫
於古人此書，蓋欲相成果。只盡我所知，以
係如弟等所讀，倘若能續，並高與資的輕
決同來。一貴山川之情，且整別將。此先同
其新地中所論述新，精彩其即來而要。如
此等處，敬請
著祺，並候
綏祉。弟 頡剛 再拜上。八月廿七日。

私立齊魯大學國學研究所用箋

山父先生：近在平約同好組
俗文學研究會，弟已代將
尊名列入發起人，諒荷同
意，特此奉告，順頌
著安。　弟　顧頡剛
六、廿八。

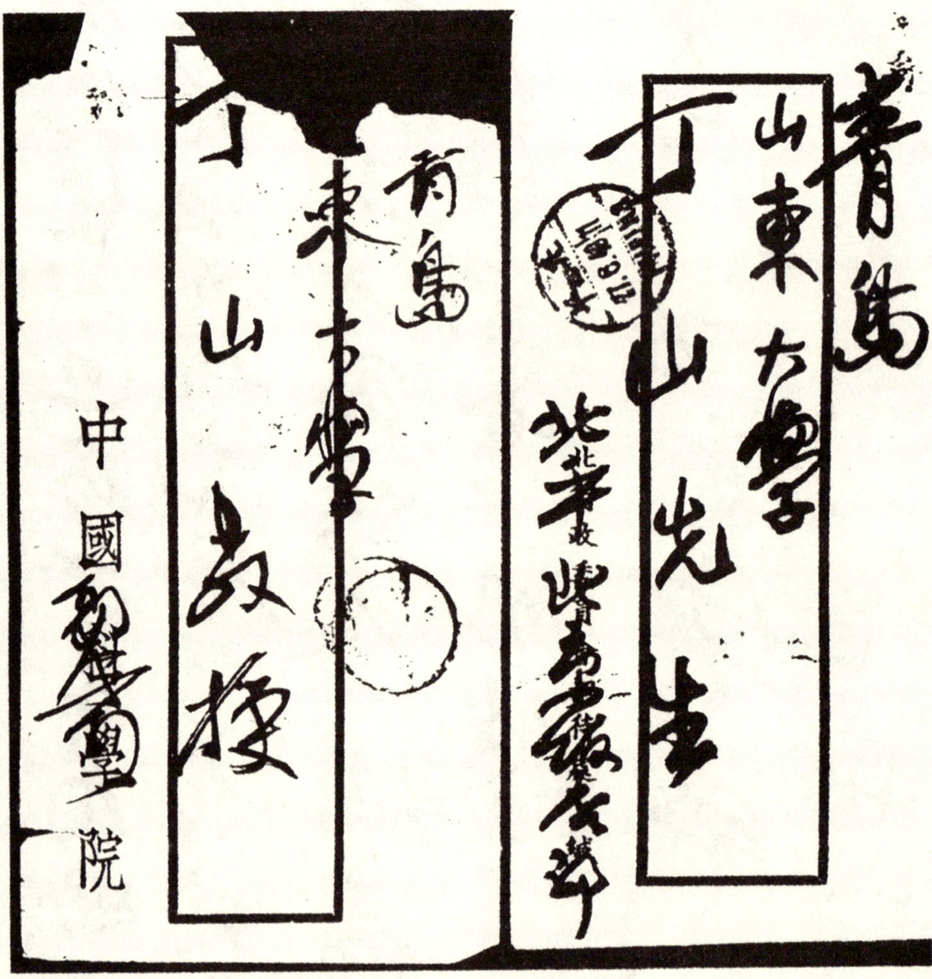

青島
山東大學
丁山先生
青島
山東大學
丁山教授

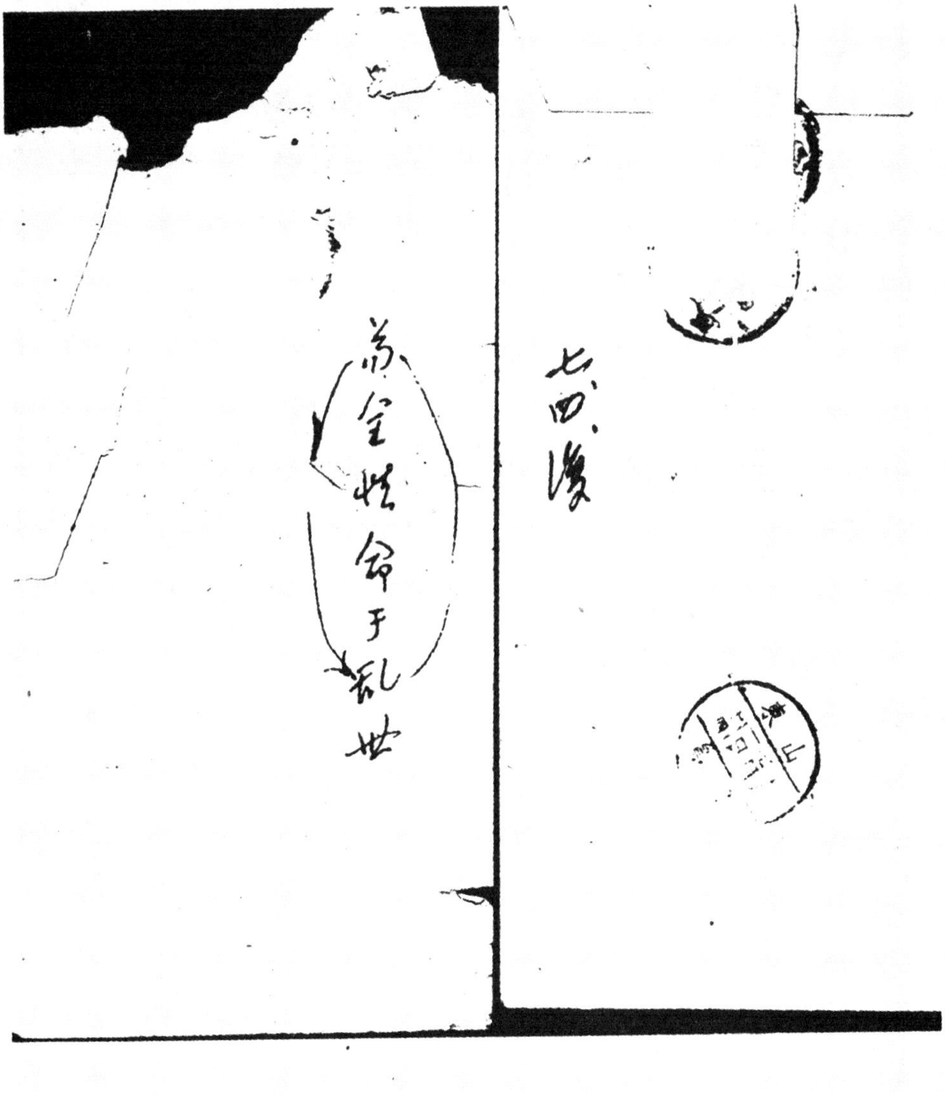
苟全性命于乱世
七、四、复

山甫先生：前後兩函均奉悉，因忙未及一一奉復，為歉。科學院尚在籌備階段，總需時三二月方能健全，將來重點放在自然科學方面，人文方面恐難整個的方面貫徹，考古似仍以在大學最好，因為全國尚不能有許多人才，並因考古教學要專事，個人意見考古方面研究在將來結合也。前此方面教學恐要另已研究後，不料再進行也。此頌

教綏！

弟 [illegible]

十、十六

(1)

师母大人：

此次通奉接着，纸等既多，蒙赐[illegible]

厳，躬自照料，长辈关怀备至之情，感激

莫逆。西月时散此函僚问并出题演讲，锦

孩蝶集，生活亦了杂乱，以前所未见，远了未能

殷殷，只生活之分，订于十八日赐示，纪 了 为

大人挂心，引致悲念，尤感不安矣！

阅报来示所转告嵌先生所谓尹达先[illegible]

之任常思大了，当时绝无所闻，接函后[illegible]

任谓去年来入京，何事以了，且亦无所闻。

委，尹达先生身体好多，饮茶[illegible]

如此说，忽有嫌疑有误传，一学阅[illegible]

常直研究所中或因他人转问，有所[illegible]

测，应转决不会有所遗失也，如有[illegible]

一询，使知分晓无关。

决不可如是。

(2)

前上一書後，大人即以遺稿出版之相囑，並論及回憶
即經將其二周子北雅稿，于劍學校已決定將其付印
但修古文字學（為期年半），大家有望，所有問題，擬屆時提出
古舟老家時，[redacted]較有效果，尔因出版，等待消息未能早日
書〔[illegible]〕以前各本得到科學院暨現有待陸續交出之
著作出版之事，一般情況不已經科學院[redacted]此次每次出版科技
師生業務經費商討，有關各方即發函說遺稿整理（修改稿）地
忙人，其中國古代史及其資料日出不過，師母以為可以
古代社會之各日因錄事（[illegible]）中出現之錯誤偏向，業已
糾正，經整理十月後又有稿子，一師遺著問世似指日可望，不
過時間尚須延長也。
尚有以來由于運動與[redacted]（文選手稿），關於遺著出版
整理之後且等年右將予諸儀先生師母予以屆時撥款
間與以前所盡學者身後之新地所缺憾意，因此，師
大人指示遺稿之寶貴，深為因此而以交意懷，但務求
盡任務，不敢稍有過問。出版之事，科學院以師母同意以來為序

(3)

寄稿來，尹達所長等既見，照與所中有此隔閡，不
後當作何處出版，不能相告，此後亦無從探問消息。
此種辦法，謀成即可消除。請此種工作俱在自家負擔，
本雜誌很難接待，估計有年可問世，為科學研究服務，實為
屬當發表，繼續寫作，死生無憾矣。我推進具有國徵
料及轉移之困難，其中多有疑難，請公負責任，作一了從
雖說繼續工作，終於難解決，而無益於研究，陽去掉，未知
尊意以為然否？

茲將鄙意方便說見，一一分論之：

(一) 從前寫成的，應當將稿件寫何處，由愿寫信尹達所長探問，寫信時請告知處理辦法。即可將此稿在科學院歷史研究所所長處，自然有三點請尹所長助付所。前年尹所長未青睞，曾謂此係未完稿（此單篇論文未嘗明示，但已有了題目），須動筆修改，原因了解并前此若他人對於要有此顧慮，未肯留置，付託他人，云云。今日當係稱說時，是否亦未充分說明，請尹所長或歷史研究室校閱之。

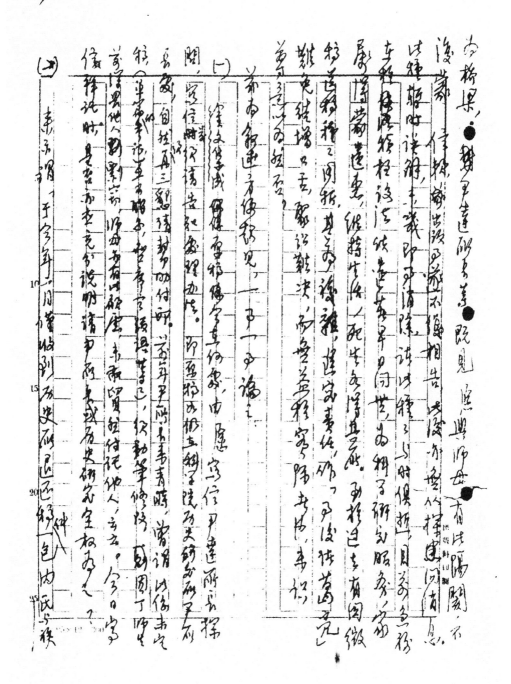

(二) 未完稿，于今年一月僅收到歷史所退還稿件一包，內既不夠

(4)

稍后将我们所拟定出一篇大约六七万字，不知能得何方面意见，还需请教拓朱(?)

存档代行

(已出版)东方学者著近年写的甲骨文研究见民族及其制度，附录商代方国传考证(第一卷)，此两部或即此书，能否明，请告知。

(三) 吾侄所承告知山海经笺疏及出版一种（有关神话方面者）该书之出版未见广告，又未见出版消息，曾托人在北京大学图书馆查询，亦未收有，请告知究系书名，或将师母所藏者寄借一阅，翻检内容即知底细。又如神话学著作通论一种（约30万字者），查出一种（即郑振铎山海经……在中华书局出版，后由厦门书店出版，后局查出来）不能印象。

(四) 已印出校样，并付部分稿费，后来又退回者之两部，其一名称请告（其一为论神话书，不知是否即30字商周史，神话篇？）其一即如何商周史学，十万字，校样改为商周史考证？）何故退回（历史研究所是出版社？）退稿时何所付稿费情形？从前所付部分稿费如果若干，付何人，稿退是全部稿费，请再告知，以便向出版部门查询退稿原因，是因内容不合要求，其中文字考释

史家

修改了再列入博索先生一阅。

部分，余有不妥者，可以同意删改内容再行出版，如《张岱年记》、《刘
记》、《武成》、《将来中华》都可择出，汇集成一书出版，亦可补
救。

又《历[illegible]例》、《两书》[illegible]过渡性质的[illegible]，有[illegible]性的
有可谈民族之争，[illegible]及共产主义者[illegible]，虽今日印行或有困
难，[illegible]以其历史[illegible]，存其精华，去其糟粕可也。

（五）

关于[illegible]先生之《说文解字》，不知有无重版
之可能。又其他各著作，如有关者集成一书，亦可也。

现存一千五百余（已出一半者），其余亦当加以处理之道也。

阳明[illegible]有课，[illegible]有此机会，请加整理为荷。

[illegible]因新校舍未成（如各新生未到，新校舍中上课），
课上[illegible]后，[illegible]人之[illegible]一家，[illegible]之行[illegible]一个问题上课，[illegible]

我们一时对工[illegible]及[illegible]全体补[illegible]本来可[illegible]之[illegible]结束，由[illegible]
各分作三处，生活甚不便，[illegible]现在与组织上[illegible]，全校[illegible]

甚[illegible]，[illegible]，[illegible]六[illegible]国家一[illegible]，[illegible]之[illegible]，[illegible]

（5）页

不堪，又抵达後即筹开国庆献礼，筹备国庆展览会，同时代上
先生专史课，千头万绪集於一时，上课未数日，又下乡种麦多
日，前日始归。诸如此类身心交疲，可以想见，久未函候，想能
鉴察，能原我也。所写讲稿粗定，当祈　赐
锦注。天气渐凉，尚望多多珍摄，近来身体不能时来
拜视，明年暑假後当去青岛讲课时再来拜谒　矣。
此请　顺颂
近安
生　刘敦桢　敬礼
一九五九、十、廿　深夜

山：

今年确是先生四行，
承彼信后，当即同意，
学早日准备南归，设新
校要问题，如校方能定
全权交人，果是最佳，否
则叁接续半年，免得
东北方受苦也。我得原信
寄上，请中[illegible]發之为要
接洽一切，事如何
近好

弟 [illegible]

日本要把指修文去清动
来信已催出十四万五千一担，

承索上日紀本四册
請代查稿子名稱
及頁數（是那一種的）每段大意多
供我寫成書稿細目者
為之 [illegible]上

青島
山東大學
中文系
丁山先生
蘇州葑門[illegible]
[illegible]巷廿八號
[illegible]寄
七日

知北济南华大与山大合併已成定案，将来文学院必欣欣鼓舞，其喜洋洋。惜唯物论专家院长即赴平原省筹办大学去，留下史学家、文学家、经济学家扩大规模文学院，尚有史中不足之處！调整工资事尚无消息。因代表北鄉不靠工资生活，遂成稀罕！待小资产阶级思想一番！廿五史已卖去，换了几件衣服穿，写作之时，偶需检阅，极感不便。足跡如经过琉璃厂，请为一访中华局影印的竹简斋本廿四史（竹纸的）价格如何？不要购买，即颂

研安！！

向奎 一九五〇年十月廿七日

景襄、西华、文园诸兄均祈道念

易麟先生祈为问安！！

李式金兄、小山老先、前纖来及问安，祈代致意！！

敬恩仁仲吾兄：得七月廿九日
手書，欣喜無量！為完成世革命而須先打倒美帝。學生踴躍參加幹校，
以準備最後之世界大戰，即打倒帝國 中共之思想國防，更為周到，想
美帝縱有三顆原子彈，亦難立足亞洲大陸矣！商周史之宗教與
神話篇，前日脫稿，約卅萬言，數十年工作，算是完成一小部分，尚有
政治經濟篇，因生活穩定，而工作又不能如意進行，暫時擱筆，
擬為研究兩周金文集成。此新代學習生活，日趨緊張，
理論實踐，將中西有進益，可加贊了！計畫 中子來函令，頗赴
嶺南，將即代與我全先商量，但其實現，尚難
也。此間第三次雪後，又覺回暖，室內幸在冰點上，氣
溫為全黑生至，溫暖如春也。即頌將復好，
興居納福！ 弟人戟 一九五〇、十二、十七日
昌衡先生暨此間諸友均此道念！

敬愛的弟 左右：去年来信，已由孟子姚先生转来。馬列主義的教育，是「唯物史觀」，不是「純客觀」，更不是資產階級的「投機鑽」。您是瞭解我生平「艱苦生活」、堅決、艱苦為學的全面過程者，願您也以「唯物史觀」的態度，觀察我的一切。我的身體不容許我實踐馬列主義的繁重工作，但，望以餘年，為「馬列主義思想而努力。在我有生之年，能完成一部「唯物史觀」的商周史初稿，就算是不負人民教育之恩。是以今日積毀之下，仍埋頭整理和搜討我所需要解決古代史上各種的史料。山大事，久不敢贊一辭。資產階級出身之文、願 弟之思之。

令愛因病來滬，我能以盡力量幫助 您的困難解決，並分擔些，願 您努力學習，完成 您的學業。張竟於滬結婚，見於解放日報元旦版，

弟具不忘 祝

您健康！

山敬劉

一九五一年一月九日

紅筆是我加的。

劉鈞陽 六八、四、十

文周
敬宪两兄惠鉴：兄等结业，光荣归青，内子携挈子女等全部北归，行李多多，伏祈学习诸友费神照顾，感激不尽！匆此，敬颂
诸友胜利学习！

弟 山屯

一九五一年五月十日

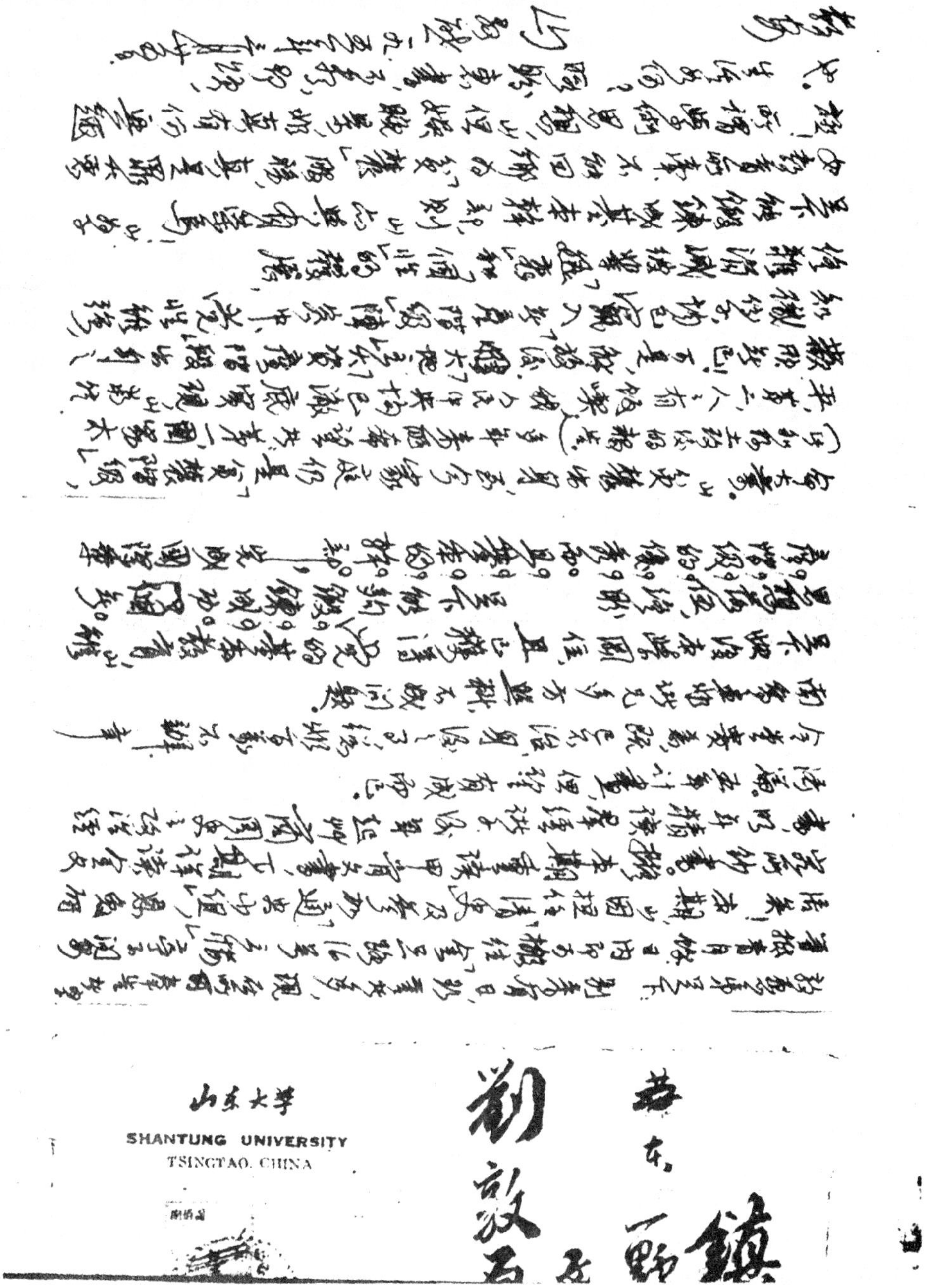
山东大学
SHANTUNG UNIVERSITY
TSINGTAO, CHINA

毅處弟 礼鑒：

令堂于昨日午後逝世，頗賴文滄會

張鏡芙、韓寶先兩先生妥爲經理斂葬

主人、文濤、孟班、虎橋兩兄發動工會

捐款，今日午後即移往湛山公墓

安葬。不治之病，愈延愈苦，

足下離京得送

令堂之終，亦可謂子孫繞之，福壽

全歸。望

弟節哀思，打起精神，爲人

民服務也。時時聯絡

珍重！

愚兄 山 叔 一九五五年六月廿一日

令堂所捐，如有剩餘，另約餘款人用

請

弟婦南下。 好

素尊請柬 金記卅號，16號之訪

彭舉弟足下：七月初　弟婦等赴寧寄詩李
力大照顧，一路想能順利返京　尊館安定，生
活照常矣。余以山大藝術系，雅需人講理
論課，但以人微言輕，不能推轂，故請　弟
婦南下，先觀決　足下生活經濟之困難。
生家死歸。　余垂長眠青島，即人生
正常之歸宿，有子有孫，即是福壽全歸，
勝　弟稍菊衰思也。此下等速青，但人
生活較適。但　弟兄　時蘇讀書，費用浩大，
絕非寄古所能負任，是以經濟終不能作
預算。　寄存何處，不能一一離開遷來，亦以
為憾。而年以來，適地之出身，知識分子一致
打擊，彼則罵以為「流氓無產階級」，繼則
謔之中傷以「地主出身」，對于學術，必盜
竊我致，進則誣諂攘取。花樣百出，總是要
抹殺他人勞動，以造成自己業績，真中國
地主階級傳統精神也。　滬商務已出版
「中國古代神話」，未知與之舊稿相同
否。正中存稿之「古代中國神話與民族」，
足下如赴寧，便中能為一問，至盼至盼！
闔宅平安！
[illegible]　一九五一、六、五。
田玉等　青島金口一路四號之樓

敬愿弟如晤：得昔日長函，讀增慚赧，五千年來，喫老百姓，喝老姓，對于老百姓毫無貢献，所以我常說「吾只一死」。懶題劉勰，山大日隳，科學之不振，何有于斯文，三四年級不許們參加考試去，每課偶停，间中無課，乃擬於家族與神話纂稿，日課數紙，期于完竣前得作結論，然後起草商周史之政治經濟篇，無有旨蓄，聊以餬口而已。人民政府之最低綱領，在於不顧及民族形式與國家生存，及關心民族存亡不足道。所不能無感者，中央政策極闡明正確，雖行到基層，輒因奉行者個人之利害而發生偏差，此數千年封建傳統之流弊，廓清不易，官〻相護之傳統罪惡，亦果然，貪免，登山采薇，經喙無家可歸。衰彫筆削，敢以待誅覺悟。國家革命，產業為先。中國最近將來，能建設重工業而將農業加工業化，社會主義之實現，卒年內必可完成。如不能改革生產力，而一味講求政治思想，則隔于唯心論深淵，前途可想。故山不敢輕政治思想之改造，或盼望生產革命

恕觀

逐渐发展。政论文章无甚銳也。举例言之，青岛教员工资为全国之最下者，而物价或高过上海。是以教人生活，均[illegible]难继。一概对请求调整，辄将脑满肠肥、月有数千的金刚之流，也说"教人生活比我们更苦"。如此政论，何尝不高且妙乎！！然而金刚独肥，教生独瘦，则有目共睹之事实也。为政不在多言，但看实际工作。

人民中央于短期内能恢复全国交通（尤其是在敌人封锁下），稳定全国物价（在奸商破坏下），此种光辉的政治成绩，真是史无前例！此种事实，胜于万卷政论。教弟在政研院多研究马列思想原理与各国政治社会背景之关系，自可愈发前进之光明。此谈书以外，渐无他好，还读马列思想原理之书，深信唯物史观实为人类文化发展之铁律，此时无意再治通史，续之即了。[illegible]蒙令夫人敏君女士厚贶，惭愧莫名。

弟之家有信于山，贫而好礼，大[illegible]礼教之外，山东师何以为谢也！

华东高教会议，山大出席代表十人，[illegible]

敬屡吾兄足下：得 来书，敬悉壹是。结缡本人[illegible]点入
不克尽之责任，敬遥 佳期，不能驰贺，谨汇法币拾元，以代花烛
之敬。东南遥隔，不通消息，民生凋敝，加之政党斗争，由前线而外
学校，学潮政潮，纷起迭兴，社会形势乱，人心日益彷徨，我辈读
书人已成国家废物，在此群众青年血汗以为一己升官发财资
本之政客操纵下，以排斥异己、对此国贼种种，决不能休，我辈将终为陈人
而不得，终为南人亦不可能，茫茫六合，葬身无地，鸟乎！何不幸乃为
中国读书人乎！ 去年，山东沦陷矣，国人成了，系内无能为力，暑
假以史地分系，人了累可调整，纵可设法迁 足下东来。 继云
弟子，亦在计画中，如望大规模从南洋研究馆，顾问题，可
不顾而解矣！ 国家虽一时不安，尚望 弟等仍由学间
占为民族努力生路耳。屠庵得见新材料甚多，定得编
须改作，正待 弟等来助我清理编辑耳。 [illegible]不赘
实为好 著安！ 并祝
新禧！

小兄 [illegible]

六、二

加仪，另请中国银行
保险部主任罗子谨
先生面奉。请

继云兄嫂[illegible]不[illegible]大[illegible]
[illegible]
[illegible]不[illegible]，[illegible]
[illegible] [illegible]

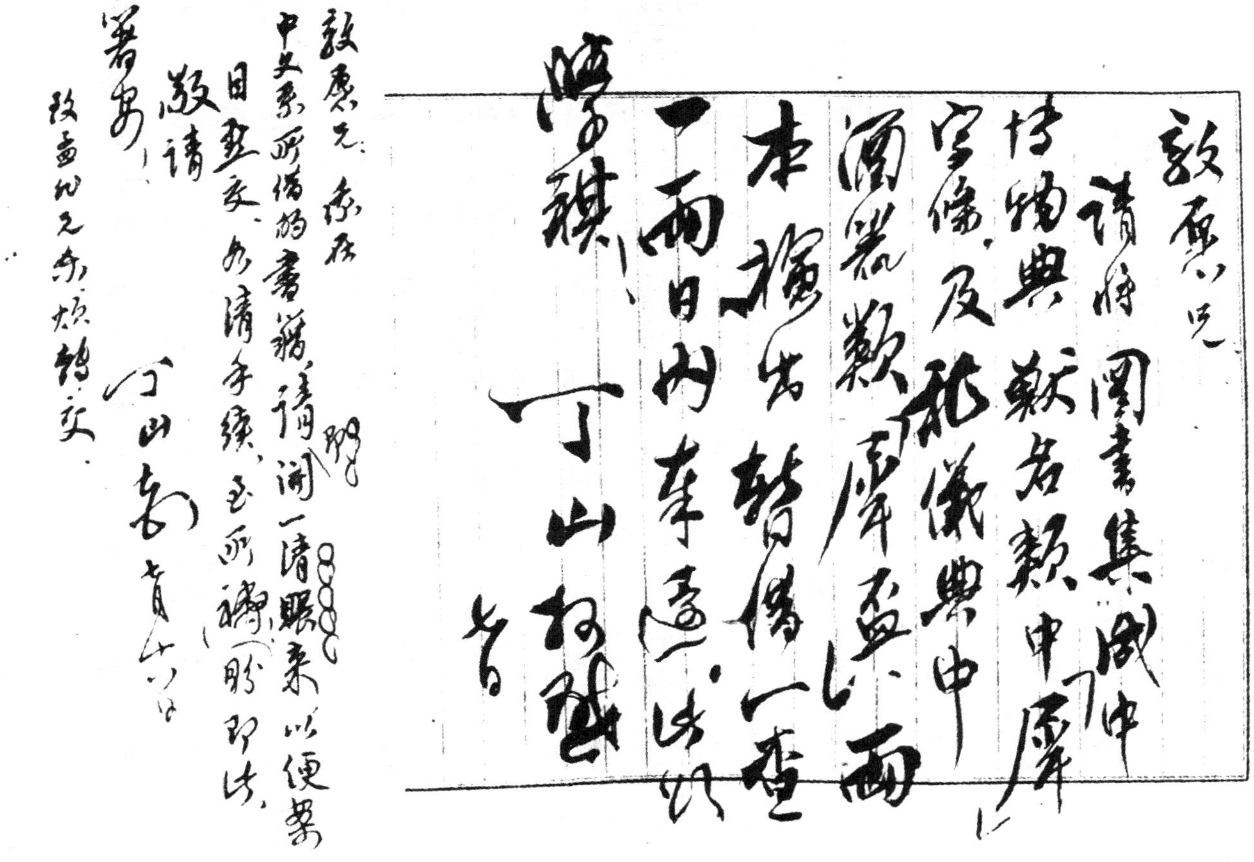

致虞兄：

請將圖書集成中博物典獸名類中犀字條及禮儀典中酒器類犀盃之兩本檢出轉借一查，一兩日內奉還。此頌

撰祺！

丁山拜啟

告

致虞兄：承在中央系所借的書籍，請開一清賬來，以便照目查交。另請手續，至所禱盼。即頌

著安！

丁山頓首　六、廿八

致函兄之件，亦煩轉交。

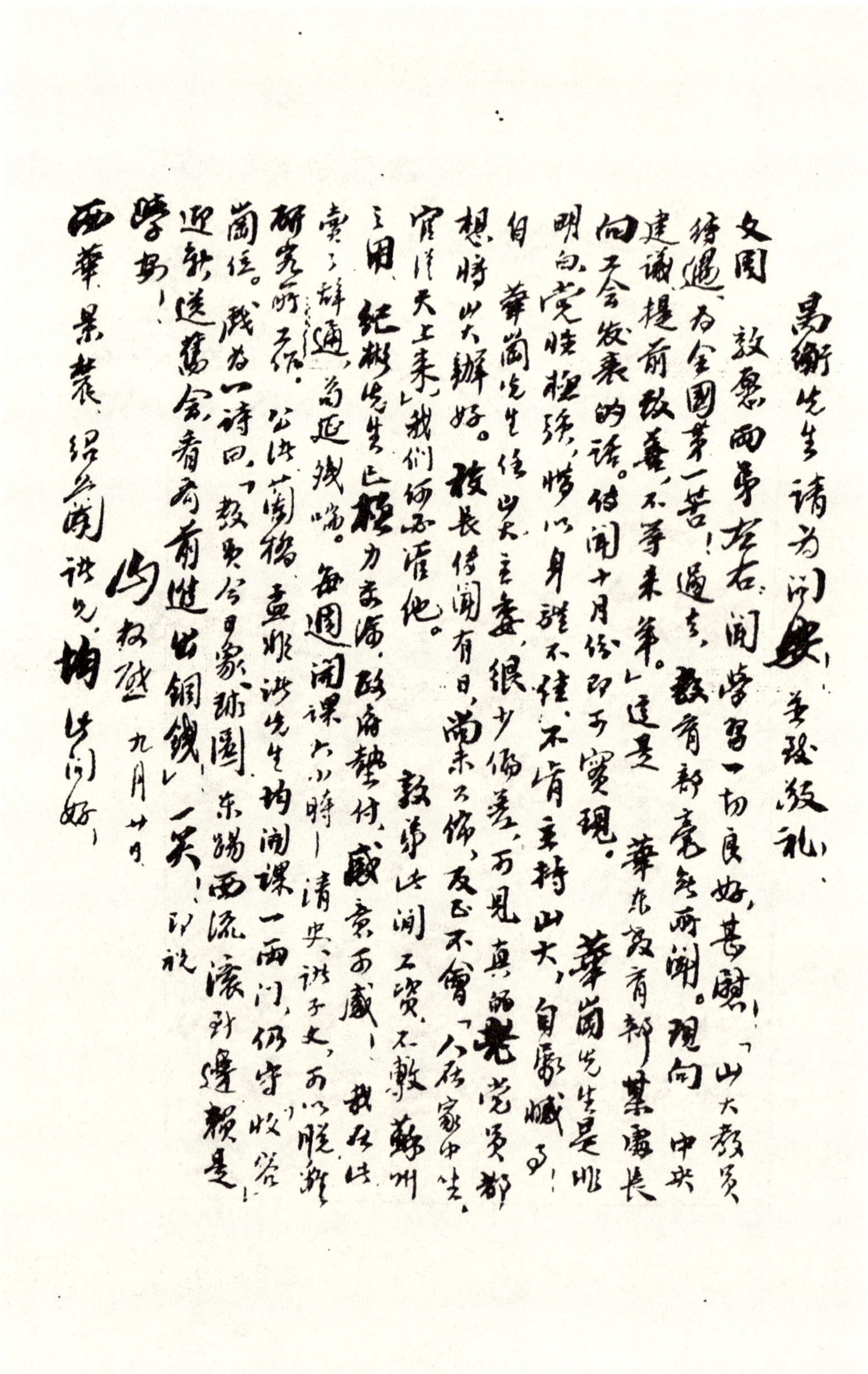

易衡先生请为问安，并致敬礼。

文园
敦愚两弟左右：闻学写一切良好，甚慰！「山大教员待遇，为全国第一苦！过去，教育部毫无所谓。现向 中央建议提前改善，不等来年。」这是 华东教育部叶处长向大会发表的话。传闻十月份即可实现。华岗先生是非明白，党性很强，惜以身体不佳，不肯主持山大，自愿减了！自 华岗先生任山大主委，很少偏差，可见真的老党员都想将山大办好。校长传闻有日，尚未公布，反正不会「人在家中坐，官从天上来」，我们何必理他。 敦弟此间工资，不敷苏州之用，纪彬先生已极力要求，政府垫付，盛意可感！我在此卖了《辞通》，为延残喘。每周开课六小时——清史、诸子文，可以胜任研究所工作。公洪、剑穆、孟非、洪先生均开课一两门，仍守收容！岗任。我为一诗曰：「教员今日象球园，东踢西流滚到边，赖是迎新送旧会，看看前进出铜钱」一笑！以说

学好！

内 叔致 九月廿日

西华、景农、绍孟、谦之、钧 均问好！

致原兄：茲着老李来城请代購
出埧豆油一斤、
又、半斤。胡豆瓣半斤
附件壹件二份交
又壹件之伏[illegible]
敬兄需简单圖畫四張做範本、請即交考雲
節下。双十節貼出來的
又肥皂如相因、亦請代購數塊也
此致、敬禮、
等候
山廸 有白、

匯時，以到校之日起薪。

國立山東大學
NATIONAL UNIVERSITY OF SHANTUNG
TSINGTAO CHINA

毅庵吾兄足下：久未通訊，至念為勞！暨大校長初由許以淩李倫聘
崇鈞先生，嗣即友[redacted]族，並加杯葛，無信無義，惟私利是圖，弟遂決回青島。
本月十九日離滬，廿一晨即抵校中。 足下可早與趙太侔校長
商妥，以行期未準，弟不敢作最後決定。今崇鈞趙校長發出
聘約（即便條附上），請猶客氣相待也。路費問題，趙校長表
示，倘 足下能趕上十月底到校，可自五月份起薪，每月薪約
以75萬計，總洋450萬，自蓉至青，絕對不夠。未知 足下能自籌
若干否？ 在重慶等船，可住女師學院張震澤先生處（或住磁器
口、教育學院魏烈晚先生處）。在上海等船，可住北四川路底狄思威
路1177號，京滬中學魏建猷先生處；在漢口，弟無適當住所可想。
足下或有辦法（渝滬直航船甚少，恐尚需在宜昌換船，那甚麻煩）
足下如即東下，可將藝文老卡片（三箱）帶下。山大為新興大學，將來學
術地位，定可進展，比方清華，弟故敢勸 足下即來青島也。
足下如需路費，如不及待校中匯款，可先懇 崇鈞先生墊付，一
面電弟，以行程日期見告，弟即請校中直接匯款 崇鈞
先生。 崇鈞先生乃 足下恩師，我輩不要多多成全也。沿路

預計到滬費用，由滬到青，可在上海籌備。

沿路經濟情形，盼須見告。弟可在上海方面設法。

国立山东大学
NATIONAL UNIVERSITY OF SHANTUNG
TSINGTAO CHINA

浩临先生烦转

魏建猷先生住四川北路底狄思威路1177号二弄德中里十号 抵沪可暂住魏先生处

敦愿仁兄足下：三日 函，今收到。当商请 校长拨路费，即嵎邨出纳组先付百元，以150元汇成都 蒙先生，250元汇沪上，今日时正当明日国庆，宜于天分批汇出，谅足下到沪时，必可收到。现大学来，上课前到校，八月份起薪，开课后则到校之月起薪。昨又上课（意思不再采述），以本底，只算薪也，故仍盼足下路过 校长特许延至预算案下行程，即函沪 魏建猷 陈啸江 先期到校，免他人指责也。抵沪后，来青能早，沪埠多停一日，所费将不资。青岛物价高于京沪，青岛尚须过刻苦生活，但以学校学术空气及教授水准言，三年前曾方追踪北大清华。外来此如适故乡，继续精神极愉快，故深盼足下能来共同多读些书。除请 魏先生代买船票外，足下宜趁国事闲，仰慰重慈之望，如路费难可支持，俟春回来，赖安，再后，

顺颂
旅祺！

（签名）
十月九日 青岛

707

頡剛、維玉、仁仲：仆之行程，已詳致 蒙先生函中，不再詳。存蓍書籍，或請 蒙先生代為介紹出售，此間生活程度甚高，收入決不敷用也。弟因病將赴蘇養息，餘則留京。蓍書、書報請繼匯京中也。仆在蓉未了之事、賜 蘭告、予收，不能詳記矣，勿怪。

敬頌

著祺！

丁山 十二、十六

班址：鼓樓金陵大學內
電話：三二一九四號

先[illegible]、哲嵩兄 阅交

劉毅恩兄：

我現在鐵山路33號(乙)樓上鄧院長
處（汕市民醫院百步）叔孫先生在此候
兄：可即來請
教也。匆匆

劉叔：

修斌 廿日晨九時

"甲骨文中所见的氏族制度及"、"殷代方国考"两稿，已请郭若先生看过，我所已决定由科学院历史研究所第一所为丁山先生印行，过几天整理誊缮即付印了。

稿费问题，前两稿如决定付印，拟由出版局所属的出版社和您直接商谈订立合同。科学院出版的两稿，待排校即由科

中國科學院歷史研究所第一所

學出版社（科學院的）和您商訂
合同。

他們用來，由各方商量研
究，得出一些辦法，您看是
否恰當？還有什么意見？請
只管。

匆匆。
您好！

尹達
六月卅日

敦惠兄：接诵手书，突闻山师噩耗，悲痛万分，想师母情切骨肉，倍多伤悼，望多为劝慰为祷；山师生前窘乏，逝后萧条，弟所素悉，师母之生活及弟妹之教育，吾等责无旁贷，自当留意，倘有急需即请来信告知，弟虽远隔山川，无能一临，甚为歉悚，望兄就近多为照料，为感。山师遗书，有兄照管，甚为放心，遗书不必卖时，自可不卖；需要卖时，请即标价开列书单注明价目，寄下，书多珍品，易售也。但此事将伤师母之心，盼相机斟酌。师母甚为内子故内子牵挂之甚，师母一家生活，时时见告为盼，纸短情长，只此。上师母信另函寄，谨颂

大安

弟 云泽 敬 二月六日

中國科學院

劉敦愿先生：

去年十月十日来信接读。

丁先生著作的整理就绪，进一步的整理它，可请科学院考古研究所加以考虑。

一九四六年我至上海时，曾看到丁先生对我的《两周金文辞大系图录》及《考释》有不少的修订和增补的意见。我因在年内有机会对该书进行整理，如丁先生的藏书尚在，望能借用参酌。

敬礼！

郭沫若 十、十六日

電報掛號：中文 二二三三 英文 SINACADEMY

地址：北京文津街三號

丁山兄：接示，欣慰無似！京中厲行節約，各機關皆求縮緊，位置殊不易謀。中國亦三月，省去職務；文教委員不過空銜而已。教書不敢去，因新的理論學習未深，未敢冒險出馬。寫作以入極微，不能維持生活，亦感困難。自美歸來，帶來腿疾，行步艱苦，又[redacted]擔任本務。今年大家困難，須苦撐一番。我兄著滿學林，能在山大任研究工作，來日成績，昭垂後學，可預睹也。政府尊重學者，必不以授課多寡斷定去留，於勿過慮！敬覆，祝

吉！

弟 金[illegible]

27.

信给他们，请他们注意。先师遗书不多，竟至逼得师母不得不出售，不禁令人潸然。弟意不必和师母谈出售的事，以免伤心。而先师遗稿则应急行整理出版，不特可以完成先师遗志，亦有以安师母之心而利于学术界。由此所得版税，更不无小补。前曾与我院长吴伯箫谈及，彼亦盼能实现。但不知遗稿究有何种，并请示我。惟历代图书，不知卡片尚全存否？幸希见详告，弟当设法方建议山大完成，或另行设法以完成。

师弟妹均在何处？安否？念念。内子对师母一家尤为挂念。弟前归家，原拟趁机前往探视，因船票不便，未果，憾憾。内子在旅大时原有工作，今来此，幼儿二人无园可入，长女二人上中学，又找工作不易，故从事家务矣。

近处老友有周侍儒、王熙潮诸人，都好。高亨（晋生）先生本年在中

科學出版社編輯部

陶夢雲同志：

五月四日來函及寄還合同草稿收悉。

尊譯／大作「甲骨文所見氏族及其制度」，承同意授與出版權，以定量伍仟冊，每千字按十二萬元計算稿費。茲寄上出版合同二式貳份，請簽字蓋章後以一份寄還。稿費現付上四三九元（連前共付六七〇〇元），餘數俟出書時結清。

此致

敬禮

科學出版社

一九五　年（5）月9日

附言：您的一份合同我們已貼訖印花稅五千元，發還我社的一份我們已代照貼，在預付稿費中扣除此稅款計伍千元。

（5）發文　字第　號

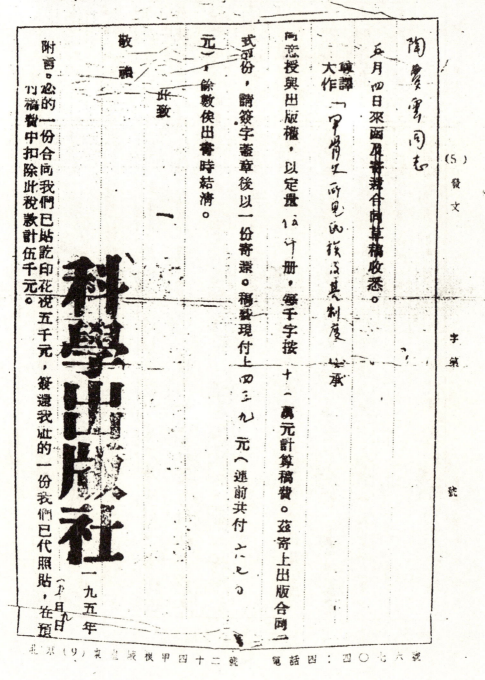

北京（9）東皇城根甲四十二號　電話四：四〇七六號

青島市人民政府公用箋

逕啓者：

本市各界人民代表會議常設委員會第六次會議

00124

通過成立「青島市文化古物管理委員會」並決議遴選

先生為該委員會委員　相應函達即希

查照為荷！　此致

丁山　先生

附聘書乙紙

二月三日

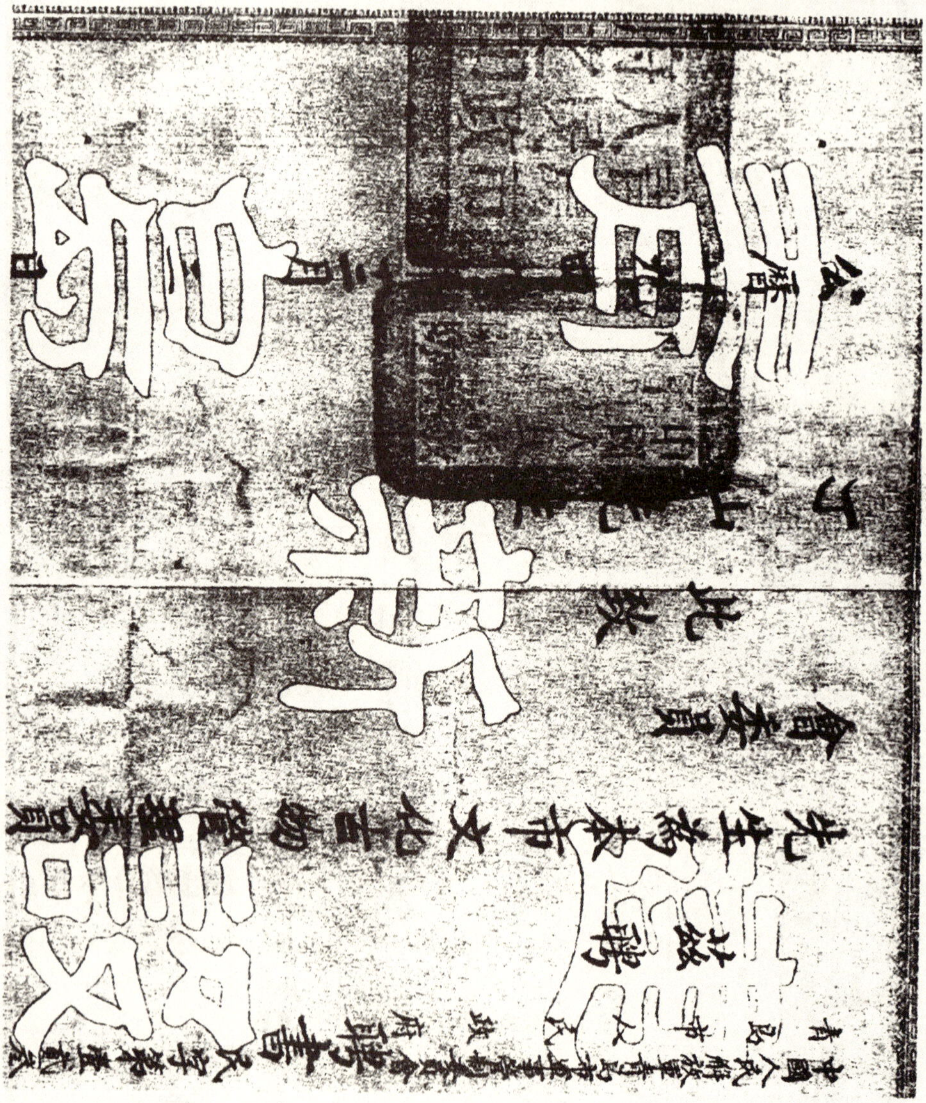

中國人民解放軍青島市軍事管制委員會
青島市人民政府聘書 民字第壹貳叁

茲聘
丁山先生為本市文化古物管理委員會委員
此致
丁山先生

公曆一九四九年十二月　日

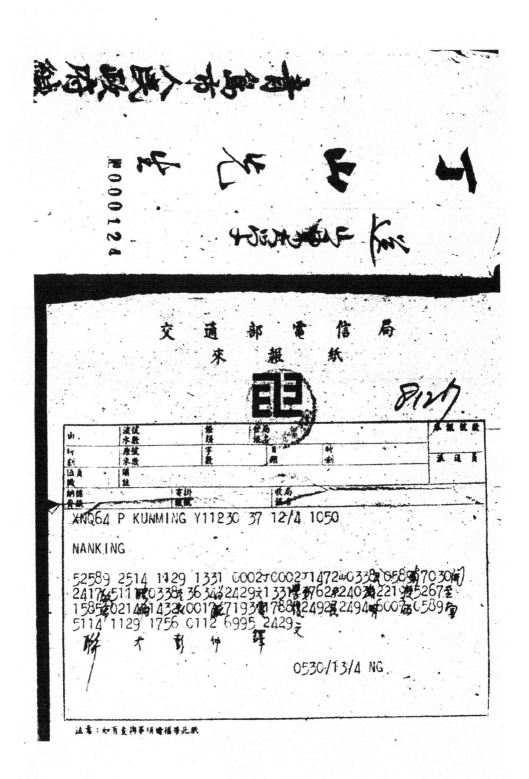

青島市人民政府

丁山先生

№0000124

交通部電信局

來報紙

8121

XNQ64 P KUNMING Y11230 37 12/4 1050

NANKING

52589 2514 1129 1331 0002 0002 1472 0338 0589 7030
2417 5111 0338 3634 2429 1331 3762 2240 2219 5267
1585 0214 1432 0017 7193 1788 2492 2494 6007 0589
5114 1129 1756 0112 6995 2429

聯 大 彭 仲 鐸

0530/13/4 NG

注意：如有查詢事項請攜帶此紙

博学的古文字学古史学家丁山教授

丁山教授，1901年出生于安徽和县的一个贫农家庭。幼年丧父，勉强读完中学后，靠半工半读旁听北京大学课程。1924年考取北大研究所国学门研究生。1926年经沈兼士与鲁迅两先生推荐，任厦门大学国学院助教，次年任中山大学文学院教授。1929—1932年任中央研究院历史语言研究所专任研究员。此后的二十年间，历任中央大学、山东大学、四川大学、东北大学、西北大学、暨南大学等校中文系、历史系教授，曾开设文字学、音韵学、校雠学、尚书学、中国古代历算、中国沿革地理、中国制度史、中国史学史、中国史学名著选、诸子文选、商周史、中国通史等二十余门课程。

丁山先生自学成材，志在治中国古代史，但他所选择的却是一条传统的然而又是十分艰苦的道路，即由小学而入经学，然后再由经学而入史学；他尊重传统而又不为传统所局限，在此基础上，对与史学有关的学科，如天文历算、沿革地理、民族学、考古学、经济学等，进行了系统学习；最后以文献结合甲骨金文资料，探索商周时期的历史与文化。

丁山先生在学生时代与任教初期侧重文字、音韵方面的研究，二十年代末转向甲骨文的考释，所写《说文阙义笺》、《数名古谊》、《释梦》、《由齐侯因资敦铭黄帝论五帝》、《刑害与中庸》等专书与论文，对于甲骨文字学的发展作出了重要的贡献，三四十年代，丁山先生的研究重点放在古史方面，他把古文字与铭辞的考释融汇于其中，注意论述的完整性与系统性，形成了自己独特的风格。《由三代都邑论其民族文化》、《吴雷考》、《论炎帝太岳与昆仑山》、《新殷本纪》、《商周史料考证》与《甲骨文所见氏族及其制度》等重要著述都成于此时。由于丁山先生学问基础渊博坚实，视野宽阔，见解敏锐，富于探索精神，上述种种著作，虽然成书于四五十年前，但至今仍具有重要的参考价值。

1949年6月2日，丁山先生在山东大学迎来了青岛的解放，他为新时代的来临欢欣鼓舞，如饥似渴地学习马克思主义理论，初读恩格斯的《家庭、私有制和国家的起源》之后，就联系中国历史的实际，写了《姓与氏》与《半亚血族群婚制——騰》等论著，并决心有计划地全面整理自己毕生研究的心得。丁山先生以惊人的毅力与速度，从事《中国古代宗教与神话考》（他计划写的《商周史》的前编）的撰写，该书从1949年9月动笔，到1950年冬天就完成了五十二万字的初稿，以实际行动表达了他对于祖国历史文化的热爱，与对中国共产党的衷心拥戴。

丁山先生青年时代曾患肺病，抗日战争以来，由于生活的艰苦与动荡，根本无法医治与休养，解放以后，他勤奋著述，又不以自己的疾病为意，致使肺病恶化，不幸于1952年1月18日病逝，享年五十岁。丁山先生在学问成熟，准备向更高的学术境界攀登的盛年去世，国内外学术界深表悼惜。

（刘敦愿　撰文）

《文史哲》1985年第6期

回忆丁山先生

刘敦愿

丁山教授是我国著名的古文字和古史学家，就甲骨金文研究来说，是继罗振玉、王国维之后的第二代专家，学问渊博，著作宏富，是曾经起过重要影响的学者之一。丁先生安徽和县人，1901年生于一个贫苦的农民家庭，1952年病逝于青岛，享年51岁。享年既短，又逝世得很早，因此也就很少为人所知了。我是丁先生的学生，从1942年，在重庆沙坪坝中央大学（今南京大学）旁听他的《商周史》以来，到1947年调到山东大学中文系做他的助手，直到1952年医院送终，前后相处共有七、八年之久。

丁山先生出身清贫，幼年丧父，依靠母亲的辛勤劳动和亲邻的资助，在南京勉强读完了中学，后来半工半读旁听北京大学课程。1924年考取北大研究所国学门研究生。由于成绩优异，1926年经沈兼士和鲁迅两先生的推荐，任厦门大学国学院助教，次年到中山大学任教时，提升为文学院教授。1929—1932年出任中央研究院历史语言研究所专任研究员，那时他正是30岁上下。此后的20年间，他历任中央大学、山东大学、四川大学、西北大学、临时大学、暨南大学等校中文系、历史系教授，曾开设文字学、音韵学、校雠学、尚书学、中国古代历算、中国沿革地理、中国制度史、中国史学史、中国史学名著选、诸子文选、殷周史、中国通史等二十余门课程。他开的这些课程，总是建立在雄厚的科学研究基础上的，范围广泛、内容精深，论点明确、阐述透辟、自成体系、富于独特的见解，具有很大的启发性。丁先生对于学生循循善诱，鼓励独立思考，平时关怀备至，但在学习上又是严格要求，总是谆谆教导认真读书。他要求学生对于先秦文献要一字不苟，系统地阅读，并分类搜集资料，写作札记。他认为研究问题要“读书知之”，而不要“翻书知之”；主张循序渐进，反对希图侥倖；提倡踏实勤奋，厌恶华而不实，欺世盗名。他为人正直热情，不慕名利，为学生树立了榜样。

丁先生自学成才，志在治中国古代史，他所选择的是一条传统的然而又是十分艰苦的道路，即由小学而入经学，然后再由经学而入史学；他尊重传统而又不为传统所局限，在此基础上，对于与史学有关的学科，诸如天文学、地理学、考古学、民族学、经济学、世界古代史等，都进行了系统的学习，认为多学一种科学，就等于多掌握一把钥匙；最后以文献结合甲骨金文资料进行综合性的探索，进行商周史的系统研究。

丁先生在学生时代和任教初期，侧重在文字学、音韵学方面的研究，用他自己的话说，是从“认字”开始的。20年代末他转向对甲骨文的考释，所写《说文阙义笺》、《数名古谊》、《释梦》、《由齐侯因资敦铭黄帝论五帝》、《刑中与中庸》等专著和论文，对甲骨文字之学的继续发展，作出了重要的贡献。

三四十年代，丁山先生的研究重点放在古代史方面，他把对古文字和铭辞的考释融汇于其中，並尽可能吸收殷墟发掘的成果。丁山先生参与《安阳发掘报告》的编辑工作，並与李济和董作宾两先生有着深厚的友谊，经常讨论问题。他综合运用多种性质的史料和研究成果，並且注意论述的完整性和系统性，逐渐形成了自己独特的风格。《由三代都邑论其民族文化》、《吴雷考》、《论炎帝太岳与昆仑山》、《新殷本纪》、《商周史料考证》和《甲骨文所见氏族及其制度》等重要著述，都写成于此时。由于丁山先生学问基础渊博坚实，视野宽阔，见解敏锐，富于探索精神，上述种种著作，虽然成书于四五十年前，但至今仍然具有很大的启发性和重要的参考价值。例如：商族起源问题，学术界一贯主张山东说，而丁山先生则创河北说，认为商人发祥地在今永定河和滱河之间；如今考古发掘证明，典型龙山文化和二里岗文化晚期之间为岳石文化，並无商文化因素，起源山东说值得考虑，丁说日益受到重视。商周祭典和宗教神话素称难治，丁山先生作了长期的艰苦的探索，随着古代史和考古学研究的深入，研究成果也经常受到引用，由此可见一斑。

1949年6月2日迎来了青岛的解放，丁山先生为新时代的到来而欢欣鼓舞，严肃认真地学习马克思主义理论和有关历史著作。他很早便知道恩格斯《家庭、私有制和国家的起源》这部名著，但是无从购读。这时他立即联系中国历史实际，很快写出了《姓与氏》和《半亚血族群婚制——媵》等论文。解放初期，大家的生活虽然仍较清苦，但终究为学者们的潜心学术研究和著书立说，提供了有利条件，因此丁山先生决心有计划地全面整理自己毕生研究心得，他以惊人的毅力和速度，“日课三千字”地撰写《中国古代宗教神话考》（他计划的《商周史》前编），该书从1949年的9月动笔，52万字的初稿，到1950年的冬天便告完成了。

丁山先生青年时代曾患肺病，抗日战争以来，由于子女众多，生活艰苦，为衣食奔走四方，根本谈不到继续医治和休养，以致日益恶化，而未能及早发现。解放后，他勤奋著述，又从不关心自己的疾病，待病重卧床送医院治疗时，他的肺部已经溃烂得只剩下三分之一，绝对无法抢救。不幸于1952年1月18日逝世，享年才51岁。五十之年，在今天看来，正是盛年，象丁山先生这样的老辈学者，往往由于身体素质较差，工作非常勤奋认真，但生活工作条件却十分艰苦，在学问成熟、正准备向更高的学术境界攀登的盛年谢世，不能不是中国历史、考古界的重大损失，並且这种损失，也必然随着时间的发展，而日益使人感到短期内难于弥补。

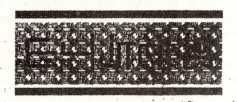

郭老与丁山

□张恩荣

一整理书籍，翻出一本珍藏的字帖。这还是四十多年前，我就读山东大学文史系时，丁山老师的赠品。他送我这本字帖时，曾和我大谈郭沫若的书法：「你看，字如其人，潇洒风流，独具才气。」我以后才了解到他和郭老之间有着深切的学术交往。

丁山是古文字学家，人称他「韦编三绝」，在学术上颇自负。但是，谈及郭老的学术成就，他总是称其「天才」而赞叹不已。

毕业后，我分配北京，到中央人事部报到，便住进东四头条胡同，和与郭老、阳翰笙等文化名人同在一个大院内。因为「近水楼台」，丁山教授便来信，要我去拜访郭老。初次见面，我发现郭老是如此平易近人。他关切地问：「你们的丁山教授，如今在干些什么？」「我当然如实相告：「他还在埋头写作甲骨文研究的专著。」可听我这么一说，郭老却大为惊讶：「啊，他还在钻这个牛角尖？」是呀，在五十年代初，知识界都在考虑思想改造的「政治大课」，而他却像入眠的春蚕只顾吐丝作茧似地闭户写作，是否真有些不合时宜？

随后不久，接丁老师来信，说他已经停笔了，并给我开了一张藏书目录，说要出卖这批书籍，托我到琉璃厂某古籍书店，找一位熟人代为标价。

我想到他在抗日战争时期，即使在最艰苦、最心灰意懒的日子里，一边大发「韦编三绝身三省，不及高阳享酒徒」的牢骚，一边还是潜心学术，从未搁笔弃书，而这次，是不是因为我转告了郭老的意见？不过可以想象，以他的执著，要不写完书稿，是不会停笔的。只是，教授虽穷，哪能穷到要卖书度日的地步？后来我才知道，他因病体日益不支，多子女负担日重，为日后子女生计，才想出此策。果然，未久他就病故了。

事后听人说，大概是一九五六年，号召向科学文化进军的那会儿，郭老竟写信到山东大学询问：丁山教授生前留下什么书稿？就这样，他临死前经过拚搏写出的那部甲骨文研究专著，终于经郭老的提示、索取和推荐，出版面世了。真可以说此一时，彼一时也。这一下，才使我理解了郭老那时所言「钻牛角尖」时的心情。也许，这正是郭老当时自己心境的写照。想当年，他从事出土文物——甲骨文、钟鼎文的研究时，不也有人说他「玩物丧志」吗？难得的是，丁山教授去世几年后，要不是郭老有心、多情、爱护学术，还有谁能想到他和他的遗稿！每念及此，总使我激动难忘！

後記

我的父親丁山先生去世已經六十五年了,《丁山日記》能順利出版,作爲子女,我們非常高興,在此感謝國家圖書館出版社。

父親出生於貧苦家庭,三歲喪父,在舊社會能成長爲著名學者,二十六歲即被廣州中山大學聘爲教授,實屬不易。我們從日記中可看到他的勤奮好學以及刻苦鉆研的精神。

一九五二年一月十八日父親病逝了,還不滿五十一歲,當時我十六歲,最小的弟弟不滿五歲。後來山東大學安排了我母親的工作,纔解决了全家的基本生活。父親去世後土葬在青島展山第三公墓,大約在一九七五年友人告知第三公墓要開發,我們姐弟五人商量,派丁侖去青島取回父親的骨灰。最後和母親陶夢雲合葬於蘇州鳳凰公墓七子山墓區。

有人説父親脾氣壞,其實他性情耿直,是個心直口快、心地善良的人。他和郭沫若是老朋友,抗日戰爭時期在四川時郭沫若來過我家。中華人民共和國成立後,父親曾寫信批評郭沫若熱心政治疏於業務,是不務正業。對郭沫若這樣的名人也敢直言,足可見其性情耿直的一面。在青島時,父親和馮沅君先生(馮友蘭先生的妹妹)關係較好,稱她『馮大姐』,并在其母馮太夫人去世後爲她寫了一篇墓志銘。父親對其老母親也時時挂念,在日記中多次提到思念之心,臨終時仍不放心,并讓我母親以後多去看她。

父親花費半世精力研究金文，寫成著作《金文集成》，但在二十世紀五十年代退稿時，父親的手稿遺失了，至今下落不明，萬分可惜。從此日記中仍能看出父親對金文研究的原始記載，并有他獨到見解。

父親非常關心學生的學習情況。父親的學生唐德剛和朱玉湘回憶説，先生善於發現學生的特長，因材施教，鼓勵學生獨立思考，自由發表自己的見解，要求學生研究問題要『讀書知之』，而不是『翻書知之』。父親在多年教學中不斷地把自己的研究成果編寫成講義，講授給學生，如已經出版的《商周史料考證》，深受學生歡迎。一九四一年五月父親準備離開西北大學，當時行李已運到車站，然史學系的同學紛紛來挽留，故而未成行。同時，他也是個好父親，曾耐心教我們姐弟寫大楷，從執筆到字的骨架都加以指點，弟弟出生在四川桓侯祠（張飛廟），取名丁桓，希望他在桓侯庇護下茁壯成長，後改爲丁洹。

父親很愛讀書，涉獵很廣，如福爾摩斯偵探、印度哲學宗教史、化石人類學等等。他還愛好攝影，曾買過一臺德國相機，現在我們仍保留着他拍攝的風景照，不過也衹是父親二十世紀三十年代拍攝的照片，後來的就更少了。抗日戰争以後，生活艱辛，父親四處奔波，又加上子女較多，負擔沉重，就無力顧及了。

父親年輕時身體瘦弱，又得過肺結核，時常生病，總是以爲躺躺就挺過去了。後來他由於受到不公正待遇，長期心情鬱悶，一九五二年肺病復發去世，當時還不滿五十一周歲。

丁敬

二〇一七年十月十日

補記

提起父親的日記還有一段心痛的事。一九五二年一月的一天，重病的父親躺在床上，知道自己時日不多了，就想要處理一些身後事，他讓母親把取暖用的火盆端到床邊，然後趁著母親不注意把其中一本日記丟進了火盆，母親看到後，連忙用手把日記從火盆中搶了出來，所以現存的日記中有一本封面被燒壞了一部分。當時我七歲，站在那目睹了這一切，雖然已過去了六十多年，然而當時的情景仍然記憶猶新，終身難忘。

丁 洹

二〇一七年十月十日